论实业体系
实业家问答

〔法〕圣西门 著

董果良 徐仲年 徐基恩 赵鸣远 王敏华 译

商务印书馆
创于1897
The Commercial Press

ŒUVRES

DE

SAINT-SIMON

Réimpression anastaltique

1966

据法国 1966 年版《圣西门全集》译出

目　　录

论实业体系

实业家问答

附录

论 实 业 体 系 *

---

　　* 《论实业体系》的单行本出版于 1821 年，全书由《序言》和《导论》以及致国王、议员、农夫、商人、工人、学者、艺术家和其他实业家的书信和呼吁书组成。我们只选译了《序言》《导论》《致博爱者书》和一封《上国王书》，我们翻译所据的原文，载于 1966 年法文版《圣西门全集》第 3 卷。——译者

一、序言

政治机体经历了三十年的危机的基本原因,就是目前在各个最文明民族中迅速蔓延的社会制度的彻底变革,这一变革是旧政治制度迄今不断经历的那些变化的最终结果。更确切地说,这一危机的本质就是从封建和神学体系向实业和科学体系过渡。只要新的体系尚未完全形成,危机就必然要继续下去。

被统治者和统治者至今没有理解这些基本真理,而且目前依然如此;或者毋宁说,两者都只是模模糊糊地、一知半解地、极不充分地察觉到这些真理。19世纪仍然受着18世纪的危机性质的支配,它还没有具备它所应有的组织特性。这便是危机和随之而来的可怕灾难过于拖长的主要原因。然而,一旦我们理解了文明的进程为我们提出的伟大任务,一旦目前就应该发挥作用的世俗力量和精神力量摆脱了奄奄一息的状态,这一危机就必然会停止,或者至少可以变成单纯的道德运动。

我现在公布我的一部哲学著作的第 片段。这部著作的总目的在于:发挥和证明我只作过简单陈述的几项重要原理;尽量唤起人们普遍注意有待19世纪来完成的社会大改革的真正性质;证明这个为历来的文化进步所逐渐准备就绪的改革,目前已经完全成熟,如果再拖延下去,就会带来最惨痛的后果;明确指出应该采取什么步骤,以便沉着地、稳步地和迅速地进行这一改革,而不管它会遇到什么实际障碍。一句话,就是尽哲学的全力来促进实业和科学体系的形成与完善。只要把这一体系建立起来,就能结束现在的社会动荡局面。

如果大多数的有识之士能够以适当的观点去掌握和评论我敢于提出的实业学说,这个学说就能容易被理解,而且不难被接受。遗憾的是,情况并非这样。根深蒂固的不良思想习惯,妨碍着许多人接受这一学说①。掌握政治观念,比掌握其他一切观念更需要像培根所说的“白板”(tabula rasa)②。正因为如此,在掌握政治观念的时候,要遇到更多的困难。

惯用占星术士和炼金术士的眼光去研究天文学和化学的学者们,在企图用这种眼光去理解这两门科学的真谛时所遇到的困难,又出现于今天的政治研究方面。目前,在政治方面正发生天文学和化学方面已发生过的那种变革,即从臆测向实证过渡,从形而上学向形而下学过渡。

由于不得不和顽固而普遍存在的习惯作斗争,我认为迎上前去反对这种习惯,略微提前发表我的著作的一部分,这是有益的。我觉得,在此用一般方式扼要地说明一下那些空洞的和形而上学的学说至今对政治产生过和仍保存着什么影响,说明一下什么错误使人们把这些学说误认为真正的政治,最后指出今天为什么需要抛弃这些学说,这也是有益处的。

---

① 因此我认为:在其他条件完全相等的情况下,平时不问政治的人要比其他人更能了解和评论我的著作,而且一般说来,更能了解和评论政治方面的一切实证观念。

② 指人脑在未接受一种思想之前所处的没有写上字的白纸状态。——译者

在封建和神学体系占统治地位的时期,就诞生和发展了实业和科学体系。这种简单的对照就足以使人感觉到,在这两种针锋相对的体系之间势必存在着某一种中间的和性质折中的体系。这种中间体系的唯一使命,是改革旧的体系,使旧体系容许新体系发展,然后再向新体系过渡。根据我所列举的材料,非常容易预见这种一般历史事实。无论在世俗方面,还是在精神方面,任何改革都只能逐步实现。在这里,一方面由于改革是宏伟的,另一方面由于封建和神学体系本质厌恶一切改革,以致实现任何改革,都需要在旧体系下成长起来的一些特殊阶级进行持续几个世纪的特殊活动。这些阶级虽然产生在旧体系之下,但在一定程度上摆脱了旧体系的影响,所以他们应当依靠自己的政治存在这一事实,在社会内部创造被我抽象地称为中间的和过渡的体系。这些阶级,在世俗权力方面就是法学家,在精神权力方面就是形而上学家。他们双方在政治活动中密切配合在一起,就像封建和神学之间、实业和实验科学之间的配合情况一样。

我方才指出的一般事实具有最重大的意义。这是实证的政治学说应当依据的基本理论之一。现在特别需要好好地阐明这个基本论点,因为其中至今存在的模糊和糊涂观点,造成了今天政治观念的最大混乱,成为几乎所有的政局动荡的原因。

否认法学家和形而上学家对改造封建和神学体系对阻止这些体系把实业和科学体系扼杀在摇篮里起过有益而卓越的影响,那完全是非哲学观点。废除封建的司法制度,建立迫害性较小和比较有组织的审判制度,都应归功于法学家。在法国,议会的行动不是曾多次反对封建制度而保障了实业！如果谴责这些人士有野心,那就等于责备一项有益、合理而且必要的事业的必然后果,等于回避问题的实质。至于形而上学家,正是他们进行了 16 世纪的宗教改革,建立了信仰自由的原则,而这项原则则破坏了神权的基础。倘要我继续讨论任何一个正直的人借助于上述的说明都会容易发挥的论点,我就超出了这篇序文的范围。我以自己的名义声明:我绝对不能想象,没有法学家和形而上学家的参与,旧体系怎样会改变,新体系怎样会发展①。

　　另一方面,如果说把法学家和形而上学家对文明进步所做的特殊贡献一笔抹杀是荒谬的,那么,过高评价这种贡献,或者说得更明确一些,没有认清这种贡献的真正本质,也是很危险的。

　　既然法学家和形而上学家的政治影响只是修补性的、过渡性的和非建设性的,那么由于这种历史局限性,这种影响的存在也必然是短暂的。当旧体系丧失了大部分实力,而新体系的力量在社会的世俗方面和精神方面都已占据优势的时刻,这种政治影响就完成了它的天职。截至上一世纪的中叶,法学家和形而上学家的政治活动,一直是有益的和受人尊敬的;但从此以后,它就变为完全有害的了。

　　当法国革命宣告开始的时候,问题已经不在于改革早已几乎失去全部实力的封建和神学体系,而在于组织适应文明情况的需

---

　　① 事物本身的特性,要求用这个过渡阶段来处理纯科学问题。哪一个天文学家、物理学家、化学家、生物学家不知道,长期以来当人类理性尚未从纯神学观念过渡到实证观念以前,就在本部门使用了形而上学！凡是研究过科学发展史的人,谁不相信这种中间阶级对于实现过渡是有用的,甚而是不可缺少的呢！

要和取代旧体系的实业和科学体系了。实业家和学者应当各尽自己的天职,占领政治舞台。但结果并没有如此,而是法学家成了革命的领袖,并用形而上学家的学说指挥了这场革命。不必回忆有多少奇谈怪论随之而来,也不必追求这些妄诞言论造成了什么灾难。但是,必须注意指出,虽然经过了这场巨大的实验,迄今依然是法学家和形而上学家在执掌国务,而现在的一切政治纠纷也全由他们操纵。

这次实验,尽管付出了很高的代价,并且也确实发生了决定性作用,但因为实验进行得杂乱无章,结果一无所成。经过这次直接分析即实验,并没有证明绝对必须铲除法学家和形而上学家的无所不包的政治影响。他们的这种政治影响,只是由于人们设想他们的学说优越而造成的。但是,今天已很容易证实,法学家和形而上学家的学说,由于它们的本质,现在完全不宜于指导统治者或被统治者的政治行动。这种障碍是很大的,可以说大得能取消个人可能发挥的作用,尽管这个个人的才华十分卓越。

稍有知识的人现在都承认,社会制度必须彻底改造。改造的需要已经成为燃眉之急,势在必行。但在这方面,有一个主要错误,即相信新体系应该奠基在法学家和形而上学家的学说之上。这个错误所以能持续下来,只是因为人们在自己的一系列政治观察中溯本求源不够,没有仔细研究一般事实,或者说得更确切些,还没有根据一般历史事实作出政治上的论断。如果不是这样,就不至于把社会制度的形式的改变误认为社会制度的真正改革了。社会制度的形式改变,过去曾起过作用,但在今天已不再发生任何作用了。

　　法学家和形而上学家总爱把形式当作内容,把空谈当作行动。因此,普遍产生一种看法,认为政治制度几乎是多得无穷无尽。然而,实际上只有、也只能有两个截然不同的社会组织体系:封建军事体系和实业体系。而从精神方面来说,则为信仰体系和实证体系。开化的人类的整个过去,必然都能按这两大社会体系划分。实际上,不论是一个民族,或者是一个个人,都只有两种活动目的:不是征服他人,就是自己劳动。而在精神方面,相当于这两种目的的,是盲目的信仰和科学的证明,后者也就是以实证观察为根据的证明。因此,必须改变共同活动的目的,方能确实改变社会制度。一切其他改进,尽管意义重大,但只不过是形式改变而已,即只改变形式,而未改变体系本身。只有形而上学由于它的能力很差,才会使事物的面目全非,把应该分开的东西结合起来,把应该结合的东西却分开了。

　　在封建军事体系鼎盛时期,社会组织纯一、个性鲜明,因为当时的社会有明确的活动目的,即大力发展军事行动;政治机体的其余一切部分都要协调起来为此目的服务。目前,为了达到实业的活动目的,社会也要组织得更加完善、比较纯一和个性鲜明,并把一切社会力量结合起来走向这个目的。但是,自从封建军事体系衰落以来,直到今天,社会还未被真正组织起来,因为上述的两种目的同时并存,而政治制度的性质也是很杂乱的。然而在今天,当过渡时期基本上就要结束的时候,再认为过渡或准备状态仍像永久的制度那样是有用的和必要的,把这种局面当作永久的制度,那显然是荒谬绝伦了。可是,法学家和形而上学家的学说,却恰恰引导人们这样做。

　不必一再反复说：一个社会必须有一个活动目的，否则就没有政治制度①。立法从来不是目的，而只能是手段。现在，在文明已经取得一切进步后，人们才来结成社会以制定彼此互相遵守的法律，这岂非咄咄怪事②。毫无疑问，这是故弄玄虚的卓绝表现。这

---

　① 波拿巴致力于恢复封建神学体系的时候，他是懂得这个基本真理的。无奈他没有把这个体系用好，这是由于他无能，或者在更大的程度上是由于他有野心。他所受到的教育能够使他懂得，作为一个文明国家的领袖，今日应该怎样领导国事。而在我们这个时代，一个野心家，如果他承认自己无能，他就得去当军人，如果他自以为有本领，他就可以当实业家。

　② 毫无疑问，人们要说，根据这个假说，社会契约的目的在于保证自由。这就是总在同一个观念圈子里打转转，错把过渡状态当作必须建立的体系。

　只要封建和神学体系还多少有些力量，保证自由就成为当务之急，因为那时，自由会受到严重而不断的侵犯。但是在今天，就不会再担心实业和科学体系的建立问题了，因为无论在世俗方面，还是在精神方面，这个体系自会导致最高级的社会自由而不必人们去直接干涉。在这种体系下，再用一个庞大复杂的政治机构专去保障不再严重受到威胁的自由，那就太像堂·吉诃德先生同风车作战了。

　此外，保证个人自由，无论如何不会成为社会契约的目的。正确理解的自由，是文明的一种结果，而且和文明一样，也是逐步完善起来的，它可不是文明的目的。人们并不是为了自由而联合在一起的。野蛮人群集是为了狩猎或战争，却不是为追求自由，因为他们若要自由，最好是离群索居，孤独生活。我再复述一遍，需要一个活动目的，而自由不可能成为这样的目的，因为自由恰好要以这种目的为前提，因为真正的自由绝不在于社会成员可以随心所欲，游手好闲，无所事事；任何地方出现这种倾向，都应当严格制止；恰恰相反，真正的自由，在于尽量广泛地和毫无障碍地发展人们在世俗方面或精神方面有利于集体的才能。

　此外，我们还必须指出，随着文明的进步，世俗和精神方面的广义分工也将同样地发展。由此，必然产生如下的情况：人们日益减少彼此间的个人依赖，而逐渐增加他们之间每个人对集体的依赖关系。如果人们仍把自由当作政治学说的基础，那么，今日流行的空洞的和形而上学的自由观念，就会产生妨害集体对个人的影响。从这一观点来看，自由就同文明的发展和秩序井然的制度的建立有矛盾的，秩序井然的制度，恰恰要求各部分严密配合和局部从属于全体。

　我不谈政治自由，因为十分明显，比起个人自由，它更不能当作社会联合的目的。其

种现象难道不像有些人煞有介事地聚集在一起,商定新的象棋比
赛规则,并以为自己参加了比赛吗? 然而,这种荒谬绝伦的行为,
对于凡事惯于只看表面而使判断往往错误的法学家来说,尤其是
自然的,但也是可以宽恕的。然而对于凡事惯于只看实质的实业
家来说,如果仍然坚持这样的错误,那就绝对不可原谅了。

　　现在我们回来研究对待事物的正确方式。我们应当承认:长
期以来对于改变封建和神学体系,从而协助实业和科学体系的发
展,法学家和形而上学家的影响是有益的。但是,我们也得承认,由

―――――――

实,为了说明事情的真相,我对这个问题可以指出:不管公民的能力如何,单在理论上
承认每个公民都有参与国家大事的权利,并把这种权利称为天赋权利;而在实际中,却
又不问才能的条件而加以限制,这是政治观念依然空洞无物和含糊不清的最完整和最
明显的例证。如果没有这种限制,人们早就宣布谈论政治不需要什么才能,既不需要
天赋才能,又不需要后天才能! 当然,在宣布的时候不会直截了当说出来,但其含义是
十分清楚的。

　　既然为不比化学重要和困难的政治规定了与化学完全相同的原则,那么为什么不
宣布:凡是能缴纳一千法郎直接税的法国人就能在化学方面有所发现呢? 为什么? 这
是因为从事化学所必需的才能是众所共知的,而政治上所需要的才能却是没有人知
道。这种差别从何而来? 这来自化学今天已是一门实证科学,而政治还只是一种臆测
学说,甚至不配称为科学。

　　形而上学从来不传授任何真实的东西。正因为它有这种本质,所以它才硬说:人
不需要任何专门的科学训练就能够做到一切。我刚才所说的令人注意的情况,目前只
存在于政治和它的母体――哲学当中,因为在我们所有的知识里,只有政治和哲学仍
然是形而上学的。即使今天最实证的科学,当它们还陷在形而上学的黑暗统治之中
时,也会出现类似的情况。科学只有具备实证或实验性质之后,研究它们所必须的条
件才会明确起来,不再成为普遍争论的对象。对于政治来说,情况也必然完全一样。
今天,仍然有人可笑地认为,政治知识是天生的,或者说,只要你生为法国人,便能判断
政治问题。这种说法不但不为人们所讪笑,反而彼称为爱国主义。然而,一旦政治进
入实验科学行列(今天看来不会太迟了),掌握政治才能的条件就会变得明确而肯定,
而政治研究则将由可以堵塞一切谬论邪说的特殊的学者阶层去进行。

于后一体系的发展,这种影响在它达到目的以后,就必然不再发生作用,从而在今天已经完全没有益处,因为旧体系已经变得再无足够的力量充当社会的基础,而新体系已经发展到只要一推动便能跃居社会机构之首的地步。法学家和形而上学家曾经保护幼年时期的新体系,对抗壮年时期的旧体系。可是,当儿童成年,而成年人变成老头之后,一切干涉都是有害无益的,新人应该和老人直接商谈。

实际上,法学家和形而上学家的插入新旧体系之间,是造成今天政治观念极端混乱的主要原因,而妨碍我们开始实行实业体系的,也正是这个原因。但是,如果避开这个中间人,使两个对立体系之间的关系变成直接关系,这种混乱就会像耍魔术一般立即消失。人们将互相解释,互相谅解;人们不再相信社会能无活动目的而存在;人们自会承认,既然昔日的军事目的不能再存在于今天,那就应该毫不迟延地为实业目的而组织起来。封建阶级和神学阶级将会感到,他们没有任何方法能同实业家和学者抗衡,以阻止新体系的确立。实业家和学者也将会感觉到,他们应该帮助旧阶级登上新的政治舞台,以补偿这些人因失去旧政治舞台而受到的损失。

我在这里也许对方才叙述的事实说得过多了。但是,这个事实对阐述政治观念十分重要,所以我并不以多讲了几句为憾。我希望这样多讲几句能使读者容易理解我的著作,从而使读者看出,我的观点同一般公认的观点显然不同,因为这篇文章的主要目的在于尽量确切地(用其他一切方式都办不到这一点)指出实业体系的真实性质,使读者感觉到,实业体系同泛泛的自由体系迥然不同,而人们却往往把这两种体系混淆起来。一句话,我要把以一般历史事实的连贯数列为基础的科学政治学,同那种以多少有点模糊不清和多少有点空洞无物而只有神学色彩的抽象假定为基础的形而上学政治学截然分开。

在上述的一切里,我只从主要学说应该更换的观点出发,考察了社会目前应该进行的伟大道德运动。然而还有一个观点,我不能不在这篇序言里略加说明。

观念和情感必然互相联系,彼此适应。观念方面的一切巨大运动,都将在情感方面引起类似的运动。从这一点来说,博爱是一切哲学的不可或缺的共同点和助手。为了引起以改革一般观念为目的的伟大哲学运动,就必须在所有可以感受高尚情操的人们中间大力培养博爱精神。旧的一般学说的衰落,使利己主义蓬勃发展起来,日甚一日地成为建立新学说的主要障碍。因此,为了攻击和粉碎利己主义,就得使博爱发挥作用。这项工作的重要性并不亚于哲学工作,甚至应当超过哲学工作。正因为这样,我认为应该在拙著的第一片段,就向博爱者呼吁,即向一切具有高尚情操的人呼吁,而不问他们的社会地位如何,也不管他们属于旧体系还是属于新体系,或者是属于过渡的体系。我将以《致博爱者书》来结束本书。

这部书收载了从1820年6月到1821年1月间致各界人士的书信。

这些通信的目的,在于以逐级上升的步伐达到最高的观点,再从这个最高观点于结束本通信的《致博爱者书》中俯瞰一切事物。

二、导论

　　两个敌对的党派为了独占现有的权力进行着激烈的斗争，每一方都根据不同理由认为权力是自己的天赋财产；而政府则竭力自保，不被这一党或那一党所陷害，但认为自己应当满足这两个党的贪欲，把执政的好处比较平均地分给两个争权夺利的阶级；最后，深受双重压迫之苦的各种实业家，即农场主、工厂主和商人们，都衷心地希望自己不再成为各种阴谋诡计的牺牲品，但是，他们既没有任何明确的认识，又没有任何提高认识的决心，所以仍然处于消极状态，袖手旁观双方的斗争，天真地坐待那批依靠和急于依靠阴谋诡计和挥霍浪费为生的人大发善心，使他们摆脱这种处境——这就是摆在一切公正不偏和有教养的观察者面前的现代政治生活的全景，这就是革命迄今造成的悲惨结果。在革命之初曾明确宣布，要建立经济的和自由的制度。这种制度的直接的和唯一的目的，是为勤劳的生产阶级谋求最大福利。在我们目前的文明条件下，生产阶级组成了真正的社会。

　　是什么原因使我们的革命离开了它的最初目的，把社会带到并停留在目前所处的悲惨的境地呢？有什么办法可以使社会摆脱这种处境，建立巩固的秩序和长远的繁荣呢？这是两个互有密切联系的一般性问题。我现在就来对这个问题作一个初步的解释。

我主要希望读者注意的本书宗旨,是使王权的利益同实业家的利益接近,或者往好一点来说,是使双方的利益一致。我将到处宣传这一点。把这两种力量结合起来的想法,是我在著作本书时始终支配着我的头脑的主导思想。如果我能使实业家也像王权的真正朋友一样,把注意力认真地集中到这一基点上,那就算达到了我的最重要目的。

为使有关的双方能够了解这种接近的全部重要意义,我要努力向他们分别指出:一、革命离开原来的目的,主要由于王权和公社所犯的错误,即因王权在召开三级会议之后不久,就使自己同公社分离了,而公社则使自己走上敌视王权的道路,没有使双方的政治力量联合起来,而这种联合对于双方的好处,已经受过几个世纪的考验;二、因此,在目前条件下,无论是王权还是公社,当务之急是立即恢复这种明智的联合。

我曾向王权指出:既然革命的真正目的至今还没有达到,而且因为这一目的是早已提出的,所以只要达到这一目的的主要障碍还没有清除,革命的目的就仍然存在,并要保持它的全部力量和整个规模。这是因为:政治组织的各种现实需要也和个人的需要一样,只要没有得到满足,便将继续存在,而且这种需要得不到满足越久,它就表现得越强烈。由此可见,革命远远还没有完成,只有完全实现事物的进程为革命规定的目的,即建立起新的政治制度以后,革命才算完成。

任何人力都不能使这种自然运动倒退,或者使它半途而废。出来领导这一运动,这对于王权可能最有好处。

我在以下探讨王权的本身的和直接的利益时将要证明:王权

急于自保的绝对必要性，将促使王权立即决定尽快地和全面地同实业家联合起来，只有实业家才能真正地保卫王权不受拿破仑封建制度的侵犯。我要指出，不相信实业家对于以王朝为代表的王权的忠诚的施政偏见，这是毫无根据的。从实业家的地位来说，他们本质上是拥护秩序的，在政治方面，除了希望建立经济的和有利于实业的管理制度以外，他们别无他求，所以只要王权明确地表示愿意同他们结成同盟，让两个至今依靠他们生活的不劳而食的阶级自食其力，实业家就不会产生哪怕是小小一点改朝换代的念头。这样做了之后，实业家就会表态，使野心家无法实现他们企图推翻现王朝并把他们的傀儡拥上王位的一切阴谋。

另一方面，在我向实业家呼吁时，将对他们指出，他们参加政治活动和直接处理自己的公共利益的时机已经来临，用不着多花时间在内部磋商，但要请教研究实验科学的学者，把他们看成是自己人和同一团体中的人；我要向他们证明，他们从革命开始以来所遭到的一切灾难的第一个共同的原因，就在于他们不亲自参与政治，而总是委托法学家来保护他们的社会利益。我要设法使他们相信，不依靠自己而希望仰仗他人来建立旨在为农业、实业和商业造福的节约的经济制度，那是十分愚蠢的，因为只有他们自己才有建设这种制度的真心和能力。我也要使他们相信，目前他们的被动无为，是应当立即克服的唯一的真正障碍，因为他们的力量，在一切方面和在很大程度上都具有决定性作用。

总结以上的材料，我得出了下述结论：如果王权了解到自己的最重要利益，决定采取必要的措施来吸引实业家参加政治活动，那么，实业家就会毫不犹豫地、信心百倍地走上为他们指出的道路。

如果不采取必要的措施,王权的利益也要像实业家本身的利益一样,迫使实业家自己把这方面的主动权操在他们手里。不论是在前一场合,还是在后一场合,实业家的第一个政治行动,都应当是郑重地和坚决地声明,他们毫无条件地希望王权保持在波旁王朝的手里。这项声明可以粉碎野心家取得胜利的一切希望,它对于挫败他们的可耻阴谋是很必要的。我要向实业家指出,波拿巴分子设法叫你们相信波旁王朝打算延续自己的非法政权,这完全是胡说八道的成见,因为波旁王朝自然希望天下太平,政权安然无恙(实业家的保护完全可以保证王朝做到这一点),而不想把政权扩大到超过社会的目前需要。

本书对实业家和王权所作的一般结论是:这两种力量联合起来有莫大的好处,但这种联合既不宜过于仓促,又不宜过于密切。

但是,只做到这一点还是不够的。人们经常向政府和人民提出一些建议,这些建议虽然十分正确,可是没有任何实际用场,因为它们不够明确,没有指出可以立即采取的实施办法。因此,我认为应当提出立即可行的行政措施,以使拙著更加完整。这项措施的目的是:着手建立实业家和王权之间的联盟,建立和组成新的政治体系。一方面,这些措施如被王权决定采纳,可以立即由王权实施;另一方面,我要向实业家证明,即使王权还相当糊涂,不能理解这些措施的实际用处,他们也有简单合法的手段来立即敦促王权采纳这些措施。

从这个概述可以看出,我的这部著作是由三个论断构成的。首先,我断定实业家和王权必须把他们的力量联合起来;其次,我论述了使这一联盟开始行动的措施;最后,我指明这些措施能够轻而易举地直接付诸实现。

三、上国王书

陛下：

多年以来，特别是现在，君主们的忧虑集中在社会机构的状况上面。

在法国，如同在西欧其他国家一样，一切有远见的人士，都忐忑不安地注视着社会所陷入的危机；一切头脑清醒的人士，不管他们对这种危机的性质和防止方法有什么看法，都承认目前的政治状况绝对不能再继续下去了；人人都宣称，最后必须建立稳定的秩序。现在，各族人民和各国君主都出之于自身的利害关系，深切地感到有此需要。

既然灾祸的存在已被充分证实，并为大家所公认，那就只有一条出路：寻求消灭灾祸的手段。可惜，政治家和政论家至今为此所做的种种努力，并没有使这一问题的解决得到任何显著的进展。这是十分清楚的，因为尽管出版了许多理论著作，作过了一系列的实际尝试，可是统治者和被统治者，还差不多都同样对现状感到不满，都同样为自己的未来担忧，都同样不知道应当往何处去。

由此必然得出如下的结论：政治家和政论家们恢复社会秩序安定的探索工作，至今方向都是不对头的。

如果溯本求源，研究他们的方向错在哪里，就会发现这几乎完全是因为他们把自己判断的基础放在纯形而上学的原则上，放在对社会现状的表面分析上，而没有放在对文明发展进程所作的一系列广泛的历史观察上。这种情况，不难用下面一些只需扼要指出的论点来加以证明。

用政府最能理解的观点去考察重大的政治问题，问题就会归结为：什么样的秩序目前最能使社会稳定。

然而，唯一稳定的和持久的国家制度显然是以世俗力量和精神力量为基础的制度。这两种力量，目前已经发生极大的影响，并且由于事物的自然进程，它们都表现出希望日益取得优势的倾向。如果确是如此，那么毫无疑问，只有考察过去，才能有办法正确无误地发现这是一些什么力量，尽量精确地判断出它们的倾向和它们的优势程度。由此可见，为了指导政治家制定他们的一般行动计划，应当把研究文明发展的进程当作政治判断的基础。这是因为即使最有才干的政治家，也从来没有采用过这种方法，他们只是分析了社会的现状，而未研究以前的社会状况，以致他们的政策至今都缺乏可靠的基础。

对现状进行这种孤立的分析，不管分析得怎样巧妙，都只能得出极其肤浅的或甚至完全错误的结论，因为这种分析，总是喜欢把两种因素混淆起来，或者把甲当作乙，把乙当作甲。这两种因素在现实的政治机构里经常同时并存，但是把它们区别开来，又是十分重要的。这两种因素是：正在消逝的过去的残余和正在成长的未来的萌芽。

为了搞清政治观点，把两种因素划分开来，对于哪一个时代都是有用的,尤其是在我们正处于人类最伟大革命的今天,这种划分更是重要的。

如果不以深入研究过去为向导,怎么能够把行将灭亡的制度的社会因素同即将建立的制度的社会因素区分开来呢?

如果没有这种细微的划分,人有什么洞察力能够避免一些常把虚有其表和具有所谓形而上学本质的力量,误认为占有实际优势的力量呢?

因此,要想洞察现代社会危机的真相,找到克服这一危机的可靠手段,各国政府就必须无条件地把自己判断的基础,放在对文明的发展进程所作的一系列历史观察的一般结论上。

此外,还必须注意:这种观察只有上溯到很久以前,并涉及整个社会制度及其最重要的因素,才能具有很大的教育意义和益处。如果观察的时代过近,或者观察的视野过窄,都将导致新的错误。这方面的例子真是举不胜举。

我认为,现代社会的形成时期,即中世纪,是观察的最恰当的出发点。对这个时期以前的过去进行哲学考察,可使我们得到一个非常明确的一般事实,这个事实足以把政府的目前政策置于真实的和非常广泛的基础之上。

我在这封敢于呈给陛下的上书里,只打算简述一下这一事实及其主要后果。

陛下,基督教在欧洲传布和西罗马帝国被北方民族征服,奠定了现在社会的基础。在法国,现代社会开始于5世纪,然而,只是到了11世纪,由于封建制度在全欧普遍确立,由于精神权力在希尔德布兰德①教皇及其最初几个后继人时代最终形成,它才全部建成。

在这种旧秩序下,整个世俗社会都操在军人之手。一切财产,不管是动产还是不动产,也完全属于他们。甚至劳动者个人和他们全体都成了军人的奴隶。

僧侣阶级也是如此,它同军人平分封建制度的世俗特权以后,就不仅独占了整个社会的而且也独占了社会各个部分的精神领导权。社会的公共教育和私人教育,都完全由僧侣阶级领导;此外,他们的学说和决定还指导着年龄不同和生活状况各异的一切人的思想和行为。

这种政治制度没有依靠当初建立它的那种力量,就维持了几个世纪,因为它与当时的文明状况完全适应。那时,实业还处于幼稚状态,战争成了人们的主要工作,既把它作为发财致富的手段,又把它看成是保护财产免受经常威胁的手段。由于这两种情况,军人自然有权有势,受人尊敬,而实业家自然只能处于从属地位。另一方面,实证科学还不存在,僧侣阶级是唯一有些知识的等级,从而必然取得控制人们思想的全权,主宰人们的信仰,结果在社会上占据了与他们的高级职务相适应的地位。

文明的自然进程引起了两个主要的事件,它们在发展过程中还伴随着与这个发展多少有些密切联系的大批次要事件。这两个

----

① 希尔德布兰德(Hildebrand)即格列高利七世(Gregorius Ⅶ,1020—1085 年)。他采取了一系列坚决措施,比如禁止买卖宗教职位,规定神职人员不得结婚,实行严格的教会纪律等等,从而大大加强了天主教的地位,使它具有全世界性的神权政治的意义。——译者

主要事件不可遏止地逐步破坏了这种政治制度,因为它们从上到下逐步改变了与它们相适应的社会状况。这两个事件,就是公社的解放和阿拉伯人传到欧洲的实证科学的发展。

原先处于奴隶地位的实业家,由于顽强劳动、坚韧不拔、省吃俭用和创造发明,终于使他们的主人允许他们积蓄的一小点财产增加起来。最后,军人为了更便于自己享受实业家创造的新产品,也同意实业家自由支配自己的人身和劳动产品。

这一解放为实业界开辟了发展的道路,所以从这个时候起,实业界就不断取得越来越大的成就。需要和享乐的范围由此逐渐扩大,于是产生如下的结果:实业家以自己辛勤的劳动创造出了大量的新财富,而贵族则不断向他们出卖自己的动产和不动产,而且出售的数量越来越多。

这两个奔向同一目标的常在因素所起的作用虽然缓慢,但继续不断,结果引起了所有制的变革,使包括农场主在内的实业家现在拥有了最大数量的财富。

这次变革又在社会的总发展进程中引起了另一次变革。

随着社会依靠实业而不断丰裕,战争便开始失去它的进攻的重要意义。

由于西欧各国都发生了这种革命,防御性战争也日益失去它的重要意义。

因此,军人的职业目前在社会上只能起着极其次要的作用。

火药的发明有力地促进了这一自然结果,使军事教育不再成为一种专门的教育,使军事力量从本质上依赖于工业了。因此,现在只有最富裕的和最有教养的民族才能获得军事上的胜利。

实业的这种逐步发展和封建制度的相应衰落，在公民的生活中同时引起了实业阶级的政治影响的不断增强和封建阶级的日益衰微。

陛下，先王们在这个非常重要的问题上，大大地促进了事物的自然进程。正因为这两个因素经常共同发生作用，贵族的政治力量丧失殆尽，而他们在公民生活中的作用也同时下降。

如果现在从精神方面去仔细考察一下社会，我们就会看到社会在这方面也完全改变了。

当欧洲通过阿拉伯人引进实验科学的时候，僧侣阶级首先开始研究它，但是不久以后，就把它完全放弃了。于是，实验科学落到另一个特殊阶级的手里，这个阶级从此成为社会的一个新因素。

由于科学从此以后得到巨大的成就，僧侣阶级的知识优势便完全消失了，而这种优势曾经是精神权力的真正支柱。在教育的影响下，人们的思想逐渐摆脱了神学观念的全面束缚。最后，从承认每个人有权批判这种观念，有权按照自己的观点接受或拒绝这种观念的时候起，这种观念的政治影响，甚至它的道德影响，都被连根铲除了。

随着僧侣阶级的观点丧失统治力量，学者的观点便开始在他们的专业方面建立了威信，甚至在学者的观点同僧侣阶级的观点公然抵触的时候，学者的观点仍未失去其威信。

现在，只有科学的论断能使人人信服，而神学的武断只能在社会最愚昧无知的阶级中有其实际的影响，然而就是在这些阶级当中，神学武断的影响也是相当微弱的，绝对赶不上学者的观点在这里产生的影响。

这个事实可能值得惋惜，但又必须完全承认，而且绝对不能忽视，因为忽视了它，就会使我们找不到消除社会的混乱状况的手段。

上述的一切，是对七八百年来的最重要政治事实所作的最一般观察的概述。这个概述本身也可以用一般事实的概括精确地总结于下：

"社会上的世俗权力和精神权力都已易手。真正的世俗权力现在集中在实业家手里，而精神权力则集中在学者手里。此外，这两个阶级也是唯一能对人民的思想和行为发生实在和经常的影响的阶级。"

这个基本变革，也是法国革命的真正原因。这一巨大的危机完全不是来自这个或那个孤立的事实，而不管这个事实具有什么实在的作用。政治制度变革的唯一原因，就是旧政治制度所适应的社会状况完全从本质上发生了变化。六百多年来逐渐完成的市民革命和道德革命，产生了政治革命，并使这一革命成为不可避免的事情。再没有比这种情况更符合事物的本性了。如果一定要想说明法国革命的起因，那就应当把这一革命的开始时期追溯到公社开始解放和实证科学在西欧开始发展的那个时刻。

在根据上述的概括制定我认为各国政府现在应当采纳的行动计划以前，必须回顾一下法国革命至今经过的道路及其主要结果。虽然社会的基本形势仍然同方才我所说的情形大致一样，虽然社会还只按照原来的方向向前发展，但是所发生的事件却给它带来了一些纯粹偶然的因素，而这些因素促使事件的真正性质变得更加模糊不清了。

　　既然法国革命的根本原因是世俗力量和精神力量对比的变化,那么,以应有的方式来指导革命的唯一手段,毫无疑问就是吸引取得最优势的力量直接参加政治活动;而在今天来说,这个手段仍然是唯一能够完成革命的办法。因此,应当号召实业家和学者去建立适应新的社会形势的政治制度。陛下,您的大名鼎鼎的不幸的兄长①赋予第三等级在三级会议中以双倍代表权的时候,显然是理解到了这一点的。

　　可见,革命在开始的时候是很好的。但是,它为什么几乎是立即就走上了错误的道路呢? 说明这一点也是很重要的,但是我们为此必须回顾过去。

　　按人的本性来说,人是不能不经过中间阶段而从一种学说过渡到另一种学说的。在应用于人类在文明的自然进程中必须经过的各种政治制度的时候,这条规律起着更加严格的作用。因此,既需要在实业中创造代替军人权力的新世俗权力的各项因素,又需要在实证科学方面创造继承神学权力的新精神权力的各项因素。这种需要应当发展中间的、具有承先启后作用的过渡性的世俗权力和精神权力,并使它们发挥作用。(在社会形势的这种变革开始叫人强烈地感到以前)这种中间性权力的唯一作用,就是使一个社会制度容易向另一个社会制度过渡。

　　为了从军事原则向实业原则过渡,就必须创造中间性原则。这一原则承认军事原则居首,但要使它的作用服从于为了实业家的利益而规定的各种限制和规则。

―――――――――――――

　　①　这里指的是路易十六,他被法国大革命推翻,1793 年被处死刑。——译者

同样地,为了从以神启为基础的神学权力向以论证为基础的科学权力过渡,也必须建立一种中间性权力。这种权力允许某些主要宗教信仰占据优势,但也承认研究各种次要问题的权利。即使历史未使我们认识这两个一般事实,我们只要深思一下,就可以想出它们。

实际上,历史将向我们证明,这两个中间阶级,在世俗权力方面就是法学家,在精神权力方面就是形而上学家。

法学家原来只是军人等级的代理人,后来很快形成为独立的阶级。这个阶级创立了法学以后,便改变了封建制度的作用。所谓法学,不外是反对采取暴力的防范体系。

和这种情况一样,形而上学家①是从神学内部成长起来的,他们一直把自己的论断建立在宗教之上。但在他们确立了可以研究信仰和道德方面的问题的权力以后,便改变了神学的作用。

他们的活动主要开始于16世纪的宗教改革,而以上一世纪宣布信仰无限自由而告结束。

由于事物的这一必然趋势,法学家和形而上学家便在最近两三百年间几乎独霸了政治舞台,而公社则逐渐习惯于把他们看成是公社的一般利益的天然保卫者。

因为他们确实出色地完成了文明的自然进程为他们规定的任务,公社便把一些相对正确的东西看成了绝对正确的东西,并在

---

① 在英国和德国,精神权力方面的改革,显然也是由他们实行的。

在法国,主要是文人起了这种作用。但是,因为一切文人的原则本质上都是形而上学的,所以我认为也应当把他们称为形而上学家,而不叫作文人——虽然文人这个名称比较具有普遍性和典型性。

1789 年参加三级会议的时候，认为最好委托他们来保卫实业界的利益。

公社由于自己的政治无知而铸成的这个重大错误，就是革命一开始便走上错误方向的主要原因。

公社应当了解过渡时期已经结束，或者至少已前进得相当远了，所以法学和形而上学家的作用也已结束，或至少对他们的主要作用可以这样说。

公社应当了解革命的真正目的在于建立新的政治制度，而法学家和形而上学家的一切工作只限于梦想改革，所以他们已经不能正确地领导这场革命了。公社应当想到，只有精明强干的学者和实业家才能完成这项任务。总而言之，公社应当从这些人当中选拔自己的顾问。

由此可见，负有建立新政治制度的使命的法学家和形而上学家，只能按照他们走惯了的老路继续前进，完全忙于替被统治者建立广泛的保障制度，为统治者规定各种限制，而不知道他们想要抵制的力量几乎已经完全消失。

当他们表示愿意继续前进的时候，他们又钻进了牛角尖，只研究如何建立他们认为最好的政府的问题，结果又犯了老毛病，把这个问题当作法律问题和形而上学问题来解决。这是因为作为他们的一般政治活动的基础的人权理论，实际上不外是把最高的形而上学应用于最高的法学。

在这里用不着回顾这个方法产生的荒诞观念和它的可悲的实际后果。尽管法学家和形而上学家的虚伪方法的这些后果有很大危害性，但指责他们的这种错误并不是哲学的任务，因为这完全是他们固有的行为方式,而这种方式的根本缺点,完全不适于解决为这些人提出的任务。

可见,一切错误归根到底在于公社的行为,公社从完全不应当依靠的阶级中选出了一些人物作为自己的代表。如果实业家响应王权的善意的号召,从自己人中间为自己挑选一些领导人,那么,我们就有可能避免我们革命中的一切深重灾难。

遵循简单的常识,胜于追随虚伪的理论。如果公社亲自研究过自己的利益,它就不会被形而上学家的关于人权的论断所迷惑,而只会按照自己的政治经验办事。当时,如果公社也像原先赎买自由那样,就会把一直为军人等级享有的和使公社受害的那部分政治权力从军人等级那里赎买过来。这样,消灭封建制度就不会采取暴力,而是依靠友好的协定了;革命从一开始起也就具有和平改革的性质了。

此外,革命也会很快结束,因为公社清楚地知道什么东西符合它的利益以后,只要遵循实证思想,就可以直接走上新政治制度的道路。然后,随着人们的思想渐渐明确,新的政治制度也会逐渐通过正常的方法建立起来。

陛下,我所以认为必须作以上的叙述,这完全不是为了对过去表示徒然的感叹,而是为了指出实业家在革命初期所犯的错误。这一错误曾使革命走上了不正确的方向,而且直至目前,它仍是建立符合王权和公社利益的稳定秩序的主要障碍。

我深信,陛下对自己的王朝所能做的重大的贡献,莫过于运用自己的影响去克服实业家的政治惰性,并消除他们一心去找法学家和形而上学家来保护他们的共同利益的顽固性。此外,这种观点所根据的观察,对于公社来说是真实的,而基于同样的原因,对于王权来说也是恰当的。

既然在目前的政治情况下,法学家和形而上学家不能代表公社的共同利益,那么根据同样的原因,他们也不能充当王权的顾问。

在说明了革命所采取的方针以后,我要谈一谈革命迄至复辟所造成的主要后果。

在目前的观察中,首先必须注意的是:在世俗权力方面,消灭了封建特权,拍卖了贵族和教会的地产,出现了新的封建制度;而在精神权力方面,则胜利地建立起信仰自由的原则。

陛下钦颁的宪章①,后来叙述了这些结果。

出售贵族和教会的地产是一种违反事物的自然进程的暴力行为;而建立新的封建制度则是革命一开始就采取的错误方针的结果。至于消灭旧的封建制度,规定宗教信仰自由,则完全没有偶然的性质。这是社会从公社得到解放和阿拉伯人向欧洲输入实证科学以后开始的一连几个世纪的社会发展的必然结果。

只能把这些结果看成是旧社会制度至今渐渐衰落的自然结局。

常有人说,任何性质的巨大工程的竣工,往往完全归功于最后插手这项工程的人——虽然这个人对于这项工程的成功实质上只起了很小的作用。有些认识肤浅的人,也完全根据这个理由,把推翻旧社会制度的功劳归于法国革命。但是,只要稍微深思一下,就可以避免这个十分明显的错误,可惜这种错误竟然成了革命拥护者及其诽谤者的许多不正确论断的泉源。什么奇迹转瞬之间就把

---

① 参看第 329 页注释。——译者

一座经过六百多年的辛勤劳动造成的,而且应当承认已经安然无恙地存在了七八百年的建筑物摧毁呢?只要这样自问一下就够了。

制宪会议废除的封建制度,不过是贵族当时还保有的政治权力的残余。这种残余是一些已经几乎毫无作用的然而对公社颇多危害的权利。从胖子路易六世到路易十一期间,接着又从路易十一到路易十四期间[①],封建制度实际就已经瓦解。同封建制度在这个期间的损失比较起来,革命使封建制度受到的损失是微不足道的。

如果把这种想法用于精神权力方面,更能清楚地说明问题。宣布可以从根本上摧毁一切神学权力的信仰自由原则,不过是革命以前长期形成的理性状况的庄严表态。理性的这种状况本身,是文明进程的直接结果,这一进程开始于欧洲发展实证科学的期间,特别是开始于发明印刷术和 16 世纪实行宗教改革的时期。当时文明的进程已使消灭神学权力成为不可避免的事,犹如在希尔德布兰德教皇时期,由于当时的社会在四五百年中所处的道德状况,必须建立这种权力一样。

由此可见,革命本身的业绩,并不像一般想象的那样重要。这个时代只是旧社会制度衰落过程的结束时期,即是已经进行了五六百年而到这个时期就要完成的过程的结束时期。推翻这个制度既不是革命的结果,更不是单命的目的;恰恰相反,这倒是革命的

---

① 法国国王胖子路易六世(1108—1137 年在位)、路易十一(1461—1483 年在位)和路易十四(1661—1715 年在位)对加强王权同封建诸侯的斗争、扩大国王的统治范围、建立中央集权的民族国家、巩固王权和在法国建立专制制度等等,曾经起过很大作用。他们的统治在很大程度上依靠了城市和工商业阶级。——译者

真正原因。革命的真正目的,即文明的进程为革命规定的目的,是建立一种新政治制度。正因为这个目的还没有达到,所以革命也还没有完成。

目前法国以及西欧其他国家所陷入的道德和政治混乱,完全起因于旧社会制度已被破坏,而新社会制度尚未建成。只有开始建立新社会制度并使其全面发生作用,才能制止这一危机,恢复秩序的稳定。上述的一切,就是我们深刻观察从公社解放和阿拉伯人向欧洲输入实证科学开始直到现在为止的文明的不断发展进程所看到的明显的图景。

在陛下①驾返以前,国内局势就是这样;从圣上归国以后,情况也还没有发生变化。社会上存在两种性质完全对立的力量。一个是衰老的、无力的、不能作为支持点的、无法长期自存的力量。这也就是与僧侣阶级合谋的旧封建制度的力量和新封建制度的力量②。

---

① 圣西门的这份上书就是呈给路易十八的。1814年波旁王朝复辟时,路易十八由国外回到法国,随后颁布了他的宪法。——译者

② 我坚信新封建制度的力量是腐朽的力量,虽然它出现的时间还不久。

显而易见,在目前的文明状况下,建立新封建制度是完全违反事物的自然进程的,它也不可能长期存在下去。波拿巴仿效克洛维斯一世*在19世纪于世俗权力方面恢复军事封建体系的努力,同尤利安努斯**皇帝当基督教的传播正处于全盛时期在精神权力方面恢复异教的努力一样,都不会获得成功。

一切违反自然的创造物,它的存在只能是转瞬即逝。这就是我们的蛊惑家们在法国鼓吹的罗马共和政体的命运,这也将是在革命当中偶然产生的拿破仑封建制度的命运。如果王权不去支持这种封建制度,而把同公社建立直接和密切的联系看作自己的巩固的支柱,那么这种封建制就会自然消灭。

* 克洛维一世(Clovis I),法兰克王(481—511年在位),法兰克王国的奠基人,法兰克王国的封建关系是在他统治时期形成的。——译者

** 尤利安努斯(Julianus),罗马帝国皇帝(361—363年在位),曾企图恢复古代多神论,以此来反对基督教。——译者

反之,另一种力量却是强大的、有力的、真正能在世俗权力方面和精神权力方面进行建设的力量。它一方面存在于实业家当中,另一方面存在于学者和艺术家当中。

因此,陛下的群臣应当制定的政治行动计划,是不言而喻的。这项计划就是让随着事物的进程而注定要在政治上死亡的阶级自食其力,同时补偿他们的个人损失,使已经占据优势的力量活跃起来。

可是,群臣没有这样做,而是做了一些什么呢?他们把两类贵族都看成了主权首先应当依赖的阶级,只关心在王权的保护下维持两类贵族之间的均势,使其中的任何一类贵族既不能够承认自己被排斥,又不能认为自己受宠爱①。

这项计划完全没有用处,其主要原因有二:第一,它依靠了已经丧失任何实际意义的力量去支持王权,而这种力量本身还要仰仗王权来支持它的不可靠的存在,所以它们是王权的真正负担,而绝不是王权的支柱;第二,这项计划责成公社去支持新旧封建制度,这必然要建立起一个负担非常沉重、开支不断增加、从而日益促使公社对王权反感的管理制度。

因此,这项行动计划使王权真正的朋友失去了势力和金钱,而把它们送给了王权的真正敌人。

任何错误总要有它的原因,但最常见的情况是:不是来自心术

---

① 对于王权和公社来说,这个受过有关双方合理而激烈的批判的均势政策,当然要比只同其中任何一部分保持特殊的和无条件的联系好一些。既然已经采取了有悖于公社利益的支持王权的无益计划,那么这个制度也就成了在若干时期内支持王权的唯一的手段。

不端或愚蠢无能,而是来自对于应当作为判断基础的事实缺乏理解,或者对于这种事实的选择不当。我不揣冒昧,敢于认为陛下的群臣所以采取了如此恶劣的制度,是出于这种原因。

我认为,有四个事实上的错误使他们产生了理论上的谬见。

第一,我毫不怀疑,群臣确实认为两个贵族集团是国家的最重要阶级,觉得他们的政治力量很大。尽管这种想法的论据多么欠缺,但是再没有比它更自然的想法了。只要深入研究一下五六百年来的文明进程,就可以避免产生这种政治错觉。然而直到如今,只有极少数的政治家和政论家理解到这种研究的必要性。如果不进行这种研究,怎么能不对社会的真实情况产生错误的看法呢?凡是能够掩盖社会真实情况的东西,现在都被收集起来了。一方面,两个贵族集团及其代理人形成了两个有组织的党派,活动非常积极,其中最活跃的人物是两党各自雇佣的主要代理人,他们差不多都是法学家,即差不多都是目前评论政务和谈论国事的人。因此,这两个党怎么能够不给人以庞然大物的感觉呢?

另一方面,无论是实业家,或者甚至是学者,都还没有在政治方面组织起来。他们对于自己的共同利益没有表现出任何的积极性。他们完全不关心这个问题,只是在被压迫得太沉重的时候才呻吟诉苦;他们不去寻找不幸的根源,以求挽救的良药;他们没有能言善辩的有名律师;他们在议会中的代表为数甚少,而且不能单独形成一个党团。由于产生上述谬见的这两个总原因,要想毫无错误地评价两个封建主集团的实力与公社的实力的对比,简直是不可能的。

如果不养成习惯把政治判断建立在对公社解放以来的文明进

程的一系列历史事实上面,就必然会产生错误。

第二,陛下的群臣毫无疑问地会认为,僧侣阶级的力量是最强大的支柱。这仍然是一种错觉,而指出产生这种错觉的原因也是非常容易的。

至今的一切道德观念,都是以僧侣阶级的学说为根据的。学者还没有树立起实证的道德体系,甚至还没有建立这种体系。这种体系不排斥高尚宗教信仰的有力和有益的协助,但它是独立于宗教的体系之外的。上一世纪最杰出的思想家们如孟德斯鸠和卢梭等人,出于对事物状态这种隐隐约约的认识,曾严厉地谴责过一些浅薄的哲学家,指出他们侮辱和嘲笑作为一切道德基础的宗教观念,是一种轻率鲁莽的态度。

对待事物的这种明智态度,目前已先后在学者和实业家中间成为一种普遍现象,因为经验越来越迫使人们感到需要道德观念,从而也感到了特别需要支持这种观念的基础。

现在的这一代人,已经在我们的书刊和社会中铲除了上一代人感到洋洋自得的那种对待宗教信仰的无礼可笑的语调。这种语调现在几乎到处受谴责,甚至在我们那些悠闲自在的沙龙里也受到谴责,认为那种语调是一种不良的嗜好。代之而兴的,是普遍尊敬宗教观念的情感;这种情感的基础是承认目前需要宗教观念。如果没有十分仔细地观察和一点也不了解阿拉伯人向欧洲输入实证科学以来人类理性的发展进程,那就很容易把这种情感误认为真诚信仰,或至少误认为企图恢复信仰的昔日力量的倾向。但是,在理解这一发展进程的那些人看来,尽管有我上面提到的事实,僧侣阶级的学说也已经丧失了自己的力量,再也不能成为王权的支柱,再也不能成为道德的基础了,因为学者还没有把道德建立在新的基础之上。

事物的这种最后状况一定很快就会结束。当这种状况不复存在的时候,僧侣阶级目前仍然产生的影响就将永远消失。

第三,陛下的群臣大概认为旧贵族非常忠诚于王权;而由于国王的恩泽,新的贵族也将会很快地无限忠诚于王权。

毫无疑问,对两类贵族当中的许多品质高尚的人士持这样的态度是没有错误的;这些人一方面值得尊重,另一方面值得感谢,这便使他们有足够的力量来指导个人的利益。但是,对广大的贵族不能作出这样的判断。过去的经验已经充分证明,一般说来,旧贵族一般志在恢复昔日的特权和财富,如果可能,甚至还要恢复那种国王在当中只是 Primus infer pares① 的制度。这类贵族把国王的庇护看成是达到自己目的的手段,他们的忠诚和俯首听命也服从于这一目的。尽管这个打算荒谬已极,但它并未因此而不存在。

至于波拿巴的贵族,他们一般都把国王的恩赐看作国王的义务;他们非常敌视旧贵族的竞争;他们把官职看成是自己的自然而合法的财产;他们觉得,只有把他们中意的人扶上王位的时候,自己的爵位和财富才能够有所保障。现在,所有明白事理和公正不偏的观察家都已十分确信这一点,只是还没有把这种情况声张出去罢了。

第四,群臣也许害怕公社一般对王权不太忠诚,特别是对波旁王室如此。这种顾虑是完全没有根据的。实业家和学者深信,为

---

① 拉丁文,"群中之首"的意思。——译者

了维持和平和保持秩序，是需要王权特别是需要波旁王朝手中的王权的。从实业家和学者的社会地位来说，他们也最关心这一点。他们敬爱波旁王朝。他们怀念波旁王朝从公社解放以来对于公社所做的一切贡献，同时希望和相信波旁王朝不会放弃这项工作。他们害怕波拿巴及其党羽的专制，吃够了这种专制的各种苦头；当他们看到权力落到新人手里的时候，他们感到专制制度返老还童了，不但没有失去原有的力量，而且取得了新的力量。总而言之，他们是陛下宝座的天然支柱。

陛下，从以上的陈述可以得出如下的结论：圣上的群臣从复辟以来实行的政治计划，不但本身毫无用处，而且没有任何有根据的理由使人去采纳它。群臣必须放弃这一计划，而只能从下述道路中选择一条：不是同两类贵族当中的一类贵族结成密切的联盟而牺牲另一类贵族，就是同公社真诚地联合起来而抛弃两类贵族。

陛下，我认为我已经向您证明，在这两类贵族中，没有一个能够成为圣上的宝座的支柱。其次，我认为也同样是一件毋庸争辩的事，就是公社已明确表示出要建立新的政治制度以结束革命的愿望。这种政治制度的基础是实业和实证科学，前者是新的世俗因素，后者是新的精神因素。我要说，这种愿望将必然排除一切障碍和战胜一切党派的抵抗而最终实现。因为这是最近六百年来文明进步的最终结果，甚至还可以说是从文明开始以来的整个进步的最终结果。

由此可见，为了采取长期的行动计划，就必须下定决心，而不要在我指出的两条道路之间有一分钟的犹豫。第一条道路只能取得转瞬即逝的成就，寿命太短；而为了使陛下的宝座建立在巩固的基础之上,正如不难证实的那样,只有走一条非常简单而且十分可靠的捷径,这就是真诚地同公社结成同盟。

为了证明这一点,只要比较一下我们提出的每项假设可能产生的后果就够了。

如果群臣专靠一类贵族,并为了满足他们的贪心而牺牲公社的利益,恐怕就要发生下述的情况:

假如只依靠旧贵族,失宠的新贵族就要设法公开地和全力以赴地推翻陛下的宝座,而且他们可能达到这一目的,因为唯一能够妨碍他们达到目的的公社,在这个假设中只能有气无力地反对他们。

反之,群臣假如把新贵族当作唯一的支柱,那么新贵族很有可能利用这个机会,更加信心百倍地去反对陛下的至高无上的王朝。

毫无疑问,保持均势的制度将比这两种情况都要好一些。但是,这种制度仍有一个根本的缺点,而且我认为我已经证明了这一点。

不过,如果陛下不庇护两类贵族,叫他们自消自灭,而同忠实于您的公社结成同盟,那么您的宝座就会永世长存,因为只要公社消极抵抗,就能使这两类已经没有力量的贵族无法实现他们的任何阴谋。

当然,正如陛下已经废除许多对于公社不仅无益而且只能成为负担的大部分开支和职务,因而同意减缩各部及其所属机关的权力一样,陛下也应该同意减缩王室的费用;总而言之,王国政府要取消封建制度的最后残余,使自己具有公社的性质。由此而来的好处则是确保天下太平,将至高无上的王位世代相传下去,不必害怕野心家的任何阴谋,陛下因建立新的政治制度而可取得法国和一切文明民族的立法家和永世恩人的荣誉。我认为,这一切好处毫无疑问会绰绰有余地补偿陛下因减少权力而来的损失。权力的减少并不是一种耻辱,因为权力是相对的,或者是用暴力取得的。

其实,我们所指的并不是采取全新的方法,而指的是只恢复陛下最英明的祖先们曾经采取过的一向同公社结成联盟的办法,特别指的是忠实遵守陛下的至高无上的皇兄赋予公社在三级会议里双倍代表权的时候所规定的路线。

陛下!

请废除两类贵族,由实业家组成选举团,用奖励的办法引导学者研究主要的政治问题。毫无疑问,这就是同公社开始结成密切同盟的最好的而且具有决定作用的手段。

陛下在这方面必须要克服的最大的甚至是唯一的障碍将是实业家对政治的漠不关心,过于不相信自己的文化修养和政治能力,过分信赖法学家和形而上学家。但是陛下的英明果断,以及受到陛下英明果断鼓励的学者的活动,很快就会克服这种困难。使实业家对于自己的尊严和政治价值具有正当的感情,就会立即使他们得到活动的能力,即得到他们为了完成文明的目前进程为他们规定的使命所缺乏的唯一条件。

陛下,我极其坦率而真挚地表达的希望您的至高无上的王朝永远保持住权力的思想,就是如此。

您的最忠诚的臣民谨呈

四、致博爱者书

先生们，鼓舞着你们精神的热情来自神赐。它使你们站在基督教徒的前列，它赋予你们以同邪恶的欲念以及同受这种欲念支配的国民和国王进行斗争的权利和义务。

你们的先驱开始组织了人类社会，而你们则要完成这一神圣的创举。初期的基督教徒建立了一般道德的基础，对朝野宣布了神的原则：人人都应当兄弟相待，互爱互助。他们想出了符合于这个原则的学说，但是，这一学说在他们那里只具有思辨的性质，所以根据这个神的原理来建立世俗权力的光荣任务，就落到你们身上。你们要永远负责向各国的君主证明，他们的利益和义务要求他们给自己的臣民制定一部可以直接改善人数最多的阶级的社会状况的宪法；你们的使命是鼓励各国的这些领袖使他们的政治符合于基督教道德的基本原则。

在罗马帝国崩溃以后，你们曾经把人类从退化当中拯救出来。现在，出现了同样的情况（在文明状况的不同时期所能达到的最大相同），这正是相同的原因产生相同的结果。先生们，你们应当效法你们的先驱，你们应当发挥出与他们相同的坚毅精神。他们创立了基督教，而你们应当使它革新；你们应当使道德体系趋于完善，使世俗权力服从于道德体系。

先生们，我们要认清现代社会的状况。我们要把注意力首先放在法国身上，从研究法国的主要机构所处的状况开始，即从研究僧侣阶级、王权和司法权的状况开始。

法国的僧侣阶级是基督教僧侣阶级的一部分。因此，它从自己的神圣奠基人那里接受了始终不渝地维护穷人的事业和不断地改进社会这一最下等阶级的身心状况的任务。但是，它实际上已把自己的这项神圣职责忘得一干二净，以致现在它的唯一工作是向人民宣传绝对服从世间统治者的教义，不以更大的努力去大胆地提醒王公及其宫廷人员记住宗教为他们规定的对人民应负的义务。

在法国，也像在全欧洲一样，王权最初是一种野蛮的制度，也就是由赶走了罗马人的野蛮民族在法国建立起来的制度。但是，法国的国王从信奉基督教开始，特别是他们自封为"神赐国王"以后，就改变了这种制度的性质。既然他们采用了这个基督教称号，显然也就承担起不断地致力于改进自己臣民中人数最多的阶级的命运的义务。但是，每当王权屈服于僧侣阶级和贵族——人们的这些真正吸血鬼的时候，就把这项义务忘得一干二净。

最后，如若我们研究一下司法权，那就一定要承认：一方面，信奉基督教的法官的职责在于调节个别人之间的纠纷，而主要是保护他们不受政府的各种专横压迫；另一方面，他们目前还似乎抱着建立最专制的专横统治的目的。

我完全不想根据上述的一切，断言全体僧侣、全体大臣和全体法官都怀有不良的意图；恰恰相反，我深信他们几乎每个人都心地善良。他们虽然做了坏事，但是本来想把事情办好。我甚至深信，他们当中的大多数人,在开始明白自己应当怎样做人的时候,就会改变自己的行为。

先生们,你们可以看到,法国目前的政治局势是非常令人痛心的,因为那些最有权力的人不去履行基督教为他们规定的使命,没有不断地和多方面地改进人民的命运,反而把自己拥有的权力用于完全有利于统治者和有损于被统治者的秩序方面。

我们还应当指出另一个非常重要的情况,这就是法国统治者的领导无方和国家权力的使用不当给法国人带来的政治灾难,还不是他们的唯一不幸。法国人还因波拿巴而遭受着另一种不幸,这是侵略野心带来的后果。

凡是热衷于侵略的民族,心中一定燃起邪恶的欲念;他们也必然像崇拜阴谋狡猾之徒那样,极其崇拜性格残酷的人。当具有这种恶劣品质的人在别国为所欲为的时候,留在祖国的和平公民还能保持自己的民族特性,完全不会放弃自己的尊严和高尚品质。一旦外部的抵抗超过扩张势力的时候,就会在国内出现狡猾和残酷的后果。在这以前,贪婪是全民族的感情,公民只是集体地怀有这种感情;而到如今,贪婪已变成在每个人身上占有统治地位的感情;利己主义这个人类的坏疽侵害着一切政治机体,并成为一切社会阶级的通病。

法国人在他们的革命初期(当时他们遭到欧洲封建制度的攻击)曾经发出只为保卫国土而战的庄严诺言;他们也曾答应把其他民族看作兄弟,并同他们一道去反对尽管文化上有所进步的欧洲的腐朽制度。

法国人的这种政策是公正无私的,也是非常明智的;它是法国人所能采取的最有利的政策，也是真正的基督教政策。法国人应当一直奉行这种政策，但是非常遗憾，他们改变了这种政策。他们受了奸诈之徒的煽惑，认为自己有权要求赔偿损失，而没有想到赔款只能从人民身上得来，因为一切财富都是人民创造的。

法国人参加战争本来纯粹出于自卫，但是他们很快就把战争变成投机的目标；于是他们的这种违反基督教精神的行为，不久就引起别国人民和国王联合起来反对法国人。法国人的大部分领土曾两次被人占领，首都两度失守。最后，被围困在国境以内达六年之久的法国人，由于在侵略时期曾对本国的武夫和为波拿巴搜罗炮灰的有功文职人员表示过崇敬而自食其果，不得不忍受六年的痛苦。

先生们，法国还患有第三种政治溃疡症，病源来自偏爱形而上学。

形而上学对法国人有过很大功劳。它从公社解放以来，直到1789年，曾对文明的进步起过很大的促进作用。但是，从法国和整个欧洲陷入社会危机以后，它就变成了最大的障碍，一直妨碍着和现在仍然妨碍着人们通过建立稳定的秩序，即通过建立符合于文化状况的秩序的办法来恢复社会安宁。

从公社解放到革命开始时期，形而上学搅乱了人们的思想，窒息了常识的呼声，并且创立了一种把僧侣阶级和贵族弄得眼花缭乱的拙劣的政治学说。然而，它却因此对学者和实业家帮了大忙。

形而上学家创造的含糊不清和荒诞无稽的学说，形成了一个反对贵族和僧侣阶级的掩体，实业家和学者可以安心地在这个掩体里研究实验科学。在这个掩体的帮助下，实业和实证科学积蓄了足够的力量来顺利地同僧侣阶级和贵族进行较量。毫无疑问，如果形而上学家不把僧侣阶级和贵族首领的注意力引向别处，不迫使他们忘却本身的利益所应当走的道路，僧侣阶级和贵族首领就会作出如下的结论：

贵族一定这样推论：如果实业发展起来，世界就要日趋文明，战争将愈来愈少，军人的作用将逐渐下降，而和平劳动的领导者最终将要变成社会的第一个阶级。

贵族的首领们作出这种结论之后，自然会妨碍实业的繁荣，而且他们当时有充分可能和一切手段来实现这一目的。

另一方面，神学家们一定警惕自己说：如果我们让一心一意要把我们的知识置于经验之上的学者联合起来，那就必然使神学失去它的全部威信，人们将要皈依纯粹宗教，并使一切国家官员在自己的行动中遵守如下的原则："人人都应当兄弟相待，互爱互助"。

当时还拥有权力和必要手段的僧侣阶级作出这种结论之后，天文学、物理学、化学和生理学就不能进步。

我们有幸，由于形而上学家的帮助而出现了如下的局面：一方面，献身于实验科学的学者获得了比僧侣阶级丰富得多的实证知识，得到了运用神圣的道德规则的巨大能力；另一方面，实业家通过自己的劳动，获得了比贵族巨大得多的财富，对人民发生了比较大的影响。于是，政治力量从一些人手里转到另一些人手里，而要把管理国家大事的工作继续留在僧侣阶级和贵族手里，已经成了反常的和不能允许的事情。

革命已是不可避免的了，即使形而上学家不愿意过问革命，革命也会很快达到自己的目的。形而上学家在促进危机发展的时候,对社会做出了巨大的贡献;但是,在他们打算领导社会以后,又给社会造成了巨大的灾难。他们也同贵族和僧侣一样,继续执政都不符合社会的需要。

我们姑且假定下议院只由两个阶级构成:一方面是从事国家管理工作的贵族和官员;另一方面是实业家和以自己的劳动直接促进实业发展的人。再假设,把法官、律师和其他法学家都由下议院中排除出去。在这种情况下,两派之间必然进行坦率而认真的争论。这种争论的题目,将是讨论国家的组织应当是为了军人、游手好闲的富翁和国家官员的利益,还是应当为了生产者的利益的问题。这种讨论的结果指日可待,而且能够成功,因为举国依靠劳动生活的绝大多数人都将赞成生产者的意见,而且为了国王的利益,也显然应当支持这种意见,并使群臣去执行这种意见。

在这种场合下,政治将变成一种简单的事情,成为一种实证科学。这就可以开始建立符合于文明状况的秩序了,可以着手制定能够长久存在的唯一宪法的第一条了。这第一条便是:

法国人的政治联合的目的,是通过和平而确实有益的劳动来繁荣国家。

这第一条的直接后果,将是最重要的和平劳动部门的领导者对管理国家大事发生最大的影响。

由此可见,只是采纳这一条,就可以结束以僧侣阶级和贵族为一方与以实业家和学者为另一方之间进行了将近三十年的斗争。

先生们,我还要向你们证明:法学家妨碍了这一斗争的结束,正是他们阻挠了宪法的这一基本条款的通过,阻滞了这一条款的效益的实现。

　　先生们，这个证明是以下述的公认事实为根据的。法学家在各部和议会里占据多数；他们给现有的三个政党提供领袖，领导着"极端分子"①；他们既为自由党人献策，又为政府的拥护者出谋。可见，他们操纵着现代的全部政治工作。

　　因此，我有根据地说，法学家这类形而上学家在政治上占优势，是法国目前所患的社会病之一。

　　先生们，在归纳法国人的社会状况的这个概述的时候，我们发现法国人同时患有三种显然不同的政治病：

　　第一，这个国家的社会组织所依据的三个主要权力，都受一些错误的学说所指导。这些学说已经不以改善社会的最下等和人数最多的阶级的命运为目的；运用这项权力的人忘记了一切政治团体都应当遵守的伟大道德原则。

　　第二，整个国家热衷于侵略；不管是被统治者还是统治者，目前都被利己主义所支配。利己主义是企图非法地统治其他民族的野心和在军事胜利时期养成的精神习惯的必然后果。

　　利己主义目前在被统治者当中所占的优势不能产生充分有力的舆论以迫使统治者重新遵循基督教所嘱咐的道德路线。

　　第三，在讲授野蛮、无知和迷信时代制定的法律汇编的学校里受过教育的政治上的形而上学家，现在控制着各类各派的被统治者和统治者，即领导着他们。因此，不可能就一些十分明确的问题展开自由讨论。可见，在目前状况下，要使国王的头脑和人民的思

---

　　① "极端分子"（Ultra）是"极端保王党分子"（Ultra-royaliste）的简称，指拼命拥护旧制度和君主政体的人而言。这个名词在复辟时期，特别是从1814年以后十分流行。——译者

想产生关于必须设法结束革命的明确意见,那是痴心妄想。

先生们,我们现在把视野放大一些,考察一下全欧洲的状况。

数个世纪以来,即从封建制度建立到路德的宗教改革这一段时期内,中欧和西欧的居民已经在两个方面被组织起来了。

第一,他们已经完全服从于封建制度。

第二,他们信仰一个宗教,受一个僧侣集团管辖;这个僧侣集团只服从于一个首领和一个总机关,这个机关对各国政府处于独立地位。

可见,中欧和西欧的居民一方面服从一个精神权力,另一方面又服从类似性质的世俗权力。

欧洲社会从路德实行宗教改革时期开始解体,它按照下述两个方向继续发展:

第一,封建制度首先在英国失去它的本来性质,后来在法国、比利时、西班牙、葡萄牙和那不勒斯以及德意志的几个邦里相继失去它的本来性质。

第二,基督教分裂成四派:天主教派、路德派、加尔文派和英国国教派。

欧洲社会的解体,到神圣同盟形成的时候才最后完结,因为由几个大国的世俗权力首领联合组成的排他性神圣同盟,使自己凌驾于基督教各派的首领之上。于是,精神权力完全丧失了独立性;于是,世俗权力和精神权力之间实际上已经不再存有分界线;最后,精神权力终于服从世俗权力而同意做世俗权力的代理人。

我认为,对于欧洲状况所作的这一简短的概述,足以使诸位先生相信目前的状况是反常的,不能继续存在下去了。

　　最后,这个概述也足以使诸位相信目前的危机不只法国有,整个欧洲都有,不能够单独对法国人民进行诊断和治疗,可以治好法国痼疾的药品也应该适用于整个欧洲,因为法国的形势在一定程度上受着它的邻国的影响,它同大陆上其他民族之间有一种政治性的联系。

　　先生们,怎样来医治欧洲的政治机体呢?怎样来恢复大陆上的安宁呢?怎样来建立巩固的政治秩序呢?这就是我要同诸位一起研究的实质问题。这个研究对象非常广泛,以致无法一次把它讲完。但是,我希望我对你们所作的第一篇概述,能把一切极为重要的事件都包括无遗。这个概述足以指出前进的方向,而随着我们不断的前进,我们也就会越来越看清目标。

　　先生们,意大利人、法国人、英国人和西班牙人,也同其他被罗马军队所征服的民族一样,已经遭受过一次同欧洲目前所遭受的危机类似的社会危机。这第一次危机甚至更加残酷和可怕,因为在发生那次危机的时候,文明还不够发达,遭受这种危机的各民族还没有任何的共同原则。这次危机是在罗马帝国崩溃的时期发生的。

　　被这个帝国征服的一切民族,也染上了我在这封信的开头提到的三种政治病。

　　他们的政治机构腐朽了,不再适应于文明的状况,它们的活动违反了人民的利益。西塞罗说他无法设想两个卜者能够面面相觑而不笑。元老院的权力被贬低了,罗马的骑士开始起着首要的作用,他们管理国家大事,而且在代管国库工作的时候,靠搜刮人民的办法而使自己大发横财。

利己主义支配了一切社会阶级；荣誉感和爱国主义情感让位于贪得无厌的欲念。对公益毫不关心，人民不爱祖国，而一心希望游手好闲。

谁也不再研究任何有利于公益的问题。形而上学家成了政治教师，他们所关心的只是一些具有次要意义的琐事。

最后，先生们，人类由于不善于应用既有的知识而直接走上了堕落的道路。人类当中最有教养的一部分人的不幸，由于蛮族的不断入侵而大大加深。这些蛮族的残酷性质，同罗马人的腐化堕落的习性合而为一了。

文明在这次跌倒之后是怎样爬起来的呢？有功于后世的一切进步秩序是怎样建立起来的呢？这就是你们现在应当集中全力注意的历史事实，因为只有研究这些事实，才能使你们发现可以光荣地摆脱目前的政治危机的手段。

先生们，在罗马帝国衰落和瓦解时期，上帝给犹太的居民指出一项应当成为一切社会关系的基础和指导一切基督徒行为的道德原则。上帝说：人人都应当兄弟相待，互爱互助。

上帝的话感动了我们的祖先，使他们受到了十分强烈的鼓舞，以至于他们当中的每一个人，只要听到神的启示，就把个人的事情放下，抛开已经开始的事业和拟出的计划，而去反对多神教的信仰，证明这种信仰的荒诞无稽，反对利己主义，证明这种欲念必然导致社会分裂，反对形而上学观念的倾向，证明这种观念只能教导人们把空话当作事实，并妨碍人们把注意力集中在他们应当追求的目标上。

这些初期的基督徒的行为，在各个方面都是值得赞扬的：他们

克服了人们当时遇到的一些巨大障碍；他们完成了当时提出的最
艰巨任务；他们在勇敢、坚定和明智方面都超过了所有的古代英
雄；他们编纂了教义问答，这曾是一切出版物中最有价值的书籍。
我在这里所说的教义问答，绝不是指目前耶稣会教士拿来教训人
的那种教义问答，而是最初的教义问答。最初的教义问答，对于人
类的行为作了合理的分析，把人的欲念分成两大类：对于他人有益
的欲念和对于他人有害的欲念。

　　先生们，这些初期的基督徒的行为应当成为我们的榜样。我
们就要进行的事业，就是要完成早由他们开始的事业。我们应负
的光荣任务，就是在政治实践中采用他们只能以抽象形式提出的
学说。我们的使命，就是把精神权力委托给那些最能教导他人学
习有用东西的人，把世俗权力交给那些最关心维持和平和改善人
民处境的有能力的人。

　　使我们的神圣事业获得成功的关键（我们永远也不应当忘掉
的问题），就是要采取说服的办法，这是使我们能够达到目的的唯
一手段。尽管有人会像迫害早期的基督徒那样迫害我们，我们也
绝不动手还击。

　　先生们，从基督教成立以来，我们的先驱者的著作总是抱着同
一目的（建立人类的社会组织），具有同一特点（公正无私），但不一
定具有同一形式。我们可以稍微回顾一下他们走过的道路，同时
看一看基督教社会的进步。

　　在基督教产生和最初存在时期，信奉基督教的国家的绝大多
数居民都处于愚昧无知的状态，以致不能想到废除奴隶制的问题。
因此，博爱者的政治工作，在这个时期是非常有限的，而世俗权力

在这种条件下必然具有十分专横的性质。

你们的先驱者的第一项任务,在他们说服了君士坦丁大帝承认基督教的精神权力存在的时候,就已经完成。基督教的精神权力负责向人们灌输神的道德的问题。不管地位高低,人人都应当服从和遵守这种道德。

在取得这一成就之后,博爱者旨在直接建立社会组织的活动的热情,当然减少了,因为怀有大慈大悲欲念的博爱者,也要服从于支配着一切人的欲念的规律。根据这种规律,这些人只有当他们面对着明确的目的的时候,才能够发挥自己的全部能力;各种危险只会提高他们的热情和干劲,但是在社会所需要的准备工作已经完成的时候,就不应当把希望寄托在他们身上了。

于是,基督教社会的第二个时期在5世纪从君士坦丁大帝领洗以后开始,这个时期一直继续到13世纪最后一次十字军东征为止。

在这第二个时期,基督徒进行了两种活动:有些人致力于保护社会的完整;另一些人致力于组织社会。

撒克逊人、萨拉森人和诺尔曼人相继进攻基督教社会。如果这些热衷于侵略的部族完全实现了自己的计划,那么基督教至少要消失许多世纪。在这个时期,博爱者不得不献身于军事工作,他们也这样做了。因为不能同时进行两种工作,所以他们把进行道德教育和组织社会的工作委托给僧侣阶级,也就是委托给以此为职业的雇佣人员。由此必然产生而且事实上也真的产生了如下的结果:战争打得很好,而赋予基督教社会的社会组织,并没有成为自由的组织。

这一时期的工作，至今仍没有受到好评。18世纪的哲学家们大吵大嚷地指责十字军东征，但是他们大错而特错了。罗马人想驱逐迦太基人，就向迦太基人发动了进攻。如果十字军不向萨拉森人开战，不长期进行战争，萨拉森人就会不断地进攻欧洲。这个民族狂热地迷信穆罕默德，使它在很多世纪未能接受基督教的道德。

应当惋惜的是，博爱者没有亲自组织基督教社会，因为这个组织可以留下他们的公正无私的烙痕；但是我要重复一句，这一点所以不可能，是因为在这一整个时期，他们所从事的活动都是为保卫社会所必要的。

其次，尽管基督教社会的组织还不够完善，尽管基督教社会里还泛滥着僧侣阶级固有的贪欲，但是13世纪基督教社会仍然高于以前存在过的一切人类社会。信奉基督教的政治社会之间的联系，比罗马共和国和罗马帝国任何时期都更为巩固。

我现在来回顾一下第三个时期，这一时期由13世纪开始，到1789年结束。

在第三个时期，发生了三件性质不同的大事，它们都值得你们注意。

当基督教徒结束了反对撒克逊人、萨拉森人和诺尔曼人的长期战争以后，当他们在同这些他们认为唯一可怕的民族进行斗争中所获得的胜利巩固了他们的地位以后，他们交由世俗权力治理的社会组织，已经与他们不相适应了。这个组织本质上具有军事性质，而他们所需要的却是和平机构，他们现在应当献身于和平运动。

由于僧侣阶级到处传教，欧洲的全体居民都信奉了基督教，接受了一切民族和一切人都应当促进人类的共同幸福的原则。从此以后，精神权力需要减少他们的代表人数，以便减轻人民的负担。精神权力主要应当研究和改进实证科学，教导人们学习从事和平工作的有用知识。

这个时期的博爱者深刻地感觉到这些真理，并从 13 世纪末开始，一方面献身于研究支配各种现象的规律的工作，另一方面致力于实业活动，通过这种活动生产了物质的产品，以满足人类的需要。

基督徒在基督教第三个时期中从事的最有益活动就是如此。

在这一整个时期里，贵族和僧侣阶级几乎完全去保卫他们从人民那里取得的权力，但是由于情况已经变化，行使这种权力对于社会却是害多益少。我想请你们注意的第二类活动的内容就是如此。

虽然精神权力和世俗权力不断加强自卫，并且具有自卫的强大手段，但在这一时期，精神权力和世俗权力仍然不断衰落。这再一次证明上帝为什么要让有害于人类的社会机构灭亡的原因。

这一时期的引人注目的第三件事，是形成了第三种政治权力，即建立了司法权。值得我们注意的第三类活动，便是法学家的活动。

法学家研究各种法律的内容。因此，他们创造了教会法、公法、封建法、刑法和民法，等等。当然，他们的活动是有功劳的，但是也不能避而不谈他们受到一个根本缺陷的损害。由于他们是在主要的机构已经腐朽和不再适应于社会需要的时候进行活动的，是在这些主要机构中非常活跃的精神权力和世俗权力的代表们享有依法不属于他们的权力的时候进行活动的,所以才出现了这种缺陷。

我认为已经没有必要再研究这第三个时期的问题,而应当开始研究第四个时期了。

但是,在开始讨论问题的本质以前,我希望你们注意这个时期有一个特点,我们认为这个特点使这个时期具有了比其他任何时期都重要得多的意义。这个时期最使我们感到兴趣,只有它同我们有直接的利害关系。

先生们,1789年以后发生的事情是第四个时期的序幕。实际上,这一时期现在才刚刚开始。它是诞生在西班牙、葡萄牙和意大利以及德国的一部分已发生的变化在欧洲的大部分民族中间掀起了改革社会的运动的时候。

法国不能单独进行改革,它没有自己特有的道德体系。它只是欧洲社会的一个成员,它和邻国在政治原则上自有它们的共同性。简而言之,法国革命的最重要的道德后果,就是它引起了人们产生改善社会的愿望,目前这个愿望已经遍及整个欧洲。

其次,我打算同你们谈一谈未来,以便请你们严格地而不要轻率地判断我的思想。在这封信的开头,我曾拿目前的社会状况同罗马帝国衰落时期的社会状况作过比较。后来,我又扼要地叙述了从基督教成立直到目前的文明进程。这些观点当然非常重要,甚至具有两种不同的价值,但这对我们来说关系不大。你们一方面应当把它们看成是准备性见解;另一方面应当把它们看成是我要讨论的问题的论据。我采用比较法,为的是吸引你们的注意;我对你们进行扼要的叙述，为的是使你们能够用正确的观点来判断我的论点。

对你们说来最重要的问题，你们最渴望知道的问题，我打算向你们说明的问题，就是关于未来将会发生什么的问题。好吧，诸位先生，我就来对这个问题作一个十分明确的解释。我现在就来说明未来会发生什么事情，这些事情将由谁来完成，以及将怎样完成等问题。

先生们，我将依次说明上述三个问题，并分别回答其中的每个问题。在每一个回答当中，我都要引用我的观点所依据的论断。

第一个问题　在基督教的第四个时期将要发生哪些主要的政治变革？

回答　我认为在这第四个时期将要组成新的精神权力和新的世俗权力。

我认为新的精神权力要由欧洲现有的一切科学院和有资格进入这种学术团体的一切人员构成。我认为在形成这个核心以后，构成这一核心的人员将会自行组织起来。我觉得这个新的精神权力应受托管理社会教育和国民教育工作。我认为纯粹的福音道德将成为新的社会教育的基础，然后根据财产状况不同的儿童的在学时间，大力普及实证知识。最后，我认为在一切公社中应派遣或多或少的新的精神权力的代表，这些分驻在公社的学者的主要任务，是激发公社的精神工作人员从事公益活动的热情。

我认为，应当委托领导和平工作的人来管理欧洲各族人民的世俗工作。将来要有很多人参加和平工作。我深信，由于统治者本人的切身利害关系，这种管理将首先致力于维护国际和平，然后尽量减少税收,并通过最有利于社会的方式来分配收入。

我的观点所根据的三个论断如下:

一、社会组织的这些新基础完全符合绝大多数居民的利益,所以应当把它们看成是从神的道德原则引导出来的一般政治结论。这个原则是:人人都应当兄弟相待,互爱互助。

可见,神的意志是:在目前的文明条件下,基督教社会应按照上述方式组织起来。

二、如果从博爱的观点立论,按照科学规律办事,我们就应当说基督教社会的这种宪制是废除奴隶制和实证科学压倒神学与形而上学其他部门的自然后果和直接结果。

三、即使只从政治上来考虑,问题也看得很清楚,文明的进步一定要导致这种结果,因为精神和物质的力量现在都掌握在研究实证科学的人手里,掌握在从事和管理实业活动的人手里。只是由于旧习惯作祟,社会才受到贵族和神学家的压迫。但是经验证明,当社会的原有习惯同社会的利益矛盾,而社会找到了满足自己需要的新途径的时候,社会就会永远摆脱原有习惯的影响。毫无疑问,社会也将抛弃贵族和僧侣阶级的统治;毫无疑问,政治权力将过渡到这样一些人手里:即现在已经拥有几乎全部社会力量、每天支配着社会的物力、创造着社会的财力并不断增加自己的智力的人的手里。

第二个问题　什么力量可以促成这种变革,什么人能够指导这种力量呢?

回答　道德感的力量将会促成这种变革,而相信一切政治原则都必然导源于神赐给人的一般原则,则是这种力量的主要动因。

博爱者将会指导这种力量，他们这时所处的地位，将同他们在基督教成立时期的地位一样，即作为神的直接代理人。

博爱者曾以他们的第一次共同努力迫使尘世的统治者接受了神的道德原则，现在博爱之心将以第二次共同努力迫使贵族和神学家服从由这个原则引导出来的主要结论。

我的这个见解的基础，首先在于我们人人都知道的基督教成立以来所发生的事件。

社会的最低等级，对于接受这种信仰，无疑地是抱着最积极、最关心的态度的。这种学说也曾使在罗马人统治下的各族人民得到很多好处，所以居民中这两部分数目最多的人，似乎应全力支持新的道德原则，可是事态的进展，却完全走入另一个方向。在世人当中，使徒保罗①是基督教的主要奠基人，他是罗马人；波利欧克特②是初期的殉教者之一，他属于上层社会阶级；人民的下层阶级经常迫害初期的传教者。

在政治改革事业中，对于社会福利的热烈的向往，比可以从改革中获得最大好处的那些阶级的自私心具有大得多的意义，这就是被文明的整个发展过程所证实的真理。一句话，经验业已证明，最热心建立新制度的人，并不是与这种制度的建立最有利害关系的人。

---

① 据说《新约》中的《罗马书》等篇是其所著。保罗的著作对基督教在希腊罗马世界的传播和基督教成为普遍信仰的世界宗教，起过很大的作用。——译者

② 波利欧克特（Polyeucte）是瓦列里亚努斯皇帝在位时期（253—260 年）的一个被尊为"圣者"的罗马军人，因在亚美尼亚传播基督教和反对异教，而被拷打致死。——译者

先生们,除了举这个很老的事实来证明我的见解以外,我想再举一个崭新的而且现在还没有最后完结的事实。

六年以来,我怀着满腔热情力图向学者和实业家证明:

第一,现在,社会上出现建立一个最有利于科学进步和实业繁荣的组织的明显意向;

第二,为了建立最有利于科学进步和实业繁荣的社会组织,必须把精神权力交给学者,而把世俗权力交给实业家;

第三,学者和实业家可以按照自己的愿望和需要组织社会,因为学者具有智力,而实业家则拥有物力。

我由于进行这项工作,曾与很多学者和实业家接触,这使我有机会和办法去研究他们的观点和意向。

我的观察使我得出如下结论:

首先,我认为在道德方面可以把人分成两类:一类是感情重于思想的人;另一类是感情服从理性判断的人。一些人把改善自己的命运的希望同消灭各种弊端的意向结合起来;另一些人把依靠这些弊端牟利作为自己社会活动的专门目的。简而言之,我认为学者和实业家同其他人一样,也应分成两大类:一类是博爱者,另一类是利己主义分子。

其次,看到博爱者和利己主义分子的人数,是随着社会所处的一般状况而相对增减的。在目前条件下,利己主义分子的人数每天都在增加。但是与此相反,博爱者也日益愿意团结自己的力量和积极从事活动。

我还发现,人们所献身的职业,对于他们接受博爱者的道德或利己主义观点是大有影响的。终日同人们当中的大多数往来的人，而主要是来自人民当中的人，比较倾向于博爱；而由于职业的性质而单独生活或经常同富人阶级往来的人，除非他们得天独厚，就都倾向于利己主义。

因此，我有理由从亲身经验和历史事实中得出如下的结论：博爱者应当激发贵族和僧侣阶级，使他们服从由神的道德原则引导出来的一般政治结论。根据这个结论，社会的组织应当以替最大多数人谋福利为目的。

第三个问题　博爱者要用什么手段来改造社会呢？

回答　博爱者可以运用的唯一手段就是宣传：无论是口头宣传，还是书面宣传，都可以。他们要向各国的国王进谏，为了尽到自己的基督徒的职责，为了维护自己的继承权万世一统，君主们应当让实证科学的学者领导社会教育和改进科学理论的工作，让最具有管理才能的实业家关心管理世俗工作。

博爱者要向各族人民宣传，让他们齐心协力地向君主表示自己的如下愿望：把精神和世俗方面的公共事务的领导权完全交给最能按照共同利益领导这项工作和最关心这项工作朝这方面发展的阶级。

博爱者必须充分耐心地继续进行口头宣传和书面宣传，以便唤起君主们（依靠他们内心的信服，或在强大的舆论的影响下）在社会组织方面实行文明的进步、全体居民的共同利益和绝大多数人的直接切身利益所要求的改革。

一句话，博爱者将采用的唯一手段就是宣传，而这种宣传的唯一目的，则是唤起君主利用人民赋予他们的权力来实现势在必行的政治改革。

　　先生们,我认为博爱者应当利用王权来改造社会的见解,是以下述三个论点为根据的。

　　首先,正在使基督教组织趋于完善的博爱者,当然也应当怀有曾经鼓舞过基督教奠基人的那种精神;所以他们也要发挥同样的特点,也要沿着同样的道路前进,也要使用同样的手段。

　　但是,有一个事实人们都十分清楚,它从来没有引起过人们的任何怀疑,这就是早期的基督徒只用说服办法影响君主。他们没有同君主斗争,只是一心呼吁君主信奉他们的信仰;结果,他们有的利用直接影响君主的信念的办法达到了自己的目的,有的利用以对君主最有权威力量的舆论来影响君主的办法达到了自己的目的。

　　我根据这个事实得出结论:现代的博爱者绝不希望推翻君主的宝座;恰恰相反,他们极想使王权建立一个为改进基督教组织所必要的制度。

　　其次我要说,如果博爱者打算攻击王权,将是极其愚蠢的,因为他们的这种行动不会得到任何成功,何况法国和甚至整个欧洲的舆论都坚决表示拥护王权。

　　最近在西班牙、葡萄牙和那不勒斯①发生的政治运动,都是由

---

　　①　指西班牙、葡萄牙和那不勒斯在 1820 年发生的资产阶级革命。

　　西班牙的这次革命由 1820 年 1 月 1 日的军事政变揭开序幕,其目的是反对国王斐迪南七世的反动统治。国王被迫宣布实施自由主义的 1812 年《卡迪斯宪法》,但在 1823 年,这次革命的一切果实就全部丧失殆尽。法国经神圣同盟同意,派遣十万大军进驻西班牙,镇压自由主义运动,斐迪南七世趁机废除这部宪法,在国内实行极端反动的统治。

　　继西班牙之后,葡萄牙也爆发了革命,革命的主力仍然是军人。当时,葡萄牙被英国占领,国王约翰六世正在巴西。革命运动的结果,是制定了一部自由主义的宪法(1820 年)。

这些革命初期担当主角的军人发起的，但是世袭的王权仍然受到完全的尊重。我们看到西班牙人、葡萄牙人和那不勒斯人都主动表示拥护原来的王朝，只是推翻了违反民族利益的专制政府。

最后，我想谈一谈我亲自看到的法国舆论界对王权所持的态度。我要说，既然我要为实证科学学者和实业家的事业效劳，那么为了得到他们的支持，我认为必须十分明确地宣布：世袭的王权能够为学者和实业家规定新的社会地位，并消除贵族和僧侣阶级的政治影响。

大多数学者和实业家今天所以对我注意，显然是因为我在最近几部著作里，曾经竭力证明君主、学者和实业家的利益是一致的，他们的利益（具有真正的基督精神，因为它在为人数最多的阶级造福）永远同贵族和僧侣阶级的愿望对立。

一句话，学者和实业界领袖必然希望改革事物的现状，但他们想使这一改革成为神的伟大道德的产物。他们想使这一改革进行得合理合法，即按照国王的意愿来实行。

先生们，我认为在这封信中我已十分详细地指出将要发生什么，为什么发生和怎样发生。现在我应当从理论转向行动。我要向国王提出我对他的群臣的施政的几点明确意见。我要向圣上指明，陛下的群臣的行为与王权和民族的利益发生抵触，完全敌视神

国王由巴西回国后，在国会的要求下，宣誓效忠新的宪法。但久不久以后，国王便违背了自己的誓言，通过君主政体和教权主义的拥护者的一系列阴谋活动废除了宪法。

1820年在那不勒斯爆发的革命，其性质和结局都与西班牙和葡萄牙的革命相同。1820年7月，以军队为主力的烧炭党人起义，迫使国王斐迪南二世宣誓效忠于自由主义的宪法；但在第二年，就在斐迪南二世亲自参加下，引进奥地利军队把革命运动扑灭下去，接着在国内实行极端黑暗的反动统治。——译者

赐予人的道德原则。我要直言禀奏圣上，什么是能够建立使爱好
和平的善良的人感到满意的持久秩序的唯一手段。

先生们，请你们支持我，而为了给我以应有的支持，请你们在
所住地区开始履行自己的任务。请你们向人民和君主宣传：恢复
安宁的唯一手段，就是把精神权力交给最拥有实证知识的人，把世
俗事务的管理交给最关心维护和平和最能办理政务的人。

在目前的文明状况下，这种活动不会使你们遇到巨大的危险。
但是，即使现在我们会受到早期的基督徒所受过的那种迫害，这也
不应当妨害我们履行自己的职责和实现我们的使命。最勇敢和最
无私的人，历来是而且永远是领导社会的人。军人的英勇精神在
愚昧①和混乱时代占过首要地位，而市民的英勇精神则会恢复秩
序和促进文明的发展。

博爱者在基督教初期的活动，是唤起尘世的有权有势的人接
受神的伟大道德原则。我们的使命是继续他们的事业，也就是唤
起欧洲各国的君主和邦君，使他们的政策符合这一原则，用最有利
于最大多数人的方法把社会组织起来。

我们应当尽快开始工作。我们可以指望得到神的庇护，得到
真正虔诚的信士、真正忠于国王和民族的人士的协助，以及得到各
族人民的支持。

如果你们稍微注意一下法国议会的政治活动，看一看下议院

---

① 在我使用这个词的时候，不仅指绝对愚昧状态，而且也指相对愚昧时代，即也
指社会在希望建立新的政治制度但不知道怎样建立这种制度时所处的状态。从 1789
年开始，我们就身受这种愚昧状态的折磨，可是军人们却在利用这一点使自己起主导
的作用，而不顾文明已经非常进步了。

的行动,想一想 2 月 7 日会议上发生的事件,你们就会看到对立的两党的领袖都已经发出警报;你们也会看到你们应当开始行动的时刻终于到来;你们还会看到:如果你们再迟迟不表示自己的意见,你们的沉默就要为野心家的活动大开方便之门,使社会遭到利己主义和统治欲可能给它带来的一切灾祸。

三色帽徽的拥护者和白色帽徽的拥护者①互不信任,彼此以夸夸其谈的说法,来掩饰自己的真正意图。如果发生斗争,那将在谁和谁之间发生呢? 显而易见,将在旧军和新军之间,即在旧贵族和波拿巴所扶植的新贵族之间,也就是在拿破仑时代执掌大权的人和受国王委托管理公共事务的人之间发生。

如果白色帽徽被打败,法国将受拿破仑的贵族和武夫的统治;反之,法国人则将重新受旧封建贵族的压迫。这两种前途都不为人民所欢迎,而且也不符合博爱者的意愿。

信号已经发出,时机已经来到,我们应当发挥我们的一切能力了。我们要重申神的伟大道德原则,这项原则是既适用于法国人又适用于欧洲其他一切民族的唯一集合口号。我们要勇敢地从这个原则中得出共同结论,并大声疾呼:应当把政权从军人手中夺过来,交给那些最爱好和平、最能生产和最能管理行政工作的人。除了军人、贵族和神学家,我们再没有其他敌人;我们可以战胜他们的唯一手段,就是证明他们的一切政治原则都同国土和民族中的绝大多数人的利益背道而驰。

---

①　三色(蓝、红、白)帽徽流行于 1789 年法国革命时期,白色帽徽是王权的标志。——译者

　　先生们,在这封信快要结束的时候,我请你们回忆一下早期的基督徒的传教活动;我们要仿效他们;谁愿意加入我们的行列,就不必追究他们的既往;谁主张精神权力应当交给最有教养的人,而世俗权力则应交给最关心维护和平和国内安宁并最能管理行政工作的公民,我们就应当把他们看成兄弟。

　　先生们,极端保王党、雅各宾党或波拿巴派当中的某些十分杰出的人,或许就是被上帝选来建立新基督教,即建立完全摆脱各种迷信的最完美的基督教的人。迷信曾使基督教的僧侣阶级沉湎于自私自利的目的,而我们的祖先则由于无知而把迷信当作了信仰。一句话,无论是道德上的异教徒,还是政治上的异教徒,只要他们真心诚意地放弃自己的异教观念,为建立真正的学说而热心工作,我们就准许他们加入我们的行列。

　　明哲保身的人非常乐意支持既有的秩序,他们有时也能略微改变这种秩序,但却不具备实现重大改革所需的那种魄力。早期的基督徒都是一些热情洋溢的人,新基督教徒也应当这样;但是热情的人,由于他们的性格,也能犯重大的错误。比如,使徒保罗最初就是基督教的最坚决的敌人。此致

　　敬礼!

你们的最忠实最顺从的仆人

昂利·圣西门鞠躬

黎塞留路 34 号

　　再启:

　　我奉劝诸位仔细阅读这封信前面的几封信,你们在那些信里将会找到用来反对各种诡辩的必要论据,同时也会看到若干事实

可以作为论据，以证明欧洲人要想结束因文化的进步而引起的政治危机，唯一的手段就是把政权从神学家、贵族、军人和形而上学家的手中完全剥夺过来。

我也请诸位读一读拙著《组织者》。这两部著作当然还远远没有达到它们应该达到的地步，还远远不如今后就这个问题将要写的著作。但在目前来说，它们仍然是本着这封信的观点来阐述所讨论的问题的唯一两部著作。

先生们，我建议诸位读一下普拉德特先生所著《论欧洲和美洲》①。作者在这部书里，概述了他以前的所有著作，高瞻远瞩地论证了事实。他并未开出治疗的处方，但他以明察秋毫的眼光诊断出了我们所患的社会病的性质。

（徐仲年　董果良译）

---

① 多米尼克·普拉德特（Dominique Pradt，1759—1837 年），法国神甫出身的外交官，也是一个著述颇多的反动政论家，曾代表僧侣阶级出席 1789 年的三级会议。——译者

实业家问答[*]

* 《实业家问答》是圣西门自杀未遂后所写的第一部作品。本书共分四册，第一册发表于 1823 年 12 月，第二、三、四册分别于 1824 年 3 月、4 月和 6 月出版。译文所据的原文，载于 1966 年法文版《圣西门全集》第 4 卷（第一、二、三册）和第 5 卷（第四册）。
　　——译者

第 一 册

问：什么人是实业家？

答：实业家是从事生产或向各种社会成员提供一种或数种物质财富以满足他们的需要或生活爱好的人。可见，播种谷物或繁殖家禽和家畜的农民是实业家；马车制造匠、马蹄铁匠、制锁匠、细木工是实业家；制造鞋帽、麻布、呢绒和开司米的工厂主也是实业家；商人、货运马车夫和商船的海员同样是实业家。所有这些实业家联合起来，从事生产或向全体社会成员提供各种物质财富以满足他们的需要或生活爱好。他们构成三个大阶级，这三个阶级叫农民、工厂主和商人。

问：实业家应在社会上占有什么地位？

答：实业阶级应当占有首要地位，因为它是最重要的阶级；因为没有其他一切阶级，它也能存在下去，而其他任何阶级如果没有它，就不可能生存下去；因为它是依靠自己的力量，即靠亲身劳动而生存的。其他阶级都应当为它而工作，因为它们是由它创造出来的，而且是由它来维持它们的生存的。一句话，一切都是实业所为，所以一切也都应当为实业而为。

问：实业家目前在社会上占有什么地位？

答：目前的社会组织把实业阶级置于最末位。社会制度对次要劳动甚至对游手好闲的尊敬与重视,依然大大超过对最重要劳动,即对最直接的有益劳动的尊敬与重视。

问:本来应居首位的实业阶级现在为什么处于最末位呢？实际上应居首位的人为什么落到最末位呢？

答:我们将在本问答的有关部分说明这个问题。

问:实业家为了从他们现在所处的最低地位上升到他们应当占据的最高地位,可以采取什么样的行动呢？

答:我在本问答中就要说明他们为使自己的社会地位得到这样的改进而应当采取的行动。

问:那么,您着手撰述的著作的宗旨是什么？一句话,您在著述这部问答时为自己规定了什么目的？

答:我打算向实业家指出最能够提高他们的福利的方式,我打算让实业家学会为提高其社会地位而应当采用的一般方法。

问:您准备用什么方法来达到这个目的呢？

答:一方面,我要向实业家指出他们目前的社会地位的实际情况,向他们说明他们的地位具有完全从属的性质,亦即说明这个地位大大低于他们作为社会的最有能力和最有用处的阶级而应占有的地位。

另一方面,我要向他们指出他们为了最受尊敬和最受重视而应当走的道路。

问:那么说,您要在本问答中鼓动起义和造反吗？要知道,现在特别受到尊敬和重视的那些阶级绝对不会心甘情愿地放弃他们的既得利益。

答:我绝不鼓动起义和造反;恰恰相反,我要提出唯一能够阻止暴力行动的方法。暴力行动可能威胁社会,而实业力量如果仍对争权夺利的那些党派采取消极态度,社会就很难避免这种威胁。

不委托最卓越的实业家来管理公有财产,社会的安宁就无法持久。

问:请您向我们解释这一点,并向我们说明,为什么不委托最卓越的实业家来管理公有财产,社会的安宁就要受到威胁呢?

答:这个道理很简单,就是社会上最大多数人的一般政治意向在于:管理机构应尽量节省,管理机构应尽量精简,管理机构应由最能干的人组成和使社会的安宁完全有保证;而满足大多数人的这一切愿望的唯一方法,就是委托最卓越的实业家主管公有财产,因为最卓越的实业家对于维持社会的安宁,对于节省国家的开支,以及对于限制专横,都是最为关切的。最后,在全体社会成员中,他们最能证明自己拥有真正的行政管理才能,而他们的私人企业所获得的成就也已证明他们这方面的才能。

目前,社会的安宁受到威胁,因为政府的方针同全民族的十分明确的志向直接对立。我们的民族主要希望管理机构尽量节省,而政府也绝不该叫我们的民族多花钱;政府现在叫我们的民族出的钱大大多于大革命以前。在大革命以前,全民族被分成三个阶级,即贵族、资产者和实业家。当时,贵族管理国家,资产者和实业家向他们纳税。

现在,全民族只分成两个阶级了:发动革命并使革命有利于自己的资产者,取消了贵族享用公有财产的特权,从而使自己加入了统治者阶级,所以现在的实业家必须出钱维持贵族和资产者了。在大革命以前,全民族只纳五亿的税款,而现在却要纳十亿了,而且这十亿还不敷应用,政府经常要大量举债。

社会的安宁日益受到威胁,因为社会的负担必然不断加重。防止可能爆发的起义的唯一手段,就是委托最卓越的实业家管理公有财产,即委托他们编制国家预算。

问:您说的一切都非常好,特别有趣,具有重大的意义,可是您没有向我们直接说明我们想要知道的事情。我们请您向我们说明的问题是:能否不用暴力手段而取消贵族、军人、法学家和食利者掌管社会金融的大权呢? 简而言之,能否不用暴力而从非实业阶级手里把这项大权移交给实业家呢?

答:暴力手段适用于推翻和破坏某种东西,而且也只能适用于这方面;而为了建设和创造,一句话,为了建立巩固的制度,只能采用和平手段。但是,授权最卓越的实业家总揽全民族的金融大权的行动,正是建设性行动,亦即是可以采取的最重要的政治措施。这项措施将是整个新社会大厦的基础,将使革命彻底完成和使民族摆脱一切新的动荡。最卓越的实业家将要无偿地履行编制国家预算的职责,所以将来志愿去做这项工作的人不会太多。实业家在编制国家预算的时候,将以节省国家行政开支为基础,所以他们要为官吏规定适度的薪俸。官吏的职位将不会太多,官吏的人数将要大大精减,希望当官的人也要减少,于是必然建立起一种有很多人有职无薪的制度,因为无事可做的富人,除此以外再没有别的方法可以获得人们的尊重。

如果人们研究一下实业家的性格和他们在大革命时期的行为,就会承认他们的本质是爱好和平的。进行革命的不是实业家,而是资产者,即非贵族出身的军人、非名门出身的法学家、非特权出身的食利者。目前,实业家在现有的政党中仍只起着次要的作用,他们既没有自己的政见,又没有自己的政党。他们偏左而不向右,因为资产阶级的权力欲对于平等思想的冒犯,不及贵族的权力欲对于平等思想的冒犯。但是,他们绝不迷恋自由思想,他们最喜欢安宁。自由党人在议院内外的头目们,都是一些将军、法学家和食利者。贵族和资产者企图把管理公有财产的权力抓在自己手里,主要是为了由此获得好处。大实业家们与此相反,他们想取得这项权力是为了尽量节约开支。

实业家知道得非常清楚,他们最有能力管理全民族的钱财,但是他们从未流露出这种思想,因为害怕立即扰乱安宁。他们耐心等待对此形成一种舆论,让真正的社会学说号召他们去执政。

根据上述,我可以断言实业家将只会采取或应用和平手段,即商量、证明和说服的手段来从贵族、军人、法学家、食利者和国家官吏手中接收管理公有财产的大权,然后交给自己人当中的最出类拔萃的人士。

问:我们姑且承认实业家不打算使用暴力从贵族和资产者手中把管理公有钱财的大权夺取过来,然后交给自己人当中的最出类拔萃的人士,但是还不能从实业家的和平愿望中得出结论,说这个社会阶级能够占据首要地位。我们请您说明一下:实业家要用什么方法才能使社会发生方才所说的根本变革呢?

答:实业家占全民族人数的二十五分之二十四,因此他们在人力方面占有优势。

他们生产一切财富,所以也拥有财力。他们在智力方面也占有优势,因为他们想出的计划对国家的繁荣富强起着最直接的促进作用。

最后，因为他们最有能力管理全民族的钱财，所以人的道德和神的道德都在号召最卓越的实业家去管理财政。

可见，实业家拥有一切必要的手段。他们拥有强有力的手段来改革社会组织，而这一改革将使他们由被统治阶级变为统治阶级。

问：团结就是力量。正是因为实业家不团结，他们才被贵族、军人、法学家、食利者和国家官吏所统治。毫无疑问，只要实业家团结起来，他们在一切重要方面所占的优势，就立即会使领导公共事务的大权转移到了他们的手里。毫无疑问，他们不必使用暴力去迫使其他阶级承认他们的优势，因为其余的每个阶级的力量，甚至是所有这些阶级合在一起的力量，都远不如实业家，而且实业家也不会使用暴力去夺取政权。但是，从事物的本性来说，实业家的团结就不存在重大的障碍吗？我们认为存在。我们的这种想法是以下述一个事实为根据的：尽管从一有社会开始，团结就对实业家有利，可是他们却一直让自己受非实业阶级的统治。

答：在法兰克人征服了高卢人，把高卢人的领土分给了自己人以后，他们同时成为这个国家的实业首领和军事首领。后来，实业阶级便逐渐同军人阶级分开，显示出自己的重要性，产生了自己的显然不同于军人领袖的领袖；不过只是到了现在，实业阶级才拥有足够的力量和手段使自己成为社会的第一个阶级。因此，你们如果根据实业家在十四个世纪当中一直是社会的下等阶级这一事实，就断言他们永远应当居于末位，而且现在也不能最受尊敬和重视，那将是不正确的。概述一下实业和实业家从我们法国社会成立起一直至今的政治成就,就会完全明白这一点。

问:我们着手的这项研究具有重大的意义:它一定会彻底改变政治方面的状况,赋予政治以全新的性质,改变我们的这一知识部门的本质。政治至今仍是一门臆测的科学,或者可以说,政治方面的言论和行为都是因循守旧的。

为完成这项研究,可用所观察到的事实,即用对十四个世纪的历史所作的一系列观察来证明这项研究的一切论断。因此,最好能使这项研究被人理解、判断和记忆。为了达到这个目的,我们建议您把概述分成四个部分或四个时代,这就是:

从法兰克人在高卢建国到第一次十字军东征;

从第一次十字军东征到路易十一;

从路易十一到路易十四即位执政;

从路易十四执政到信用制度的建立。

然后,请您从这一系列大量的事实中得出实业阶级的未来应当如何的结论。首先,我们要问您:从法兰克人在高卢建国到第一次十字军东征时期,实业取得了哪些成就,实业家发挥了什么重大作用?

答:从法兰克人在高卢建国到第一次十字军东征时期,完成了一个具有重大意义的政治过程。这一过程为文明从此以后获得的一切成就,从而也为实业的一切成就(因为实业的成就乃是一切成就当中的最重要成就)做好了准备。这一过程完成了胜利者和战败者的融合,使法兰克人和高卢人形成为法兰西民族。

实业后来获得的成就正是在这个时期就准备好了的,但是既得的成就没有一项值得记述。

成了民族的军事领袖的法兰克人,当时也领导民族的实业活动——全部土地几乎都属于他们所有。他们还把农业方面的动产据为己有,即把在农业中发生主要作用的高卢人固定在土地上,结果使他们变成了高等的役畜。

简陋农具的生产者也处于奴隶地位,从而也在法兰克人的支配下工作。最后,自用的衣料的生产由法兰克人妇女领导,她们在自己的城堡里监督这种物品的生产。在这个时期,手工业者虽然一直处于奴隶地位,但已经发生重要作用,并得以积蓄一些钱财而被他们小心保管起来。

问:从第一次十字军东征到路易十一即位期间发生了一些什么事情呢? 实业的成就都是一些什么? 这些成就取决于哪一些原因?

答:几次十字军东征耗费了贵族即法兰克人的大量金钱,可是他们的收入不足以偿付这笔开销。为了保证自己得到必要的款项,他们不得不向能够供给他们金钱的高卢人出售自由。

买到这种自由的高卢人,大部分是一些比别人有更多的机会和办法积累财富的手工业者。

法兰克人也向善于用各种方式攒钱的高卢人出卖土地。可见,十字军东征是形成不同于军人阶级的实业阶级的先决条件。

这个阶级的勤俭刻苦,后来在由最后一次十字军东征到路易十一即位期间,又提高了这个阶级的作用。

十字军东征也促进了实业活动的改进和发展:无论从实业活动范围的扩大方面来说,还是从实业活动种类的增加方面来说,都是如此。在东征亚洲时期破了产的贵族,给法兰西带回了骄奢淫逸和讲究排场的风气,特别是带回了喜爱精良武器的癖好。

男人讲究排场的风气,助长了妇女卖弄风情的行为;妇女学会卖弄风情以后,又养成了喜欢打扮的习惯。亚洲制造的美丽绸缎,刺激了妇女也想拥有这种物品的愿望。由此发生了对外贸易,由此开始了贵重武器的生产,最后还由此开始了各种奢侈品的制造,以供给业已养成爱好享受的习惯的人们使用。

结果,实业阶级到路易十一登极的时候,就已经同军人阶级截然不同了。这一阶级由三部分构成,即:拥有自己土地的高卢人,他们是种地人而不是军人;聚居在城市里的已经获得自由的手工业者;向法国输入亚洲绸缎和在国内贩卖法国制造品的商人。

问:从路易十一到路易十四执政期间实业又有哪些发展?什么原因促进了实业家的进展和强大?

答:到 15 世纪,王权的力量已比法兰克人占领高卢时期大大增加。在法兰克人占领高卢时,国王只是法兰克军队的统帅,他只有权任命这支军队的各部队的首领。

路易十一登极的时候,看到王权还是一个没有确定和巩固性质的非常不稳定的政治机构,看到最高政权仍然集体地掌握在诸侯手里,看到国王实际上不过是一个最有势力的诸侯而已,看到变成诸侯的部队领袖的后代保存着认为国王只是 Primus inter pares(群中之首)并且可以根据他们的意志选举和罢免的传统观念。最后,他还看到一个应当使他特别注意的事实:联合起来的诸侯在法兰西比国王拥有更大的力量和权势,而在封建制度下,除了使诸侯发生内证并把某些极有势力的诸侯拉到自己方面之外,王权就别无其他办法来保持自己的最高权力。

　　路易十一想出了一个大胆的计划,这就是把全部最高权力集中到国王手里,废除法兰克人对高卢人的统治,摧毁封建制度,取消贵族体制,使自己成为高卢人的国王,而不只是做法兰克人的领袖。

　　为了使这一计划获得成功,他必须把自己的权力同具有足够的强大力量来支持他和保证他的创举成功的阶级的利益联系起来。因此,他和实业家结成了同盟。

　　实业家希望最高权力集中在国王的手里,因为这是清除法国由于最高权力分散而给国内贸易带来的危害的唯一手段。他们也想成为社会的第一阶级,以便满足他们的自尊心,获得创制法律的人可以得到的那种物质利益。法律一向是有利于它的创制人的。因此,实业家采纳了王权向他们提出的结盟建议,并且从此以后一直同王权结成了同盟。

　　因此,应当把路易十一看成是 15 世纪结成的王权同实业的反贵族同盟的奠基人,看成是法兰西国王同高卢人结成的反对法兰克人后裔的同盟的奠基人。

　　国王和大领主之间、实业活动领袖和贵族之间的这一斗争,持续了二百多年,一直到最高权力完全集中到王权手里,贵族不再指挥实业活动为止。但是,最后到路易十四统治时期,后来变成诸侯的最有势力领袖的后裔或继承人,开始钻营到国王的面前,为的是在宫中谋得一官半职。但是,人数最多的工人阶级终于从自己人当中提拔出了领导人,而不再由其他人来领导他们的劳动。他们自己提拔出来的人,由于办事干练或者走运,在某一实业生产方面变成了企业主。

观察一下实业家在反对贵族的这场斗争中所采取的直接行动,以及他们为清除贵族在和平劳动方面发生的影响而使用的方法,是很有意义的。这种观察将使我们看到贵族和实业家的政治风度之间的根本差异,看到法兰克人和高卢人的公民行为之间的根本差异。

从事农业的高卢人实业家,到贵族的城堡去求见贵族,并且如出一辙地向他们说:您的生活十分枯燥,住在乡间太孤独;为管理您的田园而操劳,不符合您的高尚的地位;请您把土地租给我们,您可以到城市里去过冬,夏天再回乡村来避暑,您只要享享清福就可以了;在城市里,我们在城里的工厂主兄弟会设法供给您最富丽堂皇的而且最舒适的家具,我们的商人兄弟在他们的店铺里为您摆着会使尊夫人着迷的上等绸缎,我们的资本家兄弟在您需款的时候会向您放款;夏天,您来到乡间城堡的时候,可以打猎消遣,而府上的太太小姐可以在花圃里种花取乐。

贵族被这些建议迷住了,接受了这些建议。从此以后,他们不再对国家的政治发生任何影响,因为他们不再领导人民的日常活动了。

我认为,在实业家进行的这次变革中有一点值得注意,那就是他们的行为的特点。这种特点同这个阶级形成以前的社会上流行的处事方式完全不同。

在实业家形成独立的集团以前,民族当中只有两个阶级,即发号施令的阶级和唯命是听的阶级。实业家表现出了新的特点。他们从确立自己的政治存在开始,就不喜欢发号施令,但也不愿意唯命是听。他们对上对下,都采取可使双方同意的处事方式。他们除了承认可使缔约双方的利益互相协调的结合以外,不承认其他任何权威。

如果您愿意的话,我现在就来研究一下从路易十四到信用制度建立这一世纪所发生的事情。

问:您太操之过急了。还有一个非常重要的问题有待说明。看来,路易十四在同实业家的联盟中取得好处和使大领主们侍奉其左右之后,便把实业家完全置诸脑后了;他一心想获得军人和征服者的伟大荣誉,建筑富丽堂皇的宫殿,在宫廷官宦的参加下挥霍工业活动的一切产品。您对这一点有什么可向我们说的呢?

答:当然,路易十四过于铺张浪费,非常欢喜穷兵黩武,但是我们绝不能由此得出他对实业没有做出巨大贡献的结论,因为柯尔培尔[①]正是遵照他的旨意向工厂主提供资金来修建大型工厂的,驰名的万罗贝纺织厂也是用国库资金修建的,这家工厂刺激了生产漂亮呢绒的一切活动。

最后,正是他建立了实证科学活动同工业活动的联盟。他设立了科学院,把协助和促进实业活动获得成功作为一项专门任务交给了科学院。

请允许我把这个概述作得尽量简短扼要。因此,我请您不要叫我深入细节,以便转而直接研究实业从路易十四执政到建立信用制度期间所获得的成就,以及实业家在这个时期的势力增长。

问:我同意您的意见,但是请您说明实业家怎样能够在路易十

---

① 让•巴蒂斯特•柯尔培尔(Jean Baptiste Colbert,1619—1683 年),法国国务活动家,在路易十四统治时期任法国财政总监(财政部长),积极推行重商主义政策。——译者

四统治时期从依然深深依赖于贵族的社会地位发展到可与其他一切非实业阶级相抗衡的地步呢？换句话说，就是请您说明现在的昂坦路敢于同圣日耳曼区①对抗是怎样发生的呢？

答：在18世纪以前，农民、工厂主和商人还是一些孤立的集团。从路易十四统治的末期开始，这三大实业部门的实业家通过一个新实业部门的建立，在财政和政治方面联合起来。这个新实业部门的自身利益同全体实业家的共同利益完全一致，它的建立使实业家获得了建立信用制度的手段。

缜密地考察实业家团体在财政和政治方面的发展是极其重要的。一知道这种团体的组织方式，就可以正确而清晰地看到实业家为了改善自己的社会地位现在应当做些什么。因此，请您特别注意听一听我就要向您讲的话。

路易十四对生产和商业的庇护，使这两个实业部门得到了巨大的发展。但是，这个德政也产生了一个缺点：由于大厂主和大商人的营业范围特别广泛，所以他们在许多方面要有大量的收入和支出，这便使他们在互相偿付账款方面耗费了大量的时间。

需要产生了办法。不久以后，形成了一个新实业部门，即建立了银行业。从事银行业的新实业家去找工厂主和商人，向他们说：

"你们为了结付收支账目浪费了许多时间，受到了很大损失。

① 昂坦路（La chaussée d'Antin）是巴黎的一条繁华的街道。在圣西门那个时候，住在这里的主要是大金融家，街道两旁有豪华的旅馆和大商店。

圣日耳曼区（Le faubourg Saint-Germain）是巴黎的一个街区，这里有无数古老的豪华贵族宅院。——译者我们向你们建议,把这项工作委托给我们来办理。既然我们要把这项工作当作自己的唯一业务并且要承办这方面的一切业务,所以由我们来代办你们的收支账目,会比你们自己办理要节省很多钱。这样一来,现金的实际支付等等,将会大大减少。"

银行家的建议被全体商人和工厂主所采纳,所以从此以后,货币的流通全被银行家所控制。

银行家马上承办了大批的信贷业务,这是货币流通全被他们控制的必然结果。

银行家为从自己的信贷业务中取得好处,便对商人和工厂主索取放款利息。

商人和工厂主利用大量的借款,可以扩充自己的营业和生产更多的财富。

最后,银行的建立对实业和社会产生的一般后果,就是大大增加了奢侈品的生产,同时也增加了对这种产品的需求。从此以后,实业阶级掌握的财力开始超过其余一切阶级的总和,甚至超过政府。

实业家在发展自己的能力、影响和实际力量方面取得了很大的成功,而非实业阶级却在各个方面每况愈下,但王权仍同以前一样,依然从这些阶级当中选拔管理公有财产的人员。

公有财政管理不当,引起了赤字逐年增加,终于在 1817 年,国库空虚得使它的非实业家出身的管理人找不到任何办法来摆脱困境和清偿国王所欠的外债。国王的这种债务是财政管理不良的结果,这种不良管理触发了革命,后来又使王国陷入无政府状态,直到法兰西民族依附于外国,这种状况才告结束。

在这种情况下,银行家向政府建议,借给它以它所需要的款项,但他们同时提出了以下两个条件:

第一,要求政府完全放弃至今仍在实行的野蛮的财政措施;政府永远不得宣布破产;政府应当采取实业家的办事方式,即采取忠诚的办事方式;政府必须付清一切债务,而不管这些债务是怎样产生的。

第二,必须使这种借款按照银行家和政府双方同意的条款办理,借款的条件应当由银行家和有关大臣商定,就像办理一般私人之间的借款一样。

银行家的建议被采纳了。从此产生了国家借款制度,这种制度使王权比以前任何时期都更加巩固了。

我事先答应过您,要对于实业从法兰克人在高卢建国直到今天获得的成就和实业家在此期间的强大发展作一概述。现在,这一概述就到这里结束。

问:现在您还需要说明一下您根据这个概述对未来所作的结论,您还应当让我们知道实业家的未来命运将会如何。或者更确切点说,您还要明确指出实业家应当沿着什么样的道路前进,才能使他们成为社会上的第一阶级,才能促使王权把管理公有财产的工作委托给他们当中最出类拔萃的人士。请您把这个问题说得更明确一些。

答:请您注意,如果直接满足您的愿望,如果我们从讨论过去立即转而讨论未来,那么我们就要在方法上犯错误。事物的伟大秩序在过去和未来之间隔着一个现在,所以我们在讨论未来之前,应当暂时谈一谈现在。

好吧,我们就来略谈一下现代的政治局势。

高卢人的后裔完全摆脱了压在他们身上的人身奴役制度,他们在和平劳动方面发挥了积极作用,他们已作为实业家组织起来,他们保持的军事力量只为了防御外敌侵略和维护国内秩序,即只为了尊重私有财产的需要。高卢人的后裔即实业家们创造了金钱势力,这种力量统治了一切。他们所以能够掌握这种力量,不仅是因为他们拥有比法兰克人的后裔多得无比的大量金钱,而且因为他们可以通过自己的放款控制法国的几乎全部货币流通。因此,高卢人成了最有实力的社会成员。

但是,政府仍然掌握在法兰克人的后裔手里:法兰克人的后裔管理着公有财产,保持着从祖先手里继承下来的领导权。因此,现代的社会出现一个极其反常的现象:实质上是实业性质的民族,却有一个实质上是封建性质的政府。

问:我们发现您的描述有些过于夸张。当然,政府比整个民族更具有封建性质,但是政府的封建精神也变得同实业阶级的精神、风尚和习惯相吻合了。实业阶级在今天已是民族的主体,要是您愿意的话,说它就是整个民族也未尝不可。我们的意见就是如此,您以为如何?

答:您以为统治阶级已经适应于民族,这就犯了一个重大的错误。这种适应是不可能存在的,因为这是违反自然的常理。一种制度,也像创造这种制度的人一样,是可以改变的,但它不能失去其本性,它的最初的特性是不能够完全消失的。任何一个社会,如果它拥有几种不同的制度,允许两个互相对立的原则同时并存,那么不管这个社会是大还是小,都要处于紊乱状态。生活在法国境内的居民的现况就是如此。这些居民的被统治的部分即被管理的部分,以实业原则作为自己行为的指导原则;他们只想服从于调节缔约双方利益的协定,认为公有财产的管理应当符合大多数人的利益;他们厌恶特权,厌恶因出身而得到的权利,只是王权除外。一句话,他们极想建立一种尽可能完全平等的制度。但是,目前领导政府的法兰克人后裔,总是看重自己的来自征服的权利。他们觉得,应当按照他们的利益来管理民族。他们的政治观点,不外是关于划分两个阶级的简单得令人吃惊的观念。这两个阶级一个是发号施令的阶级,另一个是唯命是听的阶级。

问:您没有注意一个事实,即在贵族和实业家之间还存在一个中间阶级。这是一个有用的阶级,可以作为社会的真正联系环节,把封建原则同实业原则联结起来。您对这个阶级是怎样看的?

答:您所作的划分,从形而上学观点来看是非常好的,但是我们完全不想研究形而上学,而是打算同它进行斗争。这部著作的目的,是用事实来代替形而上学的议论。因此,我们打算概述一下您认为那样有用的这个中间阶级的形成过程、存在状态和最近时期的活动。

很长时期以来,法兰克人一直亲自审理自己臣民的争讼,而没有求助于任何博学之士。但是,在社会关系日益发展和复杂化以后,在实施了成文法以后,以不会写自己名字为荣的法兰克人的后裔已经无力再管理司法工作了,于是形成了一个法学家集团。诸侯们请这些法学家当顾问,他们在开庭时随身带着法学家,同他们商讨应当解决的诉讼问题。后来,他们就完全不管自己臣民的争讼问题了。法学家开始独立开庭,代表法兰克人的后裔审理案件。

中间阶级的一部分人就是这样产生的。

　　在发明火药以前,从事军职的人即法兰克人的后裔,是军队的主要成员。而在发明火药以后,火枪和大炮变成了军队的主力。这时,工兵、炮兵和步兵主要已是高卢人的后裔,但军队的指挥权仍一直保持在法兰克人后裔的手里。中间阶级的另一部分人就是这样产生的。

　　最初,全部国土都被法兰克人所割据。当时最高权力是同地产联系在一起的。当法兰克人后裔参加十字军东征,不得不出售一部分土地以换取必要的金钱的时候,他们同时也就出让了自己的一部分主权,因为不管他们怎样努力要把主权同卖出的土地分开,但由于封建关系已经渗透到全国的各个领域,以至于新的土地所有者虽然是平民出身,可是仍然变成了小贵族。中间阶级的第三部分人就是这样产生的。

　　首先可以认为,构成中间阶级的这三部分人,都是由法兰克人后裔制造和促成的。其次我们看到,当他们获得了权力以后,便开始按照自己的最初本性行事。现在,我们首先来研究一下他们从产生到1789年期间是怎样行动的。

　　法学家、平民出身的军人和原来既不属于贵族又不属于农民的土地所有者,一般执行了保护人民、反对法兰克人后裔的无理要求和特权的职责。

　　中间阶级在1789年觉得自己的力量已经强大得足以摆脱法兰克人后裔的统治,所以决定鼓励人民群众起来反对贵族。这个阶级成功地利用人民的力量屠杀了一部分法兰克人后裔,迫使没被杀掉的那一部分法兰克人后裔逃往国外。中间阶级当时成了第

一阶级,所以研究一下他们在取得最高权力以后的行为是非常有趣的。他们的行为如下:

他们从自己人当中选出一个资产者当了国王,他们对在革命中起过主要作用的一些人赐以公爵、侯爵、伯爵、男爵等封号,他们为新贵族规定了长子继承制。简而言之,他们为了自己的利益恢复了封建制度。

中间阶级的行为就是这样,而您却认为它的存在对于实业家非常有利。当然,资产阶级对于实业家也有过功劳;但在目前,它已和贵族一样,开始压迫实业阶级了。资产者目前在社会上的存在,同小贵族的存在一样。实业家关心的事情,是同时摆脱法兰克人后裔和中间阶级对他们的专横统治。中间阶级被贵族创造和形成以后,一直企图建立封建秩序来为自己服务。实业阶级除了需要在路易十一时期同王权建立的那种同盟以外,不应当再结成其他任何同盟。他们应当把自己的一切力量同王权联合起来去建立实业制度,即建立一个可使最卓越的实业家成为国家的第一阶级和掌握公有财产的制度。

问:您说得过于果断、过于绝对、过于偏执了。您希望只有一个实业家阶级,但这是完全不能实现的,因为实业家本身也需要军人、法学家等。您能够证明您的说法是正确的和反驳我们对您提出的异议吗?

答:建立一种制度,就是形成一个在本性上是果断、绝对和偏执的见解。这就是我们对您的反对意见的第一部分的回答。其次,您说我们好像只希望社会上存在一个阶级,即存在实业家阶级。您说错了,我们所希望的,或毋宁说是文明的进步所希望的,是让实业阶级在一切阶级当中居首,使其他阶级都服从于它。

在愚昧无知的时代,民族活动的主要方向是军事,而实业居于次要地位。在这个时期,一切社会阶级都要服从于军人阶级。这个时代的社会组织实际上就是这样,而当时的社会组织如果没有果断、绝对和偏执的性质,就会成为不良的组织。随着文明的进步,法国人的活动在一些重要方面具有了实业性质。可见,实业阶级应当在一切阶级当中居首,而其余的阶级则应当服从于它。当然,实业家也需要军队。当然,他们也需要法院。当然,不能强迫财产所有者把他们的资本投入实业,但在文明的目前状况下,再由军人、法学家和游手好闲的财主操纵公有财产的管理大权,那也是反常的。

问:请您停一下!您对这一点解释得过多了。请您就问题的本质来讨论问题,您忘记了我们现在讨论的主题是明确目前的政治局势的性质。请您概括一下您对于这个问题的看法。

答:现在,我用一句话来作出您所需要的概括:目前时代是过渡时代。

问:我们来讨论未来吧。请您向我们说明一下实业家的政治命运最后将会如何?

答:实业家将成为社会的第一阶级;最卓越的实业家将无偿地担负管理公有财产的职责,他们将制定法令和规定其他阶级各自应居的地位,他们将按照每个阶级对于实业的贡献的大小而给予每个阶级以不同的评价。当前革命的必然结局,将来只会如此。在达到这个结果的时候,社会的安宁将会完全有了保证,国家的繁荣昌盛将以最快的速度得到发展,人们将会享有只有人的本性才敢想望的各种个人幸福和公共幸福。我对于实业家和社会的未来的看法就是如此。下面是这种看法所依据的论点：

第一，对社会历史所作的这段概述，向我们证明了实业阶级的势力不断壮大，而其他阶级则不断丧失自己的势力。由此我们可以得出结论：实业阶级最后一定会成为最有势力的阶级。

第二，简单的良知使所有的人产生如下的想法：人们经常要为改善自己的命运而努力，他们一直追求的最终目的，是建立一种使从事最有益劳动的阶级受到最大尊重的社会制度。社会最终必然达到这一目的。

第三，劳动是一切美德的源泉，最有益的劳动应当最受尊重。因此，神的道德和人的道德，都号召实业阶级在社会上要起主要的作用。

第四，社会是由个人构成的，社会智慧的发展只不过是个人智慧在更大范围内的发展。如果考察一下个人受教育的过程，我们就会发现：在小学中教师的身教活动对儿童的影响最大；到了高一级的学校以后，这种影响便减弱了，而言教活动开始起着越来越重要的作用。对于社会的教育，也可以这样说。在社会产生的初期，军事活动，即封建活动应当占有最重要的地位；然后，这种活动应当不断缩小，而行政管理活动则应该不断具有越来越大的意义；最后，行政管理权必然要压倒军权。军人和法学家最后要服从最善于搞行政管理的人员，因为文明社会只需要行政管理工作；因为在文明社会里，法律的力量和强迫人们服从法律的武力，只应对那些企图破坏管理制度的人使用。指导社会力量的观点，应当由最能管理行政工作的人来确定。我们看到，最卓越的实业家们已经证明他们在这方面最有能力,因为他们已借助这种能力争得了地位,而且最后将必然担负起领导社会公益工作的职责。

问:我们认为您的证明令人满意,我们接受您对于实业家的政治前途的看法。现在,让我们开始直接考察主要问题。至今我们对于这个主要问题所说的一切,只是解决这一问题的前提和准备。这一问题解决后,我们便剩下一些次要的问题了。最后,这一个主要问题对于实业家也是最有直接利害关系的。

请您解释您已证明必然发生的根本变革将会怎样进行? 请您说明实业家为了上升到社会的首要地位必须做些什么? 请您说明应当使实业家达到这个结果的事业将会怎样完成? 请您说明这一事业将会怎样进行? 最主要的是,请您指出哪些有胆识的人敢于去做这项事业?

答:我对您提出的问题的回答将是十分明确和肯定的。我就是要承担这项事业的普通勇士,我要把实业家提升到受人尊敬和重视的第一级。

我还要说,我编著这《实业家问答》第一册的事实,就是这项事业的开端。

问:这证明您是一个要进行变革的人,这个变革一定要把实业家置于社会的首位。从这个意义上说,您的回答是十分肯定的。我们现在还没有考察您的事业是否经过周密考虑,您是否能够领导如此宏伟的事业。您还要向我们介绍介绍您的详细计划以及您打算采取的步骤,而更主要的是您拥有多少资金来供这项事业使用,因为实业家不会对财务上考虑不周和计划不当的事业有任何兴趣。

而且我们承认,您把这项事业变成您的私人事业,这使我们感到极大的愉快。

当然,大家来办的事情,终归要变成无主的事情。个人利益是能够指导公共利益的唯一动因。困难在于寻找一种可以使个人利益同公共利益一致的结合方式。我们认为不应当更多地叙述原则方面的问题了,因为我们现在谈论的是个别事实,即您的事业。因此,我们请您回答我们最初提出的那几个问题。

答:我先从自我介绍开始,因为公众都喜欢清楚地知道哪些用解放来号召人们注意他们的思想的人的生平。因此,我在下面先向您介绍我的政治行为,然后再说一说我的著述活动。

第一,在大革命期间,我自始至终是一个旁观者,我没有担任过任何公职,甚至不是一位乡间的名士,我同 1789 年以后把法国搞得四分五裂的任何政党都没有联系。一句话,我发表的观点是纯真而独立的。

第二,我不是轻举妄动地开始这一项事业的,我对这一事业已经筹划和准备了四十五年。

经过周密思考和努力,我终于确信:为使实业家受军人、法学家和食利者支配的制度过渡到公益事业归实业家领导的社会制度,必须具备一个条件,这就是必须明确认识实业制度,向最卓越的实业家介绍这一制度,换句话说,就是必须向最卓越的实业家指出,他们怎样可以和应当利用自己的有益能力为实业和生产者的利益服务。最后,我深信社会所需的和我要决心完成的事业只有一个困难,那就是如何明确地阐述实业制度。这个困难在于寻找一种方式,使实业制度同科学制度、国民教育制度、宗教制度、艺术制度和法律制度协调起来;这个困难还在于寻找一种方式,使最有能力的科学家、法学家、军人和食利者同心协力去建设一个最有益于生产和最使生产者满意的社会制度。

最后,我向您说明,我已经完成了克服这一困难的任务;我向您声明,在这本《实业家问答》里,我将清楚地和相当广泛地向实业家指出哪些措施应被用来促使一切有用的力量去建立最使实业家满意的社会组织。

问:我们不同意您认为已被您克服的困难是您的事业成功道路上的唯一困难。但是,我们承认这是一个最大的困难,并请您明确地说出您在这方面有何著作。我们请您指出,关于这一方面的著作是否已经问世,还是刚在您的头脑里酝酿或是已经写在纸上。

答:我将把关于科学制度和教育制度的一部著作①附在《实业家问答》的第三册里面。

我们已把这部著作的基本论点归纳出来,并已委托我的学生奥古斯特·孔德去执笔。这部著作将以先天的方式叙述实业制度,而我们在这部《实业家问答》里仍是以后天的方式叙述实业制度的。

问:我们姑且承认您已经明确指出实业家为了上升到社会的最重要地位而应当走的道路。但是,我们认为克服了这第一个困难以后,还会遇到第二个困难。为使实业家领会您拟出的计划,您

---

① 指《实业家问答》第三册的本文。这一册系由孔德执笔,圣西门只为这一册写了一篇短序。——译者

应当做些什么呢？

答：表述他们想要清晰理解的东西是不难的。这部《实业家问答》的开头几页，足以向您证明我经过四十五年的努力，已能使人清晰易懂地叙述我们的思想，以使他们理解了。

问：在克服了这两个困难以后，又会产生第三个困难，而且这个困难或许比前两个困难更为严重。我们承认您周密考虑过实业制度，即很好地创造了实业制度。我们承认您把这个制度已叙述得十分清楚。最后，我们也承认实业家很好地掌握了这一制度。但是，我们承认了这一切以后，我们还要问您：实业家可以用什么方法去建立这个制度呢？

答：建筑罗马圣彼得大教堂，用去了大量的石头和很多的时间。但是，在各式各样的大量工程竣工以后，等到砌上最后一块石头，使圆屋顶合拢和工程收尾的时候，整个建筑物才算最后完工。

从 15 世纪开始，封建制度逐渐瓦解，而实业制度则逐渐形成。实业界的主要领导人只要团结无间，采取适当的措施，就足以建立起实业制度，使社会放弃我们祖先居住过的封建大厦的废墟。

问：请您深入地表述一下您的思想，并对它作出全面的解释。

答：现在讨论这个问题是不适宜的。在叙述完我们的制度和回答了您对我们提出的不同意见以后，我们就来发挥关于实施方法的思想。但是，事先用提纲挈领的叙述来满足您的愿望，现在是办得到的。我现在就向您解释。欧洲的政治动向取决于法国，而法国的社会动向则取决于巴黎。因为在巴黎居民当中，实业阶级人数最多,势力最强,大于其余一切阶级的总和,所以巴黎的实业家可以组成一个政党。只要巴黎的实业家组织起来,那么组织全法国的实业家,然后再组织西欧的实业家,便是一件轻而易举的事情。如果把全欧洲的实业家组成一个政党,就必然会在欧洲消灭封建制度而建立起实业制度来。

问:但是,政府会反对巴黎的实业阶级组织政党的。

答:您说错了,您的错误来源于您经常把自由党和实业党混为一谈。

自由党一向受中间阶级领导,而且今后还永远要受这个阶级领导。但是,封建阶级所豢养的这个阶级,在产生之初就同封建制度有联系。因此,他们必然设法按照自己的利益来改组封建制度。这个政党的首领奉为真理的座右铭是:你们从这里滚开,让我占有你们的位置。他们的表面目的,是消灭一切弊端;而他们的真正目的,却是利用这种弊端为自己谋利。因此,政府过去和现在都必须全力反对自由党势力的发展。

但是,政府对待实业党的态度可以完全不同,它不应当、也不想、更不能妨碍实业党的建立,因为这个党实质上是和平的和有道德的;因为它只想依靠舆论的力量来活动,而政府也阻止不了舆论的形成。

简而言之,实业阶级占民族人数的二十五分之二十四,所以当实业家形成自己的政治观点的时候,他们的这种观点就会变成舆论,而按一句谚语的说法,舆论可以支配世界。任何力量都抗拒不了舆论,社会的安宁现在之所以还没有完全得到保证,就是因为舆论还没有形成。

问：您应当把大作呈现给国王。为了使这一伟大的社会改革通过和平方法来实现，就必须由王权提倡和领导。您对这一点有什么看法？

答：当然，我们要把这本书送给内阁总理大臣先生，请他转呈国王陛下，但是你不要认为国王好像可以直接实行这一变革。为使变革得以实现，必须由著述家们来准备这一变革。国王的权力比一般人的想象有限得多，它受到事物的本性的限制。君主如果打算使用还为人民的教化和文明程度所不允许的方式来改进本国人民的社会组织，他的改革事业就必然遭到失败。目前，我们可以从决定出售教会财产和缩小贵族特权的约瑟夫二世治下的奥地利的灾难中，看到这项重要真理的一个实例。

必须使实业学说广为传播，必须使最卓越的实业家完全清晰地认识到他们应当怎样利用学者、艺术家、法学家、军人和食利者来大大繁荣实业。只有这样，国王才能有益地利用自己的威信，把实业家提升到社会阶梯的最高一级。

考察一下实业家目前的觉悟水平，您就会看到他们还没有觉察到自己的阶级优势，因为他们差不多都想脱离本阶级而加入贵族阶级。有一些人要求赐以男爵的封号；另一些人，而且人数很多，急于用他们在实业中获得的财产为法兰克人的后裔献殷勤，作为交换条件，后者要答应娶他们的女儿为妻。这些实业家绝不互相支援，而是互相嫉妒，设法在当局面前互相毁损。各国的银行家迫不及待地向政府提供实业贷款，而在从事自己的金融活动的时候没有想一想他们是在同封建残余勾结，是在延续实业阶级迄今仍受其他阶级统治的屈辱状态。①

问：您至少得同意，为使您的事实获得成功，需要花费许多的时间，也就是说，要用很多时间去教育实业家，教会他们按照自己的利益行事。

答：所用的时间要比您想象的少得多。人们对于经过认识之后便会带来很大实际好处的事物，将会很快明白。对实业家的政治教育所用的时间，也要比您想象的少得多。这种工作将会进行得很快，因为实业体系一经公布，便可以促使各种有益活动部门的最有能力的人朝着这方面努力。一旦人们确信实业体系必然胜利，各方面的有能力人士不再帮助封建残余在政治上存在下去，便会乐意随着潮流前进，而感到拖着文明倒退是非常愚蠢的。

科学、神学和艺术方面最有能力的人士，以及最有能力的法学家、军人和食利者，将会迅速参加我们的事业，而当这些方面的最有能力的少数人士在最卓越的实业家的行政领导下致力于实业体系的建立的时候，实业体系就会很快地组织起来，并且迅速发生作

---

① 如果您到昂坦路的沙龙巡视一番，您会看到这些沙龙里挤满了善于花言巧语的说客和名气不大的食利者。在自由主义的银行家那里，您会看到一大批企图重掌政权和染指管理国库的没落官僚。在喜欢预卜贵族政治前途的人们当中，您会看到一些由于营私舞弊而发了横财的官僚。但是，您从以上各类人当中只能看到少数的实业界代表，所以您便认为他们在食桌上几乎总是敬陪末座。

从银行家把自己的大厦变成同圣丹尼路、维烈里路、布尔多内林荫路等处的实业家以及各区的工厂主欢聚的场所以后，实业家就着手组织起政党，并开始对管理国家大事发生实际影响。对欧洲发生的影响来自法国，对法国发生的影响来自巴黎。巴黎的银行家如果善于彼此协商和正确利用他们拥有的而至今用得非常吝啬的资金，就可以在不到一年的时间内对整个欧洲发生最重大的政治影响。我们甚至可以说，他们至今都把钱花到直接违反实业阶级的政治利益的活动上去了。

当党务工作进行得不好的时候，总把过错推到党魁身上。

用。

问：我们现在来谈一谈您的事业的财政方面。请您说明一下您要用什么方法去获得必需的资金来实现如此宏伟的计划呢？

答：叙述我们的财政观点，目前未免为时过早。要待拙著《实业家问答》引起最卓越的实业家的注意之后，才能进行这方面的叙述。我暂时只能对您说，在我们的建议提出之后，交易所里将开始考虑实业家的政治前途，就像人们现在考虑奥地利的封建制度的前途和英国与法国的制宪前途一样。

问：您还要向我们说明实业家群众在实现您的伟大事业所需的期间内的政治行动。

答：得到这部《实业家问答》的实业家，一定会十分仔细地阅读它。他们必然把它转送给自己的实业界朋友，同他们座谈这本书，讨论书中阐述的思想，特别是讨论其中叙述的事实，并尽可能掌握书中宣传的学说。

问：据您所述，可以得出这样的结论：在普及您的学说所需的全部时期内，实业家在政治方面仍要处于完全被动的地位。但这是奇怪而荒谬的。因此，您必须说明一下：在由于您的学说的普及使实业家得以组织自己的政党，即组织截然不同于至今存在的其他一切政党的纯实业党以前，实业家应当支持现存的哪一个政党呢？

简而言之，我们问您：实业家应当支持现存的哪一个政党呢？

答：实业家应当支持中左派和中右派，把它们看作一个政党，因为生产者最害怕暴力行动和政变，他们只能用忠诚的、合法的与和平的手段来达到自己的目的，而中左派和中右派的成员也表现出他们是议员中最爱和平的。最喜欢使用暴力手段和发动政变的野心勃勃的议员们,则构成极左派和极右派。

问:现在,请您用不多几句话概括一下我们从这次谈话开始以来所讨论的全部问题。

答:好吧,我就来做个概括。如果您更喜欢概括的话,那么,这也可以说是对我们谈话的全面概括。在这个概括之后,还要作出结论,所以我们要对您说的,将比您所要求的为多。

显而易见,实业制度是一种可以使一切人得到最大限度的全体自由和个体自由,保证社会得到它所能享受到的最大安宁的制度。

也显而易见,这个制度一定会使道德得到它能够用来陶冶人的言行的最大权力,给整个社会及其每个成员带来尽可能多的快乐。

同样显而易见,社会不能按照常规从封建制度过渡到实业制度,因为这两种制度是截然不同的,甚至是互相对立的。前一种制度极力要在人们中间建立尽可能大的不平等,把人们分成统治者和被统治者两个阶级,使统治者的权力变成世袭的权力,把唯命是从的义务从父亲传给儿子。①

而实业制度则建立在完全平等的原则上,它否认一切以出身为基础的权力,不承认各种特权。②

十分清楚,实业制度既不能突然实现,又不能用常规的方法实现。在实施这一制度以前,必须先天地把它设想出来,然后把它作

---

　①　在愚昧无知的时代,这个制度曾给人类带来很大的好处。
　②　这是可以适应教化和文明的现状的唯一制度。

为一个统一的整体发明出来。

最后，也十分清楚，而且编著这部《实业家问答》的事实本身也在证明，人类的理性已经达到理解全部实业制度的地步。

根据这些明显的事实，我们可以得出结论：神的道德和人的道德都在号召各方面的才能出众的人物同心协力，以便把实业体系的每一个细小部分完全建立起来，并由他们唤起整个社会来实现这个制度。我们还可以得出这样的结论：实业阶级必然心甘情愿地出钱，负担从已经改头换面为立宪政体的封建制度过渡到纯粹的实业制度所需要的一切费用，因为实业阶级创造着一切财富，而且最关心建立实业制度。

问：您对我们讲的这席话非常有趣，特别动人。您所做的一系列观察都很清晰明确，而且非常确凿。您从这些观察当中引导出的结论，是完全合情合理的。一言以蔽之，我们受到很大的诱惑，极想采用您的制度；如果您能够回答我们提出的以下四个不同意见，我们当即采用这个制度。

其中的第一个不同意见，或者说是我们请您给我们解释的第一点，就是能不能在不损害王权体制的条件下实现您所提议的社会组织的变革呢？

答：王权体制具有普遍性，这一性质使它不同于其他体制，并高于其他一切体制。它的存在与现存的任何政治制度都没有联系。这个体制对待文明的进步所需要建立的一切社会组织制度，都是一视同仁的。

但愿法兰西的国王宣布，或者说但愿他承认实业家是他的臣民中的第一阶级；但愿他委任最卓越的实业家管理他的财政。由此,他可以不像现在这样仅仅在名义上是法兰西和法国人的国王,而王权也将不再把臣民分成等级。民族中的绝大多数人毫无疑问将会十分依恋国王,因为把管理公有财产的工作交给最卓越的实业家以后,将立即减少赋税和很好地使用税收,从而使绝大多数人生活在最幸福的环境之中。

由此可见,我们提议的改革绝不敌视王权、法制甚至神权。恰恰相反,它将直接使国王得到长治久安,从而获得尽量多的幸福。

根据事物的常情,国王应当拥有法国人的第一阶级的第一法国人的尊号。因此,当民族的活动主要面向军事的时候,应当把国王陛下称为第一缙绅,或称为王国的第一士兵;而在目前,当民族的主要活动表现在实业方面的时候,当民族主要以和平方法致力于提高自己的福利的时候,最适合于国王的唯一尊称,则应当是王国的第一实业家。

我对以上所述,再补充一点非常重要的意见:王权是舆论的机关,它的最光荣的社会职能是表达大多数人的意见,可是他现在还不能宣布实业阶级是民族的第一阶级,因为实业家至今还没有意识到自己的优越性,还不认为他们当中的最卓越的人能够成为最善于领导财政工作的法国人。如果国王对此主动提出建议,那就会使现在互相争夺财政领导权以剥削全民族而肥私的一切政党起来反对国王,而国王没有任何力量去同它们抗衡,没有任何办法去抵制它们。

我希望您在听完我的这个说明以后,能完全相信我们的制度完全不抵制王权,甚至不指责国王至今的所作所为。

当然,自从信用制度建立以来,实业家的命运就一直而且现在仍然掌握在他们自己手里;一旦实业阶级表示愿意让他们的最卓越成员接管公有财产的领导工作,作为舆论机关的王权就应当立即宣布:这是多数人的愿望,少数人应当服从多数人。

问:我们的第二个不同意见是:

在国王未向民族恩赐宪章以前,他可以随意委任实业家管理公有财产,而不交给其他社会阶级的人士管理。但是在目前,宪章规定了税收的表决程序,这就要求国王废除宪章中的几个主要条款,以便把国家预算的编制工作委托给实业家。您能够对这个问题作出回答吗?

答:国王虽然把讨论财政法案和表决公债的权利交给了议会的两院,但他仍然保留着自己提出财政法案的主动权。国王陛下可以提议他希望由谁编制国家预算草案。简而言之,即使在目前,当他已经把宪章恩赐给民族的时候,他也可以委任最卓越的实业家主管公有财产,因为他也可以在法律规定的范围内,即可以不违背这个宪章的任何条款而公布一道简单的诏书,以便采取如下的措施:

国王可以设立一个最高财政委员会,下令由最卓越的实业家来组成。他可以把这个委员会置于内阁之上,每年召集这个委员会开会,委托它编制国家预算草案并监督各部大臣是否按照预算规定使用拨给他们的经费和有无超支。

如果国王陛下这样做了,实际上就等于他把管理公有财产的大权交给了实业阶级,进行了一项伟大的改革,即进行了文明的进步所要求的社会组织的根本改革。因为封建体系将被完全消灭,而实业体系将要彻底建成;因为实业家将要居于最受尊重和最受重视的地位,所以贵族、军人、法学家、食利者和国家官吏将要居于次要的受人尊重和重视的地位。

问:不错,国王可以委任最卓越的实业家编制国家预算草案,但是我们并不像您所想的那样,认为这类措施必然会产生这些成果。

因此,您要考虑到下议院的议员绝大多数是由贵族、军人、法学家、食利者和国家官吏构成的,一句话,是由那些希望实业界尽量多缴款的人士构成的。这些人所以如此,是因为实业家所缴纳的款项,大部分都以薪俸、奖赏和恩赐等形式落入了他们的腰包。

您也要考虑到,上议院的议员大部分是从国库领取养老金的,所以他们希望增加赋税,而增加赋税便可以为提高他们的俸禄开辟财源。他们现在认为自己的俸禄是很微薄的。

最后,您还要考虑到,两院的议员将要几乎全体一致地反对实业家所编的国家预算草案,因为这个草案的直接目的,将是在公有财产的管理方面建立秩序,厉行节约,正确使用人民缴纳的税款,即正确使用大部分是由实业阶级缴纳的税款。我们确切无疑地认为,上下两院将会反对国王对民族所施的善良慈祥的恩泽,甚至会使这种恩泽化为乌有。您对于这个问题会作出什么回答呢?请您向我们说明:您是否具备了在不依靠任何政变,即不违反宪章的条件下使上下两院通过实业家所编的国家预算草案的手段呢?

答:贵族、军人、法学家和食利者不敢反对同实业家联合起来的国王,因为国王同实业家联合起来形成的力量,比社会上的其余阶级加在一起的力量要大一百倍,或许要大一千倍;因为上下两院的议员,除了得到社会上个别的阶级支持外,别无其他可靠的力量。由最卓越的实业家编制的国家预算草案,将会毫无障碍地由两院通过;社会组织的根本改革,将在毫不违反国王恩赐给民族的宪章的条件下进行。同时您可以放心,编制国家预算草案的实业家将同现在的国家官吏、贵族和各阶级的资产者协商。实业家讨厌一切突然的变革。由于实业家的本性和政治习惯,他们只能逐渐地和非常缓慢地实行改革;但他们的改革决心是坚定不移的,一旦开始执行自己拟定的改革计划,便会孜孜不倦地工作,一直到把国家的财产管理得十分节约为止。

在概括我对您提出的两个不同意见所作的解答时,我们说我们的观点既不敌视宪章,又不敌视王权,既不敌视法制,又不敌视神权。

问:我们建议您现在结束我们的第一次谈话,有好几个理由促使我们提出这项建议。首先,我们请您注意实业家的读书时间很少,因为他们的本身事务很忙;其次,请您注意他们还没有养成讨论一般观点的习惯。这两个理由要求我们把我们的对话尽量缩短。除了这两个理由以外,还有第三个理由,那就是我们尚未提出的其余两点不同意见,与头两点意见不尽相同。在我们的讨论里,我们一直把法兰西看成是一个孤立的国家,但它的邻居却对它起着很大的影响。因此,我们应当考察诸如它同英国和神圣同盟的关系,不过这已经是应当单独讨论的问题了。

您对我们的建议有什么意见?

答:我认为您的建议很有道理,我准备采纳它。我们现在就结束我们的第一次谈话吧!这样做还有另一个好处:如果我们的著作一开始就引不起实业家的兴趣,那么继续写下去,也将是徒劳无益的。

第 二 册

问：我们现在提出第三个不同意见。正如我们要向您证明的那样，这个不同意见就是法兰西民族应当选择已在英国建立的政治制度，而不应采纳您所建议的政治制度。

但是，我们首先要问：您是否承认实验能像它成为个人的最好引路人那样而成为一个民族的最好引路人？

答：不错，我毫不怀疑地、毫无保留地承认这一点。

问：只要您承认这个原则，我就不难使您同意我的下述看法：您的体系没有任何价值，因为它同这个原则相矛盾。我们先来论证我们的观点，如果您能够反驳的话，然后再来反驳它。

英国人民是最富强的人民。虽然英国本土的幅员和人口都不能在世界上占据首位，但是英国人对整个人类起着最大的影响。在英国，人数最多的阶级生活在衣、食、住都非常良好的条件下；在英国，有钱的人可以在全国各地买到大量的享用品；最后，凡是其他民族希望得到的福利，英国人民几乎全能得到。

英国人所以能够享有这些福利，主要应当归功于什么呢？毫无疑问，主要应当归功于它的政体，也就是应当归功于它的社会组织比其他民族至今实行的一切其他政治制度都优越。

现在，我们拿英国宪法所依据的政治原理同您的体系所根据的原则作一比较，您就会发现这两个体制之间存在着根本的差别。

您说应当由最卓越的实业家管理公有财产,因为实业阶级是最有管理才能的阶级。

而英国人说,管理公有财产的领导人,应以尽量保护实业阶级为其主要目的,因为实业活动是国家繁荣的真正源泉;但是实业家本身不应当管理公有财产,因为他们在这方面没有足够的知识,而致力于管理公有财产,又会妨碍他们注意自己的实业活动。

实际上,在英国,上议院是由世俗贵族、大主教和法官构成的,而律师、食利者和军人则占据着下议院的席位。这些人的票数对于决定公有财产管理的问题具有决定性意义,因为上议院全由他们把持,而在下议院和枢密院中他们又占绝大多数。

根据以上所述,我们可以断言您的体系同英国的宪制有矛盾,从而也就是同实验所证明的最好宪制相矛盾,所以您的体系没有任何价值。您对此会作出什么回答呢?

答:我的回答也像您的提问一样,将以观察为依据,也就是以实验为根据。

因此,我要对您说:我在第一册里对于法国现实社会从它开始产生直到今日的文明进展所做的一系列观察,证明了实业阶级不断壮大,而其他阶级则逐渐没落。从这十四个世纪的实验中我们可得出如下的结论:实业阶级最后必然占据第一位,实业家由于文明进步的最终结果,一定会升到最受尊敬和最被重视的地位,而委托最卓越的实业家掌管公有财产的时代最后必然到来,等等。

根据这个已被实验严格证明了的结论,我们可以进一步断言和推论:法国革命比英国革命晚开始一百多年,它的结果对于实业阶级的好处当然很大,对贵族和资产者却十分不利,而英国革命就没有这种情况。我们说,英国革命使贵族、法学家、军人、食利者和国家官吏把民族的事务管理得符合实业的利益,而法国革命的最后结果将是消灭贵族制度,迫使法学家、军人、食利者和国家官吏服从实业家的指挥。

我对这两方面都是根据实验来推断的。因此,我的意见同您提出而被我采纳的原则是一致的。但是,在我们的观点之间也存在着差异:第一,您的观点所依据的是个别实验,即欧洲在英国革命后发生的事实,而我们的观点则是根据对现代各族人民的历史进行的一系列大量观察;第二,您把英国革命看成是文明进步在政治方面的最终极限,而我们认为英国革命和它所建立的社会组织,不过是欧洲各族人民的社会制度能够完成的一连串改革的倒数第二环。

根据我对您的看法所作的论断,我仍然认为我们的体系是良好的,而您的推论是不正确的。

您对此还有什么可说的吗? 您还有什么其他论据来支持您的第三个不同意见吗?

问:不错,我们当然有支持我们意见的论据,而且我们深信我们将在这次辩论中获得胜利。我们不必在词句上下工夫,我们不要把主要注意力放在词句上,而要放在问题本质的研究上。

您断言最卓越的实业家能比其他一切社会成员更好地管理公有财产。您断言如果委托最卓越的实业家管理社会公益,社会就能得到它想得到的一切好处。您断言行政管理工作如由最善于管理这项工作的人员管理,并采用最能保证社会安宁的方式,就能做到管理费用最少,而人民负担最轻。我们认为您的建议、您的原则、您的体系都没有重要意义,而不管您把它们叫作什么。我再告诉您说,您的体系早被英国采用,英国人已把它付诸实现了。因此,您应当认为法兰西民族除了采用英国的宪制以外,不能再有更好的办法,法国人应当努力在自己的国家里实行这种宪制。只用不多几句话,就足以证明我们的论断是正确的,即证明英国已经建立了实业体系。

在英国,由贵族(Lords)管理国家公有财产,因为他们控制着王权和下议院。但是,全体贵族都关心工厂和商业企业,对这些企业投入了比较多的资金。由此可见,英国贵族就是实业家,所以英国已经建立了实业体系。

答:英国政府完全不是实业政府,而是改头换面的封建政府,只要有可能,它就会违背实业方针。在英国,建立过一种过渡性制度,这种制度为法兰西民族和欧洲的其余社会开辟了一条由封建体系向实业体系过渡,即由政务体系向管理体系过渡的道路,并为此提供了种种手段。

就是应当这样来认识问题,其他观点都不符合理性的要求,并且会搞乱正确的思想。多年以来,法国一直把英国的宪制看成是典范,说它是人类理性在政治方面的最高发展阶段。这证明政治科学仍处于幼稚阶段,这证明国务活动家还因循守旧,这证明他们的理性还没有达到全面理解文明进程的地步。除此以外,这什么也证明不了。实际上,英国还完全没有宪制;在那里建立的秩序既不巩固,又不稳定,而且也不能获得这种性质。在英国的社会组织中,封建原则和实业原则同时发生作用。但是,因为这两种原则具有不同的和甚至互相对立的性质,因为它们把一个民族同时引向两个彼此相距很远的目标,所以由此产生的必然结果,就是英国人民还处于彼此冲突的状态。英国的政治局势处于患病和危机的状态，或者更正确一点说，英国实行的制度是一种过渡性制度，而英国的宪制，如果您一定认为英国有宪制的话，则是一种混合宪制。

问：您所说的英国人民感染的病症，是一个完全新的病例，您需要对此加以说明。这种病非常奇特，这首先表现在它的持续时间上，因为这种病早在一百五十年前就已发生，可是至今尚未停止蔓延；其次，还有一点更加奇特，这就是英国人民的社会繁荣是同他们的这个政治病同时开始的，而英国人所得到的好处，却随着他们的可疑病症的发展，比其他民族又有增加。

坦率地说，您这位布道先生，本身就需要别人给您布道。您想给我们上政治课，而您本人就需要学习这门课程。您想教育我们，而您要先下工夫教育自己。您断言英国没有宪制，说这个国家的社会组织是个混合物，认为英国人采取的制度是一个因循守旧和只靠他们逐渐养成的习惯才得以支持下来的制度，是不能使人明确和满意地了解的制度，是其他民族不能效法建立的制度，最后也是不能作为欧洲社会改组的典范的制度。

我们现在来回答这个问题。您似乎既没有读过孟德斯鸠的著作，又没有读过布莱克斯通①的著作；您也似乎不熟悉洛尔默②的

---

①　威廉·布莱克斯通（William Blackstone，1723—1780年），英国宪法学家，其所著《英国法释义》曾传诵一时，为英国的社会制度吹嘘。他在三权分立学说方面继承了孟德斯鸠的理论，但在规定王权的性质方面又与孟德斯鸠不同。布莱克斯通认为，国王不仅是行政权的体现者，而且拥有立法权，并同上议院和下议院一起构成议会的不可缺少部分。——译者

②　让·路易·德·洛尔默（Jean Louis De Lolme，1740—1806年），瑞士宪法学家，民主主义者，写有一部为英国宪法辩解的著作（1771年），对欧洲政治思想的发展起过很大的影响。——译者

作品,没有研究过英国议会屡次进行的关于均权问题的庄严的辩论。

您读一读《论法的精神》,就会看到人们只发明了三种政体,即专制政体、贵族政体和民主政体。在您仔细考察这个问题以后,就会承认这三种政体是人们所能发明出的仅有的几种政体;而在英法两国的立法学家的大部分作品里,您最终可以找到一个证据,证明这三种政体在英国宪制中结合得巧妙惊人,结果产生出唯一的最好政体。

现在,当我们已经把您的体系批驳得体无完肤的时候,我们要对您指出,您的唯一错误在于夸大了自己的思想的意义。您用来建立自己体系的一切材料都是很好的,所以我们只想批判这些材料的应用方面,以及批判同您的思想有联系的一般观点。当然,一切天赋才能都应当用于发展实业;当然,政府应当保护实业,因为实业是一切财富的源泉;当然,神学家应当鼓励实业,因为有益的活动是一切美德之本,而游手好闲则是万恶之母;当然,立法者应当制定最有利于生产的法律,因为十分勤劳的民族要生活在社会的安宁最容易维持的社会中。但是,您不应当由此得出结论,说实业家的才能应当指导其他一切人的才能。总而言之,英国人发现并确立了一项应当加以研究的真理;可是您在自己的著作里,却忘记了一句相当古老然而非常适用于目前情况的谚语:强中还有强中手。

答:在您没有获胜以前请别忙着庆祝胜利。我们的争论还没有完结,我们现在不过是才开始进入正题。在您猛烈地攻击我的体系之后,仍对我表示友好的宽宏大度,我对此表示无限的感激。

但是,我完全不需要这种宽宏大度,我感到自己有力量挡回您对我射来的一切箭矢。

首先,我回答您对于我说英国民族患了政治病一事所作的戏言。我所以说这是戏言,是因为您对于这个问题发表的意见,只能被我看成是笑谈。至于我这方面,完全不打算用笑谈方式讨论人类理性目前唯一应当关心的最迫切的重大问题,所以我们要对您说:关于政治病的观点,对于理解我们所描述的英国人民的政治局势只起着辅助的和非常次要的作用。您应当从本质上重视的主要观点,是关于英国的文明从它在 17 世纪末发生革命以来所处的危机的观点。我现在就向您详细阐述这个观点,因为只是提出这一观点,还不足以使您了解它。

从组织上来说,人类生来就是过社会生活的。

最初,人类必须在政务制度下生活,而当人类在实证科学和实业方面取得一定成就以后,就应当从政务制度或军人制度向管理制度或实业制度过渡了。

最后,从组织上来说,人类在从军人制度向和平制度过渡的时候,还要经历一个长期的和严重的危机。

这就是人类理性对于文明进程所能作出的最一般考察。

现在,我们试用对文明进程所作的这种一般观察来说明英国人目前所处的状况。但是,为了使这一应用有效和可以被人理解,必须先从英国的内政和外交方面来考察英吉利民族的现实社会状况开始。

利用一眼就可看清事物整体的高屋建瓴的观点来观察英国的内政时,一开始就使人感到惊讶的是,英国有一种难以想象的不平凡现象；也就是使人看到英国人用两个互相对立的主要原则作为自己的社会组织的基础，看到这两个原则具有不同的和甚至对立的性质，以至由此必然产生而且实际上正在产生着下述的情况：英国人同时服从于两个完全不同的社会组织，他们在各个方面都有两套制度，或者更正确一点说，他们在各个方面，除了采用革命以前实行的和革命以后大部分保留下来的制度以外，还另创立了一种对立的制度。

因此，我们在英国人那里可以看到强征水兵法（*La presse des matelots*）与人身保障法（*Habeas Carpus*）并存，看到牧人用绳子拴着他妻子的脖子和绵羊一起牵到市场上去卖。如果他把妻子卖了一先令，他并不会因为侮辱自己的妻子，拿她跟动物一样对待，而受到任何法律制裁；但是，当他虐待自己的绵羊的时候，则要被处五英镑的罚款。富庶而且人口稠密的巨大工业城市曼彻斯特，在国会里没有代表；而拥有土地的任何一个贵族，即使他的土地上的一些小镇早已荒无人烟，也可以向下议院派九名代表。他在这些代表的帮助下维护封建权益，尽量提高自己的政治影响，迫使政府慷国家之慨向他们支付优厚的俸禄。

要想说清英国现存的组织上的一切矛盾，即使出版一百部用最小号字排印的对开本大书，也是不够的。

如果我们从英国的内政转而考察它的外交，那么，我们在这里也会发现上述的组织上的缺陷。我们可以看到，英国政府一方面宣布自己的海上主权，并由此检查一切往来的船只；另一方面它又规定黑人和白人平等，废止买卖黑奴。

我们又可以看到，英国政府在欧洲支持政务制度，而在美洲则庇护实业组织体系,反对政务组织体系。

一言以蔽之,英吉利民族早就在内政和外交方面处于危机状态,而欧洲大陆和美洲大陆的一切民族现在都经受的这个危机,显然是人类由于组织上的缺陷在从政务体系向实业的社会体系过渡时必然遭受的危机。

这就是我能够提出来加强我们在这第二次谈话之初说出的而为您所反对的见解的最一般论点。现在,我要求您承认我是正确的,而您是盲从的。我以常识的名义要求您承认上述一切事实都是正确的。为了使我的反驳更加明确起见,我要再次列举这些事实。

一、英国没有宪制,因为宪制是使一个民族的全部政治机构都从一个原则出发并指导全民族的力量趋向一个目标的社会组织规划;而英国人的社会机构却具有两种互不相同的性质,它们指导英国的民族力量趋向两个背道而驰的目标。

二、根本上有缺陷的英国社会组织,不应当成为法兰西民族全力仿效的典范;只要统治阶级和被统治阶级还没有十分清晰地认识用以建立巩固而安定的社会制度的方法,革命的局面就一定要在法国持续下去。

三、最后,法国首先发生和英国随后卷入的危机,必然以封建体系完全消灭和实业体系彻底建成而告终。现在被认为十分文明的各民族,只有在把管理社会力量的工作委托给最勤劳和最爱好和平的阶级,使军人阶级完全处于从属地位的时候,才能真正完全脱离野蛮状态。

问:您不必如此费劲地来反驳我们的不同意见,这不是您的主要任务,您应当去反驳科学之父。您要证明孟德斯鸠的见解错在哪里,这是使您能够说服我们采纳您的体系的唯一办法。

答:科学在不断发展。现在,巴黎工业大学的任何一个学生,都可以轻而易举地解答阿基米得这位天才人物曾经花了很大力气才加以解决的几何学习题。在这些大学生当中,任何一个人的几何学知识都超过这位稀世的天才。

《论法的精神》出版已经五十多年了。在这段期间发生的政治事件当中,最使人永志不忘的是法国革命。因此,我们现在可以就孟德斯鸠完全不知道的事实来进行讨论。

孟德斯鸠特别推崇英国的社会制度,而他这样做也是完全合理的,因为这种制度毫无疑问都比以前存在过的一切制度优越得多。但是,不能由此而断言,如果孟德斯鸠生在今天,他也不会发现可以大大改进这种制度的方法。

正如我一再重复的,英国人采用了或发明了具有实业性质的政治机构,但他们把这种机构同他们保存下来的旧封建机构对立起来,平行地加以运用。因此,封建统治在他们那里受到的限制,比在欧洲其他民族那里都大得多。

法国革命是在英国革命后大约一百年才发生的,它最后必然改进英国的宪制;考察一下在英国的宪制下可能进行的改革,一眼就会看到作为限制封建力量而进入英国社会组织中的实业力量,一定在法国成为领导的力量。

问:您曾经说过,英吉利民族在 17 世纪末经历了革命以后,就处于危机和患病的状态。我们向您指出过,您所说的英吉利民族感染的那种病是非常奇特的,这首先表现在它的持续时间的过长方面,因为它一直延续一百五十多年了。我们还向您说过,它在另一方面也表现得非常奇特,这就是英国人民的繁荣是与患病同时开始的,而且这种繁荣从一开始患病起也从未停止过发展。

在这个问题上,您做过非常激烈的争辩,并且力陈疾病这一观点只具有次要意义,真正具有主要意义的是危机的观点。您曾经向我们证明,英吉利民族遭受的危机是这个民族和整个人类从幼年期向成年期发展中必然会遇到的。在成年期,一个民族和整个人类可以运用他们的全部能力。但是,您却只字未提您所说的英吉利民族所患的疾病。

我们请您明确回答下面的问题:您认为疾病是由危机引起的呢? 还是疾病与危机没有关系呢? 简而言之,英国人民所患的疾病是什么病?

答:无论是民族还是种族,或者是个人,在从幼年期向可以运用他们的全部能力的成年期过渡的时候,都要经历一个危机时期。这个危机时期有长有短,强度有强有弱,痛苦有大有小,这要由该民族、种族或个人所处的具体条件而定。某些人没有受到痛苦就度过了这一危机时期;而另一些人,则受到黄萎病的折磨。

我说,把这个一般论点用于我们所研究的问题,就可以明确回答您提出的而我也绝不想回避的问题:

"人类正经历其成年前的危机,这一危机已在英吉利民族那里开始明显地暴露出来。因此,这个民族所患的民族病,相当于个人所患的称为黄萎病的病症。"

问:请您向我们说明这种民族病的症状。

答:这种病的第一个症状,表现为政府成员的贪污受贿,他们承认、宣扬和推崇这种行为,而被统治者也默然同意;

第二个症状比第一个症状更为普遍，它表现为整个民族非常爱财，从而把手段当成目的以致犯了大错。

问：请您证明这两个症状在英吉利民族身上的表现。

答：英国的一位最著名大臣曾在国会的全体会议上报告、分析和证实过这样一个事实：贪污受贿是英国社会组织的最重要成分之一。

这确实是一件非常有趣的奇闻。在下议院里完全没有反对党的时候，就会发生这种事情。这位大臣起来发言说："如果你们不赶快成立一个反对党，国王的金库便要装不下了，而我们的宪制便要处于危险之中，我们的自由就要名誉扫地。"

我们在发挥这一思想的时候，可以发现下述的情况：

每一个善良的英国人，每一个真正的不列颠人，都要养成议会良心。这种良心与他们的一般良心不同，甚至完全相反。被选入下议院的人，即使他确信大臣的提案是好的，有利于民族，也要反对这些提案，直到迫使内阁用高价收买他，使他改变立场，他才不坚持自己的反对意见。但是，他一旦把自己的表决权和观点卖给了大臣，就得支持大臣提出的一切方案，即使他认为这些方案不好，违背民族的利益，也要如此。然而，国会议员应当向内阁表示的这种以换取好处为条件的忠诚，是有它的界限的。他们绝不会同意禁止内阁为在议会中取得多数票而收买议员的法令。

上议院议员同下议院议员一样，当然也有他们的议会良心。这种良心使他们向国王出卖自己的观点，但是贵族的尊严使他们应当得到的报酬是掌握大权，而不是收入金钱。

最重要的是应当指出，被我们发挥的那个大臣的这种观点，绝对不会引起议员的不满,也不会损伤民族的体面;而是恰恰相反,这只能使发表这种观点的那个大臣得到深谋远虑的政治家声誉。他在英国至今仍享有这种声誉。

如果我们从评论上议院议员和下议院议员的行为转而评论选民在行使他们的选举权时的行为,我们将会发现这方面的贿赂现象并不亚于上下两院。候选人或他的朋友们在竞选时花掉十万、二十万、三十万、四十万甚至五十万法郎的现象,是屡见不鲜的。福克斯先生在选举中时常花费很多钱。

最后,如果我们考察一下英吉利民族公认的个人道德,就可以发现一个在英国人的言谈中暴露得非常明显的特点。当一个英国人说某人的价值有多大的时候,这就是说他拥有多少金钱,而不表明其他任何事情。在一般地评论一个人的时候,英国人只注意这个人的财产;英国人完全轻视人的其他一切品质和才能。

我认为我已经充分地证明了一个事实,那就是英吉利民族所患的民族病,相当于个人所患的黄萎病。现在,我们来考察另一个也相当重要的事实,这就是:

英吉利民族还没有意识到自己有病,反而认为他们在政治上是再健康不过的了;他们在这方面的谬误,大得使他们把疾病的征兆看成是健康的标志了。正因为这样,我们才看到英国人吹嘘自己的社会组织,自以为它是政治体制的最高典范。执政党和在野党互相勾结处理国家事务时玩弄的手法,虽是双重勒索被统治者的手法,但却引起被统治者的赞美,其实他们应当对此表示痛恨和轻蔑才是。

炫耀自己的社会组织的英国所处的现况,跟一个患了黄萎病的少女的情况一模一样。这个少女夸耀自己的发黄的脸色,硬说这种皮肤颜色最适宜于妇女,使她美丽动人,而且认为这是健康的最好标志。

问:比较并不等于证明。我们暂且把您关于民族黄萎病的观点放在一旁,而先来直接讨论我们所研究的重要事实。

我们保留请您回头再从另一个角度来讨论这个问题的权利,而暂时同意您的下述看法:

一、英国人没有宪制,他们的目前社会组织只发生可以节制他们所遭到的政治危机的作用;

二、英国的社会组织是一种可以使政治机构的各个齿轮结合得尽量紧密有力的制度,所以仍然发生指导作用的封建机构的不利方面便大大减少;

三、英国人对被他们视为典范的社会组织的赞美,是他们的最可笑的谬误。

我们同意这一切论点以后,就请您说明英国人民的政治错误对于法兰西民族会有什么意义。

答:如果法兰西民族用自己的观点来考察自己的事情,用自己的政治才能判断自己的事情;如果法兰西民族对于自己的过去进行应有的研究,设法发现自己用来达到预期目标的方法,沿着自己迄今走过的道路继续前进;简而言之,如果法兰西民族能够真正形成自己的政治观点,而不把英国人看成是寻找建立适合于自己的教化和文明状况的社会组织的方法的向导,那么,英国人的政治谬误就损害不了法兰西民族。

我们先谈我认为法国人在政治上应当遵循的观点,随后就不难对法国人应当采纳的观点作出正确的判断。

基佐在其《英国和法国历史评述》中，清楚明白地和不可置辩地论断了下列事实。他证明说：

一、法兰西民族和英吉利民族的最初制度是不相同的；

二、他们的最初制度后来在两个国家的演变也是不一样的，文明的进步在这两个国家中也具有完全不同的性质；

三、在法国，王权的势力一直很大，而在英国，最有权势的是上议院的议员。

基佐从这三个重要事实得出结论：法国人要想改进自己的社会组织，不必利用英国人所采取的手段，也不必像英国人那样去做。

我们在进一步发挥这位卓越的政论家的结论时，可以这样说：在法国，应当改进王权的体制；而在英国，则应当改组上议院的体制。在法国，王权应当具备实业性质，肃清封建性质；而在英国，上议院的体制应当比其他一切制度早日完全摆脱其封建性质，并采取实业方针。

从这唯一正确的观点来考察法国人从完全结束了他们的荒诞革命行为的复辟时期以来走过的道路，我们发现它过去是并且至今仍然是一条错误的和不好的道路。一言以蔽之，无论从统治者方面来说，还是从被统治者来说，它都是一条极其谬误的道路，因为统治者和被统治者都对英国的社会组织赞叹不已，听任英国采用的政治原则支配他们的思想。

问：您所说的这一切，还需要再加一些解释。

我们首先请您向我们证明：法兰西民族在自己的政治活动中有哪些地方像您所说的那样是听任英国观点的支配呢？

答:我们可以非常容易地满足您的要求,因为下述的事实是大家都知道的,而且每天都在反复出现:法国的各个政党,在它们的钩心斗角中,都在援引英国的宪制;左派的政党、右派的政党、中右派和中左派,都拿英国历史上的事例来证明自己的观点;而且,政府主张议会任期七年的重要论据,就是因为英国采取了这种办法。

因此,自然要产生如下的想法:法国人对于英国的社会组织的向往一定很强烈,因为他们看到一切政党都可以轻而易举从英国人革命后的政治实践中援引一些例子来支持自己的观点,这就清晰地证明英国人的社会组织不过是一堆相互没有联系的原则和措施而已。因此,对于法兰西民族来说,把英国的社会组织看成是值得仿效的范例,实在是有失体面。

问:我们再来研究方才提出的问题。这个问题既重要,又新颖,它可以满足民族自尊心,从哪一方面,它都值得深入和仔细研究。为了掌握新的观点,必须多想几次,而且要用不同的方式来想。请您详细向我们叙述您的观点,不过要换一换说明的方式。

答:我现在就来满足您的要求。

"地球上的各族人民都追求一个目的,这就是要从政务的、封建的、军人的制度向管理的、实业的、和平的制度过渡。换句话说,每一个民族都致力于摆脱只能给他们带来间接利益的制度,而力图建立可以直接给他们创造共同福利和使大多数人的利益高于部分人的利益的制度。

"每一个民族都在选择自己的去向,每一个民族都在寻找自己达到这一目的的途径。

"欧洲的各族人民比世界上的其他族人民更接近于这一目的,

法兰西民族和英吉利民族离这个目的最近。①

　　"为了接近这个目的,法国人改进了君主制度,而英国人则建立了议会制度。法国人民大部分是君主主义者,而英国人民则大部分是议会制度的拥护者,经常对王权表示不信任。

　　"这种差异的起因是:在法国,历代国王都同实业家联合起来反对贵族;而在英国,则是贵族同实业家联合起来反对王权。"

　　问:请您用不多几句话向我们十分清晰地说明这个可以使人类从政务制度向实业制度过渡的伟大政治改革将要通过什么方式实现。

　　请您向我们说明哪一个民族将首先开始这一变革,哪一个民族将第二个进行这一变革?

　　答:第一个开始这一变革的民族,将是用和平方式发起这一运动的民族;在发生这一运动之后,对于管理公有财产最有影响的最重要机关将具有实业性质,而去掉其封建性质。

　　问:欧洲的哪一个民族能在全世界的一切民族当中最容易实现这一改革?

　　答:法兰西民族。

　　问:是什么东西使法兰西民族在这方面超过其他民族的呢?

　　答:是一个居于法国国王和实业家之间的唯一没有拥有巨大的实际力量的阶层,即没落的贵族阶级,因为他们在财产方面已经失去优势,而舆论对他们也没有好感,以致在法国没有严重的障碍

---

　　①　很多人认为美国人在政治方面比欧洲人进步,但这种看法是不正确的。在人数不多而且主要是散居于辽阔地区的农民中间不难维持秩序,而要在狭小的地区建立起使多数人都感到方便的生活则极为困难。我们以后再直接讨论这个问题。

妨害王权同实业阶级结成联盟,而所以必须建立这种联盟,是因为国王的利益和实业家的利益亲密无间。

问:但是,法国国王同实业家的联盟一定能产生使法国的王权具有实业性质而失去政务性质的结果吗?

答:当然能够,因为法国国王同实业家联盟的直接结果,是由国王陛下成立一个主要由实业家组成的最高委员会,而国家预算将主要委托实业家编制,等等。

问:哪一个民族将步法兰西民族之后尘首先由政务制度过渡到实业制度去呢?

答:这将是英吉利民族。

问:请您解释一下,英吉利民族为什么能够仅次于法兰西民族而发生由政务制度向实业制度过渡所必要的政治改革呢? 请您注意,您还没有充分有力的论据来证明您的答案,因为您对这个问题的见解同法国、英国和整个世界的舆论完全相反,这些舆论认为法兰西民族在政治方面处于大大落后于英吉利民族的状态。

答:在英国,贵族控制着王权,国王只是一个虚有其表的牌位;实际上,贵族利用王权为自己牟利,也就是为封建制度服务。由此可见,在英国,占有统治地位的政治机构,即对于管理公有财产最有影响和操纵整个国家机体活动的机构,乃是贵族垄断上议院的制度。但是,使贵族的封建性质变成实业性质,要比使王权进行这种改革困难得多。因此,法国政府一定先于英国政府取得实业性质。

如果法国国王成为实业的国王,即委托最卓越的实业家编制国家预算,那么,他本身不会受到任何损失,他的私人利益一点也不会减少。这项改革只会影响他的宫廷官宦和无用或无能的国家官吏。在英国,情况与此相反,贵族垄断上议院的制度是最有势力的制度,因为身为上议院议员的贵族可以为了自己的利益而左右王权。在英国进行改革,正好触犯那些掌权的和极欲反对这种改革的人。

贵族本身,不管他们有无能力,都从民族身上,即从生产阶级或实业阶级身上,以俸禄、薪饷、年金和奖赏等形式,榨取大量的金钱。如果把贵族加于实业阶级的这种金钱负担,同他们利用自己的权势、地位和社会影响对实业阶级进行的压迫加在一起,我们就可以看到,英国的实业家至今仍然受到政务制度或封建制度的最强烈和最严重的侵害。

根据我们以上所述,可以得出这样的结论:法国一定先于英国建立起实业制度,因为法国的实业家最关心建立这种制度,而封建分子拥有的反抗手段,在法国又不像在英国那样多。比较一下法国和英国用来建立实业制度的手段,就会更加弄清我们对于这个问题的看法。

问:使法兰西民族从政务制度向实业制度过渡的变革将在什么时候开始呢?

答:不能准确地说出这个时间,但是显而易见,它现在不会再遥遥无期了。在法国,已经找到建立安宁和稳定的政治制度的手段,因为正直的人士(不管怎样说,在被统治者当中,甚至在统治者当中,他们都是绝大多数)已经厌烦革命,极想摆脱已把国家这只大船搁浅了三十多年的浅滩,而且他们愿意付出巨大的牺牲来建立安宁和稳定的制度。这种制度将使阴谋分子垂头丧气,迫使他们成为爱好劳动与和平的人。

问:即使承认您提出的建立安宁和稳定秩序的手段是良好的,用它最容易达到这个目的,简而言之,这个手段必然会获得成功,但您也要知道,必须用很多的时间去向人们介绍,以便使他们能够判断和评价它,使一切有关人士确信这个手段十分必要而不得不去采用它。

答:这个手段最容易解释,任何一个工人都能向他的同伴们解释清楚,只要有简单的常识就足以全面地评定它。因此,我们坚持我们上述的意见,即法兰西民族从政务制度向实业制度过渡的开始时间不会再遥遥无期了。

问:现在请您说明:将怎样开始这一变革?即由谁来发起这一变革?谁能使这一变革具有合法的形式?

答:由实业阶级来发起这一变革,国王能使这一变革具有合法的形式。我甚至可以说,只要国王颁布一道法令,就能做到这一点。

问:实业家要用什么样的言辞向国王呼吁呢?他们将用什么方式向国王陛下叙述自己的观点呢?

答:实业家应向君主进谏,提出内容大致如下的呈文:

"圣上:从雨果·卡佩①时代开始,直到路易十四在位时期,陛下的祖先(历代国王)和我们的先驱者(实业家)之间,有过共同反对贵族的非常有效的联合。双方成功地把力量团结起来,并很好地利用了团结起来的力量,所以在路易十四在位末期,终于达到了

---

① 雨果·卡佩(Hugues Capet)是法国卡佩王朝(987—1328 年)的奠基人。从 1328 年至 1589 年,统治法国的是瓦罗亚王朝。1589 年以后,波旁王朝开始统治法国。——译者

目的。从此以后,贵族已经不在国家中占据独立的地位;贵族在这以后所以还能保留住势力,只是由于王权和实业家犯了政治错误:王权让贵族担任了位高禄厚的官职;实业家把无数的财产送给了贵族,并且受到并不光彩的虚荣心的支配,把自己的女儿和劳动产品献给了他们。

"圣上:从路易十四在位末期直到今天,王权和实业家双方都犯了重大的政治错误。在这一期间,最初的一些错误是国王犯的,但是最有害的错误是后来实业家犯的。从路易十四在位末期到路易十五驾崩,王权犯了一些最严重的错误;而从善良的路易十六即位以后,实业家应当受到最严厉的谴责。

"在路易十四驾崩以后,王权应当采取什么措施呢?

"王权应当建立实业制度。国王应当接受本国第一实业家的头衔;他应当把管理公有财产的大权交给最卓越的实业家,每年召集实业家开会数日来编制国家预算。

"可是,从路易十四驾崩以后到不幸的路易十六即位期间,王权做了一些什么呢?

"最初是摄政王①,后来是路易十五,都把王位看作拿高薪不做事的清闲差事;他们认为自己在人世间的唯一工作就是享乐。他们偏妃外室成群,就像波斯人的国王或蒙古人的皇帝所拥有过的那样;他们由于莫名其妙的神经错乱和完全不懂王权的真正利益,而支出了很多完全无益的费用,尽量寻欢作乐,同失败的贵族一起挥霍获胜的实业家的金钱。

---

　① 指奥尔良公爵菲力浦。——译者

"圣上：认识真理，对于国王特别有利。我们乞求陛下开恩，宽恕我们坦率地谈出了从路易十四驾崩至善良的路易十六即位时期的王权的行为。同时，您还会看到我们也将严格地要求我们的先驱者和我们自己，其严格程度绝不亚于我们对民族的至高无上的首领的要求。

"现在，开始我们的自我检讨。我们先来研究现在。我们即将回顾的一切事件，都是陛下亲眼看到的，而且曾深深地打动过陛下的心。

"陛下至尊的皇兄登上了王位，他急忙宣布：立志改正王权在路易十五和摄政时期所犯的错误，并且愿意按照大多数臣民的利益来治理国家。这位善良的国君秉性严肃，生活俭朴；他呼吁能够帮助他实现善良愿望的正直人士向他进谏和给予他以支持。

"整个实业阶级本应当热心响应这个英明的号召；但是实业阶级并没有履行自己的义务，没有在这个十分重要的关头按照自己的利益行事和全力支持国王的仁慈计划，而是仍然采取旁观者的态度，对于英明的君主同宫廷官宦和特权阶层的斗争漠不关心。在这一斗争中，国王是为了民族的利益，而宫廷官宦则是为了保持各种弊端。

"路易十六把这一斗争英勇地坚持了十二年。他把慈善家杜尔哥[①]和银行家内克[②]聘为大臣；他寻求并赢得可敬的马尔泽

---

① 安·罗伯尔·雅克·杜尔哥（Anne Robert Jacques Turgot，1727—1781 年），法国经济学家，重农学派的最著名代表，曾任财政总监。——译者

② 雅克·内克（Jacques Necker，1732—1804 年），生于瑞士，曾任职于巴黎银行。——译者

布①的友谊和一片忠心,马尔泽布以进谏帮助他,但是终于因为没有得到实业阶级的任何支持,也就是没有得到全民族的任何支持,而不得不宣布国家预算中发生了他无法弥补的五千六百万法郎的赤字。他召集了各界名流开会,后来又召开一次宫廷会议。在这两次没有成功的尝试以后,便决定召开三级会议。

"在这个严重的关头,实业阶级本应当挺身而出。它首先应当出资弥补预算的赤字,然后应当向国王进谏献言:只有一个方法可以防止预算不再发生赤字,那就是改变陛下臣民的等级分类。凡是向国库交款最多而由国库取款最少的人,都应当被列为第一位。陛下应当授予他们以管理公有财政的大权。

"圣上:当然,如果陛下善良的皇兄哂纳这个忠诚的建议,那就不至于发生革命,也就可以完成一件伟大的善举。完成这件善举只需要微不足道的努力,而且不会带来任何灾难。可是革命要完成一件善举,却必然以造成许多灾难为代价。

"实业阶级没有履行自己的义务,没有做到我们方才所说的一切,而把王权和贵族视为一丘之貉,对国王遭受的困难暗自称快,拒绝向国王提供任何贷款,忘记了王库同时也就是国库。

"国王召开了三级会议,三级会议又变成制宪会议。制宪会议相继破坏了王权的各个部分,使英明的路易十六失去了自卫和保护国家不受阴谋分子侵害的能力;制宪会议超越职权,对于自己的创作给予冠冕堂皇的宪法称号,迫使国王对这个假宪法宣誓。

---

　　① 马尔泽布(Malesherbes,1721—1794 年),路易十五的大臣,因其保卫议会的权利和要求召开三级会议而被路易十五免职,但不久以后又被路易十六起用。马尔泽布拥护王权,后来由于参加反对共和国的阴谋而被处死刑。——译者

"紧跟着制宪会议,召开了立法会议。立法会议的成员绝大多数是法学家、文人和各式各样的学究,他们的脑袋里装满了希腊和罗马的历史,连做梦都梦见了共和国。

"立法会议又被国民公会代替。国民公会使制宪会议和立法会议所犯的错误登峰造极,同时却贬低不幸的、英明的、仁慈的路易十六和王权,而王权一直是法国社会组织的基础。它把君主政体改成共和政体,建立了一个前所未有的最民主的共和国。这个共和国竟然如此民主,以致使出身于最贫困和最无知的阶级的人都能在共和国中享有最大的权势。一言以蔽之,国民公会使极端混乱的无政府状态合法化了。

"实业阶级本应当驱散制宪会议,迫使立法会议的学究们闭嘴,把国民公会的一半委员送往毕塞特尔村,把另一半委员押解到夏兰顿村。[①]

"实业阶级本应当帮助善良的路易十六恢复他的全部权力,而且还要把这个权力加以扩大,使王权不为宫廷官宦和特权阶层所左右,劝说圣上委托向国库交款最多而由国库取款最少的人去编制国家预算。

"实业阶级没有走这条道路,以致受到了严厉的惩罚,因为粮食最高限价法案[②]使所有企业家都倾家荡产了。

"后来,波拿巴恢复了君主政体,登上了宝座,戴上了王冠,拿

---

① 毕塞特尔(Bicêtre)和夏兰顿(Charenton)是法国的两个村庄,因设有疯人院而出名。——译者

② "粮食最高限价法案"是在 1793 年由山岳派提出并经国民公会批准的法案。——译者

起了权杖。实业家本应当反对他夺取法国的王位,因为一个篡夺分子不可能建立实业性的君主政体;他需要用武力去保护自己,他只能建立军人制度。实业家没有这样做,因而为自己的错误付出了很高的代价,即在焚毁英国商品的时候,他们损失了大部分资本。

　　"在陛下驾返法国并恢复了自己王位的时候,实业家本应当自动地履行他们同外国人签订的一切条约的义务。此外,他们还应当向陛下提供大量资金,使您可以有钱恩赏和赔偿那些继续忠实于您的人。当实业阶级证明它拥有一切必要的力量来保卫国家不受外敌侵犯以后,封建权力就变成十分可笑和完全没有必要的东西了,而在实业家要求陛下废除这种封建权力的时候,您当然不会在这一点上发现他们有任何不良的动机。您当然也会同意把编制国家预算的权力交给那些向国库缴款最多而由国库取款最少的法国人,因为这些法国人都是最重要的实业企业的领导人,同时也是您的臣民中的最有能力管理财务的人。

　　"如果事件能按这种情形发展,那么,实业性的君主政体在您驾返法国的时候就应当建立起来了。

　　"但是,因为实业阶级没有主动地在您驾返法国的时候去迎接陛下,因为实业阶级没有公开地向您提供您为恢复以前的王权所需的援助,所以陛下就不得不到统治者中去寻找您本应在构成民族本体的阶级当中去寻找的那种支持。您不得不承认两种贵族,您不得不增加管理公有财产的官职。一言以蔽之,您不得不大大加重我们在革命以前所承担的负担。这是我们所犯的政治错误应当受到的正当惩罚。我们本应当拥护波旁王朝,可是我们没有公开地这样去做,所以犯了这种政治错误。

"我们还要做一个自我检讨,这个检讨将结束我们的忏悔。

"1817年①,陛下发现旧贵族企图恢复他们昔日在法国享有的势力,发现他们致力于建立自己对于王权的控制和用贵族政体代替君主政体。当时,您向实业阶级呼吁,公布了把营业税改为直接税的敕令。显而易见,在这种条件下,我们只能把最忠实的保王党人,即把衷心拥护波旁王朝的人选进下议院;我们应当从自己的伙伴当中,即从向国库缴款最多而不由国库支取分文的人当中推选议员。非常遗憾,我们当中有许多人投票赞成了那些没有认识路易十六的善良愿望的正义性的人士,另一些人号召人们把热心支持波拿巴的儿子②的人选为议员。因此,差不多所有的人都支持了巧言利词的候选人,这些候选人很少关心国库的充实,只想让国库多出钱为他们支付薪俸、年金和奖赏等。

"由于最后这个错误,我们丧失了以前取得的微小政治势力。这个错误成了国家支出激增(现在达到每年十亿法郎)的原因,促使陛下扩充政府机构和增加国家官吏的人数与势力,因为王权和波旁王朝这时只能在统治集团当中得到真正的支持。

"不错,我们已经明白了这一点,而且现在表示忏悔:的确,我们应当把我们至今对于王权、波旁王朝,特别是对于宫廷所作的谴

① 1816年解散了"无双议院"。在新的选举中,反对极端反对派的人士获胜,大地主和贵族的势力消失。新议院在1817年实施选举法,并采取了若干自由主义措施。按新选举法规定,凡缴纳直接税达三百法郎的人,均有权参加选举。——译者

② 指拿破仑的幼子,他被拿破仑分子称为拿破仑二世。1814年拿破仑曾把帝位传给他,而当时他以米斯达公爵的身份住在奥地利,实际上他没有当过一天法国皇帝。——译者

责,大部分应当揽在自己身上。但是,我们生来就拥有自己的特有品质,这种品质天天都在发展,经常保证我们可以纠正自己所犯的一切错误,因为我们实质上都是从事劳动的人,从而不管贵族和宫廷官宦出身如何,我们都比他们具有真正的和实际的优势。

"简而言之,在我们的政治存在和波旁王朝的政治存在之间有如下的差异:我们深信自己将在社会上占据首位,而波旁王朝则特别关心加速巩固自己的王朝,以建立实业性的君主政体。

"圣上:最近一百年来,法国无论在王权方面,还是在实业方面,都犯了一些重大的政治错误,但是不管这些错误怎样重大,它们都毁灭不了法兰西民族的过去成就,改变不了法兰西民族的政治命运。法兰西民族在君主政体下生活了十四个世纪;从陛下的至尊王朝创建以来,一直到路易十四驾崩为止,波旁王朝和实业家之间都是结成同盟的;最初是为了反对大领主,后来是为了反对小领主,最后是为了反对各种特权阶层。

"法兰西人民由于过去的历史,负有在实业性的君主政体下生活的使命。

"只要实业性的君主政体没有建成,王权就不能不遭到重重困难,而实业阶级即整个民族,也就不能不对政府不满。

"如果法国的实业家和波旁王朝双方都希望建立这种政体,那么,任何东西都妨碍不了在法国建立实业性的君主政体。

"有哪些阶级可能反对在法国建立实业性的君主政体呢? 旧贵族毫无疑问拥有最多的手段来反对这一伟大的政治行动,因为欧洲全体贵族对他们的支持,毕竟会使他们得到巨大的力量。但是,一方面,这种力量还远不如联合起来去实现公益目的的波旁王朝和实业家的力量;另一方面,旧贵族仍保持着高尚的情操,比一般人所想象的更容易同保证法兰西民族内部安宁和繁荣的制度和解。旧贵族所以激烈地反对一切政治革新,他们所以竭尽全力设法恢复旧制度,一则是因为他们愤恨革命时期出现的残暴,再则是因为至今领导民族革新运动的人都是阴谋家或疯子,其中没有一个人值得他们敬仰,没有一个人提出过关于符合于文明现状的政体的明确概念,没有一个人向他们证明过取消贵族阶级将是全民族的伟大收获。新贵族的形成特别激怒了他们,而他们如此激怒也是完全有根据的。

"至于新贵族,人民并不尊重他们,也不爱戴他们,他们在国外和国内都没有拥护者或朋友。新贵族制度是一种诞生于昨天而不能活到明天的无用的制度,它没有任何办法抵制实业性的君主政体的建立。

"资产者,即非贵族出身的法学家、平民出身的军人和不从事实业活动的财产所有者,拥有比新贵族大得多的力量。但是,他们只有同自己所依赖的旧贵族联合起来,他们的力量才能变成真正的力量。他们还没有自己的政治特点,实际上只不过是一些小贵族。他们作为一个政治集团的存在,不会比真正贵族的存在长久。

"军队目前都是由对军事毫无兴趣的士兵构成,从士兵的嗜好和习惯来说,他们都是真正的实业家。因此,他们不会反对建立实业性的君主政体。在军队中,只有军官可能希望军职照旧受到较大的尊重和在社会组织中比实业职务享有较大的优势。

"圣上:法国的君主政体在路易十四驾崩以前,当然实质上具有军事性质。这就是说,国家的第一阶级主要由军人构成,其次才由实业家构成,因为在这以前,民族的目的主要在于征服。

"从路易十四直到现在,法国的君主政体不能不是一个混合的政体:军人阶级丧失了自己的优势,而实业阶级还没有取得自己的优势。然而,这个时期绝没有损害文明的进步。对于这个时期发生的事件还未能进行精确的分析,因为它们十分混乱,漫无头绪。而从军事性的君主政体向实业性的君主政体过渡,正是在这个时期进行的。

"在文明的现况下,只有实业性的君主政体适于法兰西民族,只有它能在法国巩固下去,因为民族的目的在于通过和平的劳动达到繁荣富强。由此应当得出结论:国家的第一阶级主要应当是实业阶级,而军职对于这个第一阶级只有次要的和偶然的意义,仅是在防御敌人进犯和必须驱逐敌人的时候,才需要有军职。

"圣上:您的政府体制叫作立宪君主政体,这充分说明了法国的现实政治状况。'立宪'这个词特别具有形而上学的性质,它表示社会组织处于混杂状态,其统治阶级由空谈家和文人墨客构成。实际上,在整个 18 世纪中,使不幸的法兰西民族和不幸的王权受到损害的,正是这些空谈家和文人墨客。近四十年来,国王和民族都被律师的空谈①所支配。这种空谈可谓集夸夸其谈和玩文弄墨之大成。

"圣上,已经是结束这个折磨了法兰西民族和王权一百多年的重大政治动乱的时候了,已经是宣布实业制度即实业性的君主政体的时候了。

---

　①　我在这里把律师的空谈理解为他们对于政治问题的议论。

"我们全体献身于实业活动的人，我们这些在法国居民中占二千五百万人以上的人，宣誓终生保护法国的王权体制和波旁王朝不受任何侵犯。这种侵犯可能来自国内，也可能来自国外；它不是反对王权体制，就是反对这个王朝。

"我们谨请陛下成立一个由最卓越的实业家组成的委员会，委托他们编制国家预算。"

凡是自身的存在和影响决定于自己的实业活动的成败的法国人，都应当在这份呈文上签名。也就是说，这份呈文应当由二千五百万名法国人签字。

问：如果您只把这份呈文草案看成是一项建议，那么，我们是完全同意的，因为这项建议使您可以十分明确地、肯定地和扼要地叙述您的观点。但是，如果您郑重其事地向实业家提出这份草案，要求他们必须按草案执行，那么，您将大失所望，因为这份草案只会把他们吓倒，妨碍他们去支持您的体系。

答：我绝不讳言，实业家至今在政治方面都表现得十分谨慎，还没有在这方面显示出任何大胆精神。正因为这样，至今还没有成立实业家政党；正因为这样，实业家至今还是政治斗争中的旁观者，而且一直是这一斗争的牺牲者。他们曾是雅各宾党人的牺牲品，后来又成为波拿巴的牺牲品，而在复辟以后，他们则成了极端分子、自由党人和执政党人互相争夺的战利品。何时何地都小心谨慎而没有一点勇气的人，是没有任何用处的，因为小心谨慎只有同勇气结合起来，才是有价值的。

问：全部问题在于应当对实业家进行政治教育，而您对他们所作的进言，只有在他们受完政治教育以后才能发生作用。

答：我承认必须对实业家进行政治教育。正因为我深刻地认识到这个真理，我才决定出版《实业家问答》。由此可见，在这一点上，我同您的意见是完全一致的。但是，在应当怎样对实业阶级进行政治教育的问题上，我们的看法显然并不相同。

当教育者不是教导小学生，而是劝导一些成年人时，我认为首先应当做的事情，是教育学生认识自己的价值，使他们相信自己的力量。

据我看来：第二个重要原则是：先教育学生实践，在学会实际以后再教他们理论。

最后，为了不把这个附带问题的讨论拖得过长，我可以告诉您，我们打算尽快成立一个实业党，这个党所采用的最可靠手段，是说服实业家直接向国王陈述自己的政治愿望，而不必求助于任何中间人。

我们现在回过头来继续进行先前开始的讨论。这项讨论的任务是，确定法兰西和英吉利这两个民族中的哪一个民族最先对整个人类所向往的政治目的做好了准备，也就是说，确定哪一个民族最先对由政务制度向实业制度过渡做好了准备。这项讨论的任务，还在于阐明这两个民族能够用来达到上述目的的各种方式。我正在研究这个问题，我在继续进行我们的讨论时绝不改变既定的方针。您可以根据自己的想法，把我提出的呈文草案看成是不切实际的或者是切合实际的，看成是十年以后才能实现的或者是明天就能实现的。但是在我们的讨论中，我们继续要把它看成是一个严肃认真的草案。

问：毫无疑问，如果这个呈文上有献身于实业活动的一切法国人士签名,那么,它将产生巨大的政治效果。我们甚至相信,在这种情况下,国王陛下也会愿意受理它。但是,这项工作的主要困难,并不在于呈文的撰写,而在于使一切有关人士都能签名,因为如果只有少数人签名,它就只能具有空谈的性质,而不会产生很大的效果。

答:您把本末倒置了。我们这项工作的主要困难,在于如何使人们了解和明白我们呈文中叙述的思想,而叫人们在呈文上签名只是极其次要的困难。

比如,最近为向政府提供各种贷款而组织起来的那帮银行家,当征集法国的一切实业家在呈文上签名的时候,就感到比他们向政府发放贷款时容易得多。

正如我在本书第一册中所说的,实业阶级已经通过银行和银行家完全组织起来,银行把实业的各个部门彼此联系起来,而银行家则把各类实业家互相联合起来,所以实业家可以轻而易举地团结自己的一切力量,来达到他们的共同利益所向往的目的。实业界的领袖,即最卓越的实业家,还没有在政治方面得到实业阶级的组织给他们带来的好处。我在这里要向他们提出一种方法,使他们利用这个组织给他们带来的一切好处去达到他们过去只能奢望的最伟大的政治目的,即建立起实业制度。我也毫不怀疑,他们将会热心地着手这项工作。

问:可是,法律不会禁止集体请愿吗?王国的检察机关不能反对同意请愿的人在您的呈文上签名吗?

答:任何一个法国人都有权独自地或集体地向国王上书,陈述他们认为有利于国家繁荣富强的任何意见,只要他们的愿望具有正当的表达形式。禁止国王同他的臣民直接交流情感和交换意见的法律,对于国王和民族来说,都是十分离奇的和有伤体面的法律。其实,要想达到所说的目的,甚至不必在呈文上签名。为此,只需要全体实业家阅读一下呈文,正式声明他们同意呈文中所陈述的思想,坚信国王能够用来保证法国安宁和使国家的繁荣富强立即全面发展的唯一方法,是由最卓越的实业家组成一个编制国家预算的特别委员会,也就可以了。实业家在政治观点上的这种志同道合,必然引起社会发生强大的运动,使民族的愿望强烈地和明确地表达出来,以致会使大臣和宫廷官宦想转移国王陛下对于这些观点的注意力的尝试彻底失败。

至于您想叫我畏惧国王的检察机关,我说我有一切理由认为它毫不敌视我们的观点,因为它有最纯的忠君思想,其忠君程度比极端分子还坚定得多,而极端分子实际上是拥护以家庭出身的特权为基础的贵族制度的。

问:现在我们来研究英国在这方面的情况。请您说明英国人怎样才能为自己建立起实业制度?

答:英国人要想为自己建立起纯粹的实业制度,不必采取强制手段,但必须使他们的议会颁布一项关于废除指定继承人的法律和另一项关于动员地产的法令。

问:我们认为,叫英国议会同意颁布这两项法律似乎是不可能的,因为正像您本人所断定的,议会是受贵族议员控制的。贵族一方面驾驭王权,另一方面操纵着下议院。而且这两项法律同他们的封建利益相矛盾,他们认为封建利益比实业利益重要和宝贵,所以他们肯定不会通过这两项法律。

简而言之,我们认为通过合法与和平的手段来实施这两项法律是不可能的,因为贵族有能力阻止它们的通过,也有足够的权力限制它们的实施。

从以上所述,我们可以得出这样的结论:英国只能通过起义的办法向纯实业制度过渡。

答:毫无疑问,法国人为自己建立实业制度可能比英国人容易得多,因为在法国只要国王颁布一道命令,就可以建立起实业制度,但是我们不能由此断言:为了在英国建立这种制度,就绝对需要起义。

英国的贵族是欧洲最有教养的贵族,他们对于实业的重要性了解得最为清楚,没有一个贵族不或多或少地同实业有金钱上的关系。此外,英国人民有一种民族自尊心,使他们不肯落后于其他任何民族。您也会同我一样认为,在法国作出建立实业体系的榜样以后不久,全体英国人在这种情况下就会几乎毫无例外地把自己的个人利益放在一边,而同心合力地去为自己国家建立实业体系而努力。

问:在概括和补充您在这次谈话中所表达的观点时,我们可以得出以下几项原理:

一、人类总是要走向建立实业体系的政治机构的目的。

二、每一个民族都要通过不同的途径和利用自己特有的方法去达到这一目的。

三、法兰西民族和英吉利民族距离这个目标最近。乍一看来,英吉利民族好像比法兰西民族距离这个目标更近,但这是错觉,实际上法兰西民族距离这个目标最近。

四、在法国,为了建立实业制度,只由国王颁布一道敕令,委托最卓越的实业家编制国家预算草案就可以了;如果为数两千五百多万人的法国实业阶级恳请国王确信这个措施可以保证王位安全和民族繁荣富强,国王就一定会颁布这项命令。

五、当法兰西民族为自己建立起实业制度的时候,英吉利民族马上就会仿效法兰西民族。

六、当实业制度在英国和法国建立起来的时候,人类从政务制度向实业制度过渡时所遭遇的一切灾难就消失了。因为世界各国政府合在一起的力量都不如法国和英国的实业力量,所以危机将会由于不再发生斗争而结束,而地球上的各族人民在联合起来的法国和英国的保护下,将会很快地随着本国文明的发展,相继向实业制度过渡。

因为您确信这六项原理是正确的,所以您最好是利用您的一切力量和手段,去说服法国的实业家把您草拟的那份呈文呈献给国王。这一步骤依靠随后相继发生的一系列事件,将使人类的命运得到尽可能大的改善。

答:当然,我的全部工作的第一个并且是主要的目的,就是说服法国的一切实业家,即说服二千五百万以上的人或民族的绝大多数一致行动,向国王呈交他们签署的呈文,恳请国王委托最卓越的实业家编制国家预算草案。

这是因为我们深信这项措施将会结束夸夸其谈和律师空谈的制度。我们目前正在这种制度下生活,它是继军人制度之后而来的混杂制度,而且也是破坏性制度,因为它已经使国家预算达到十亿法郎这样庞大的数字。

这是因为我们也深信这项措施把管理公有财产的大权交给确实能为民族造福的人管理,就会以最快的速度来改善法兰西民族的命运。

我们确认了这两点以后,又要遇到另一个问题:使用什么手段最能说服实业家向陛下进行这种请愿呢?

我们确信为此必须使用两个主要手段:一方面,我们要向实业家证明这项措施会使他们得到他们所希望的一切社会优势,而不会带来任何不便,因为实业家比社会的其他任何阶级都有能力管理好公有财产;另一方面,我们要尽量使实业家容易得到一种手段,以代表人数多得足以引起陛下注意的居民提出这项请愿。

同时我认为,一直到我们的工作获得最后胜利为止,应当轮流使用这两种手段。

现在,当我已把递交国王的呈文的草案提出的时候,我要根据预定的计划,请您回顾一下我们已作的讨论。如果您愿意的话,我们要再考察一下:使实业阶级变成第一阶级,由国王委托最卓越的实业家编制国家预算草案,对民族的大多数人的福利是不是真有好处。我们还要再研究一下:法国是不是确实应当实行实业体系而不采用英国的社会组织。同时,在我们的全部讨论过程中,要竭力对王权、法制和宪章表示最大的尊重。

对问题再进行这样的讨论以后,我们再研究一下:实业家怎样才能代表人数多得足以引起国王注意的群众向国王请愿。我们还要证明:如果巴黎的全体实业家都在我们草拟的呈文上签名,则采用这个简单易行的措施就足以达到目的。

告实业企业经理人先生

　　诸位先生,我请你们尽快得到我的著作并向各位的属下介绍这部著作,这部作品只有在实业阶级当中得到最广泛流传才能成为有益的东西。

　　诸位先生,我希望你们注意,当你们本身尚未形成为一个政党来保护自己的劳动果实不受无所事事的消费者侵吞的时候,这种果实就要成为现有的一切政党互相争夺和吞占的猎物。

　　我还希望你们注意,编著宣传实业党的原则和观点的书籍,是使你们组成坚强的政党的唯一手段。

　　通过《保守者报》①的出版,成立了一个极端的保王党。这个党今天获得的胜利,迫使政府向它作了它所希望的几乎一切让步。但是它并不十分可怕,因为支持它的只有贵族的仆从,而领导这个党的贵族并没有任何实力。

　　《法兰西米涅瓦报》②是形成现代的自由党的手段。幸亏这个党现在完全瓦解了,如果它顺利地实现了它的计划,又要把法国推上革命的道路。但是,它也曾一度起过举足轻重的作用。

　　诸位先生,我们的信心要比《保守者报》和《法兰西米涅瓦报》当时的信心坚强得多,因为我们要建立的体系是使法国可能恢复

---

　　①　《保守者报》(Conservateur)是极端保王党的报纸,由夏多布里安(参看本书第282页注②)创办,在1818—1820年出版。——译者

　　②　《法兰西米涅瓦报》(Minerve Française)是在1818—1820年出版的自由派报纸,后来在1820—1822年改称《文学米涅瓦》(Minerve Litteraire)。——译者

安宁的唯一政治体系,只有它最能使社会繁荣和王国安宁;最后,因为一经采纳这个体系,只消几年工夫,就会因为劳动阶级的福利增加,而使消费水平提高十倍。

诸位先生,在结束这个通告的时候,我请你们把自己的力量同政论家的力量联合起来。通过你们的实践能力同政治家的理论能力的结合,你们就能保护你们的劳动产品不受不事生产的消费者侵吞。

我现在提出一个使你们同政论家联合的方案。这个方案是我对这个问题进行四十五年探索的成果。它既值得诸位仔细注意,又值得政论家以及各专业的学者和艺术家密切关怀。

依靠这种联合,国家大事的领导权就会转到实业和科学方面的专家手里;而在目前,国家大事只能受一些外行操纵。实际上,一些省长甚至大臣全是行政管理方面的外行,所以民族经常要为他们的错误打算和不良动机付出很高代价。不必怀疑,实业家是行政管理方面的唯一专家,因为只有他们是通过自己交学费而学会行政管理工作的。

实业能力和科学能力的大联合

(这个联合的目的是建立实业制度)

实业家和政论家分别组成两个单独的委员会。

实业家委员会主管社会财产。

政论家要求出版的著作须由实业家委员会讨论,只有经该委员会讨论才能出版。

创立委员会的实业家，可以让他们认为合适的一切实业家联合起来，并允许他们立即参加实业家委员会。

政论家委员会对研究建立实业体系的科学著作进行初步讨论。

这个委员会是评定这些作品的第一级。这就是说，它或者把作品退回，或者把作品提交实业家委员会，以征求同意或取得出版经费。

请法国和外国的一切学者、艺术家和文学家，通过各自所在的单位，把自己关于建立实业体系的著作送审。

著作经过政论家委员会批准并得到实业家委员会同意，其作者都有权从即日起成为政论家委员会的成员。①

---

① 第二册后面有两个附录删去未译。——译者

第 三 册 [①]

序 言

这第三册系我的学生奥古斯特·孔德先生的手笔。按照我在本书第一册中所述,我委托他来阐述我们体系的普遍性。而我要请读者注意的,正是他的著作的开始部分。

从作者所述的观点来考察这部著作,毫无疑问这是一部很好的著作,但它没有真正达到我们为自己规定的目的,因为它没有说清我们体系的普遍性。也就是说,它只说明了一部分普遍性,而且偏重于我们认为具有次要意义的普遍性。

在我们所要建立的体系中,实业能力应当占第一位;有资格判断其他一切能力的价值和使它们作出最大贡献的力量,正是这种能力。

实业家应当认为柏拉图派的和亚里士多德派的科学能力,对于实业家都是同样有用的。因此,他们应当同样重视这两种科学能力,并且同样促进它们得到重新发挥作用的方法。

我们的最一般观点就是这样。它同我的学生的观点有本质的

---

① 《实业家问答》第三册系孔德执笔,圣西门只写了《序言》;但孔德所发挥的论点是在圣西门的影响下形成的。因这一册是《实业家问答》的重要组成部分,故将其全部译出。——译者

不同,我的学生只拥护亚里士多德的观点,即物理和数学科学院目前应用的观点。因此,他认为亚里士多德派的科学能力是最重要的科学能力,它既高于唯灵主义,又胜过实业能力和哲学能力。

根据我们所述,可以得出这样的结论:我的学生只叙述了我们体系的科学方面,而对这个体系的情感和宗教方面,他完全没有谈到。这就是我认为应当向读者预先说明的地方。我准备在下一册亲自叙述我的体系的普遍性,以便使我们可以消除这种误解。

此外,尽管孔德先生只完成了我的指示的一半,从而使我在他的著作里发现了一些不够完善的地方,但是我正式声明,这部著作在我看来仍是至今所发表的讨论一般政治的最好著作。

实证政治体系[①]

工业大学肄业,圣西门学生

奥古斯特·孔德著

第一卷(第一部分)

前　　言

这部著作将分成数卷,卷数尚未确定。它包括一系列彼此不

---

① 孔德的这篇论文,最初以《社会改组所需的科学研究方案》(*Plan des travaux scientifiques nécessaires pour réorganiser la société*)为题,发表在圣西门 1822 年出版的小册子《论社会契约》上。后来,稍加修改,又以《实证政治体系》的题名,作为《实业家问答》的第三册,于 1824 年重版。文中所说的政治学或政治科学,实际上就是后来的社会学。译文所据的原文,载于 1966 年法文版《圣西门全集》第 4 卷。——译者

同但又互相联系的作品,这些作品的目的,是使政治在今天就应当进入观察科学(Sciences d'observation)的行列,并把这一基本原理应用于社会在精神领域的改组上。

可把头两卷看作整个研究工作的一种哲学综述,其中具列政治方面的三大组科学研究的纲要,以及实施这个纲要的初步设想。

因此,第一卷由两个部分构成:第一部分叙述第一组研究的纲要;而不久即将发表的第二部分,则陈述这个纲要的具体实施办法。

第一部分的目的十分清楚:一方面,论证作为一门实证科学来考察的政治所应遵循的精神;另一方面,证明政治向实证科学转变的必然性和可能性。第二部分的内容是:概述应使政治打上这种特征的烙印的研究工作,即先对文明的一般发展所遵循的规律作简要的科学概括,然后再一瞥人类的自然发展在今天促成的应当占有优势地位的社会体系。简而言之,第一部分讨论社会物理学(physique sociale)的方法,第二部分讨论这种方法的应用。

在考察另外两组研究的第二卷里,也将像第一卷这样来划分。

尽管我是师承圣西门先生的,并且愿意公开承认这一点,但为了充分精确地说明拙著的特点,我还是给这部著作标了一个与吾师著作的标题不同的总标题。不过,标题名称的不同,并不影响我们二人的著作的共同目的。应当认为我们二人的著作,是研究一个通过两条不同的途径去建立同一政治体系的整体学说的。

我完全接受圣西门先生提出的下述哲学思想:现实的社会改组,应当让性质不同但却同样重要的两种脑力劳动在改组中发挥作用。一种脑力劳动需要运用科学能力,它以重建一般学说为目的;另一种脑力劳动应当让文学和美术的能力发挥作用,它以改进人们的情感为己任。

为发现直到19世纪仍在进行的伟大哲学运动的这两个分支得以成功地建立起来所需的基本概念,圣西门先生用去了他的一生时间。长期以来,我一方面深入研究圣西门先生提出的基本观点,另一方面又专心致力于整理、发挥和改进从这位哲学家那里接受过来的关于科学的发展方向的那部分思想。拙著以建立实证的政治体系为目的,我今天首次把它提出来请各位思想家指正。

我所以认为必须发表以上的声明,是因为拙著如果还有可取的地方,那也应当归功于我也有幸参加的这一哲学学派的创始人。

毫无疑问,没有必要在这里说明我的政治意图是光明正大的,证明我提出的看法是有价值的。公众和政治家在阅读本书时,自会从各个角度来判断;他们经过周密的研究之后,便可断定这些观点是想使社会增添新的动乱因素呢,抑或是想利用必须借助的特殊措施来协助各国政府努力在欧洲建立秩序!

导　　论

一个社会体系行将灭亡,一个新体系业已完全成熟和即将建立起来,这就是文明的一般发展赋予当代的基本特点。

与这种情况相适应,今天便有两个性质不同的运动在激荡着社会:一个是瓦解的运动,另一个是改组的运动。

单看第一个运动,它使社会走向了道德和政治的深重混乱,而这种混乱又似乎在导致社会即将发生不可避免的崩溃。第二个运动在使社会走向最适于人类本性的最终状态,而达到这种状态以后,凡使社会繁荣的一切手段都将必然得到最全面的发展和最有效的应用。

文明先进的民族经历的严重危机,在于方向相反的这两个趋势的共存。为了理解这个危机,必须从两个方面去考察。

从这个危机开始出现一直到今天,瓦解旧体系的运动趋势始终占据优势,或者更正确点说,这个趋势至今还是唯一明显突出的趋势。危机的发生是合乎事物的本性的,而且危机本身也是有益处的,因为它使旧体系发生了很大变化,以致得以直接建立新的体系。

而在今天,当这个条件已经完全具备,封建神学体系也只能苟延残喘到新体系的开始建立的时候,这种批判的趋势仍然保持的优势,便成了文明的进步和旧体系的瓦解的最大障碍。这个障碍是可怕的动乱的首要原因,而随着动乱的不断发生,危机也就接踵而来。

要想消除这种动荡状态和结束日益损害社会的混乱状态,一句话,要想把危机变成单纯的道德运动,只有一种办法,那就是促使一切文明民族放弃批判的方针,而代之以有机的方针,把它们的全部力量用于建设新的社会体系。这是危机的最终归宿,而至今所做的一切都是准备工作。

这就是当代的第一需要,而且也可以认为是我和圣西门先生的研究工作的一般目的和本文的特殊目的。此外,使凡能促进社会走上新体系的力量发挥作用,也是本书的目的。

在提出可以促成社会采取这种方针的办法之前,自然应当概观一下至今一直妨碍和目前仍在妨碍社会大胆采取有机的方针的原因。

各国人民和国王为改组社会而不断进行的大量努力,证明他们已普遍感到有必要进行这种改组,但是双方的这种感觉还是模糊的和不全面的。双方的改组意图尽管不同,但其缺点在许多方面都是一样的。他们的意图至今没有而且今后也绝不会产生任何真正的有机的结果,不但无助于结束危机,反而只能使危机延续下去。这就是尽管双方加倍努力,但社会仍保持批判的方针而听任革命危害的真正原因。

一瞥各国人民和国王所做的改组尝试,就足以证明我们的这个基本主张是正确的。

各国国王所犯的错误,是最容易辨认的。他们认为,改组社会就是直截了当地全面恢复封建神学体系。在他们看来,除此之外,再没有其他办法可以消除社会因这种体系的衰落而产生的混乱。

认为这种观点主要出自统治者的个人利益,这恐怕缺乏哲学根据,因为这种观点尽管浮泛,但它毕竟出自怀着善意去寻找医治目前危机的办法的人士。这些人士完全感到必须改组社会,但又没有理解文明的一般发展。他们只从一个侧面去观察事物的现状,没有看到社会正在走向建立一个比旧体系更加完善和稳定的新体系。总之,观察事物的这种方式,当然是统治者所固有的,因为从他们的立场看问题,必然要注意社会的动乱,并迫不及待地感到必须消除这种动乱。

在这里,不必历数这种观点的明显错误,因为许多有识之士今天都已看到了。毫无疑问,国王们在试图恢复旧体系的时候,完全没有解理目前危机的性质，更没有周密考虑他们的试图。

封建神学体系的崩溃，绝不像他们认为的那样，出于最近发生的一些孤立的而且具有某些偶然性质的原因。旧体系的崩溃不是危机的结果，而是危机的原因。几个世纪以来，这个体系历经不依人们的意志为转移的一系列变形，而逐步走向衰落。在它改头换面的时候，不仅有社会各阶级的力量参加，甚至国王们自身也率先参加，有的国王还成为最热心的主持人。总之，旧体系的衰落是文化发展的必然结果。

因此，使社会后退到目前危机开始出现的时代，并恢复不了旧的体系。要知道，让社会回到那个时代是绝对不可能的；纵然能够回到那个时代，也只能是使整个社会重新处于必然发生危机的状态。因此，如果要回到几个世纪以前，就必须把旧体系六百年以来损失的东西相继恢复过来。同六百年来的损失相比，它在最近三十年的损失，就算不了什么了。

要想使社会回到目前危机开始出现的时代，只有一个办法，那就是逐个消灭这些损失的产生原因，即消灭文明发展的一切成就。

举例来说，不同时推翻近百年来的哲学所由产生和发展的路德改革，要想打倒直接导致旧体系在精神领域衰落的 18 世纪哲学，那是枉然。但是，路德的宗教改革，也不过是阿拉伯人输入欧洲的观察科学的必然发展的结果。因此，如果不能同时扼杀实证科学，那还不能保证旧体系东山再起。

在世俗领域也是一样。要想恢复旧体系，政府就得逐步地把实业阶级重新置于被奴役的地位，因为公社的解放最终是导致旧体系衰落的主要原因和一般原因。总之，恢复旧体系的试图困难重重,只是其中最小的困难,也是人力无法克服的。即使克服了重重困难,它所取得的结果,也只能是延缓旧体系的最后崩溃,使社会重新陷入解体状态,因为人不能取消人类固有的文明日趋进步的规律。

任何一个人,都显然不能通盘想出一个规模巨大和内容庞杂的计划,因为不管你怎么自负,你毕竟是时代的产儿。极欲抵制文明发展的人士,也要不知不觉地服从文明发展的不可抗拒的影响,使自己也去促进文明的发展。

比如,各国的国王,在他们拟议恢复封建神学体系的同时,便陷入继续不断的矛盾之中:他们自身的行动有时去促进这种体系的彻底瓦解,有时又去加速建立必然代替这个体系的新体系。这样的事实很多,俯拾即是。

在这里,我只举出一些十分明显的事实。我们看到,一些国王出于荣誉心,鼓励过人们改进和推广科学与美术,奖励过人们发展实业;我们还看到,一些国王也在这方面有过许多有益的建树。总之,旧体系的衰落,应当归功于科学、美术和实业的进步。

再例如,通过神圣同盟的缔结,国王们已随着他们限制神学权力,而被破坏了旧体系的主要基础,因为他们建立了一个全欧最高会议,而神学权力在这个会议里连发言权都没有。

最后,人们至今对于希腊人发动的那场斗争,仍然众说纷纭,这也是这种思想矛盾的明显实例。从这场斗争中可以看出[①],那

---

① 为了理解这个事实的全部意义,可以回想一下当时连教皇本人都倒向这一边,他公开反对罗马贵族的青年前去支援希腊人。

些试图使神学思想恢复昔日影响的人,也不由自主地招认这种思想已经失去其精华,因为他们毫不迟疑地在替伊斯兰教说话;而在旧体系鼎盛时期,这会被指控为对神的亵渎。

继上述的一系列观察,每一个人还可轻易地举出日益增多的新事实。可以说,国王们为了恢复旧的体系,曾发布过许多指示和采取过许多行动,但在发出一个指示之后,马上又接着发出与此相反的指示,而且往往在同一命令中包含着互相矛盾的指示。

这种前后矛盾的严重现象最能证明:让热心的执行者去执行一项他完全不理解其内容的计划,该有多么荒诞不经。这种情况十分清楚地证明,旧体系必将完全破产,而且无法挽救。我们在这里不必详谈这方面的细节。

各国人民至今想出的改组社会的办法,同国王们想出的办法是同样错误的,不过错误的方向不同。只是他们的错误是可原谅的,因为他们是在文明进步的指引下,摸索着去探索新体系的,而对这个新体系的性质还不十分清楚。与此相反,国王所采取的措施的错误性质,只要对过去稍微仔细研究一下,就可以清清楚楚地看出。总之,国王们与事实相违背,而人民则与很难经常留意的原则相对立。但是,消除人民的错误要比消除国王们的错误重要得多,因为只有前者才是文明发展道路上的真正障碍,而且它还对后者起了某种推波助澜的作用。

人民对于改组社会的办法所持的主要看法的特点是,他们对于任何一个社会体系为了巩固地存在下去而必须具备的基本条件完全无知。人民把用来破坏封建神学体系的批判的原则误认为有机的原则,即把旧体系的变形当作应当建立的体系的基础。

其实,只要仔细研究一下目前在各国人民中间流行的学说,即这种学说的大力支持者在他们的言论和条理清晰的著作中提出的学说,并在弄清这些学说本身以后,再历史地考察一下它们的相继形成过程,就会发现这些学说完全出自纯粹的批判精神,绝不能成为改组社会的基础。①

在完全正常的条件下,政府是社会的首领、公共活动的领导和代表;但现在这种学说使它完全失去作用,不能有效地参与整个社会生活,处于完全被动的地位。人们甚至认为,社会对其成员的一切治理活动,只应严格地局限于维持社会的安宁;但在任何一个积极进取的社会里,维持社会安宁只是次要的目的,而且文明的发展还会使这个次要目的变得更为次要,因为它使维持秩序的工作变得极为容易了。

政府已不再被认为是负责团结社会和领导个人的一切活动奔向共同目的的社会首领,而被看成是安置在社会体系内部的天敌,所以社会成员必然要依靠他们所赢得的保证手段,去全力反对它,对它经常保持戒备的状态,一发现它有进攻的征兆,便发起防御性反击。

如果从整体再深入到细节,则可看到这种批判的精神表现得尤为明显。在这里,我只准备指出它在精神领域和世俗领域的主要表现。

在精神领域,这一学说的原理,是主张信仰无限自由。如从这

————————

① 本文只能简单地讨论这个重要问题,容后在一部即将发表的专著中再对它详细发挥。

个主张的原意来理解,即认为它是以批判为目的的,则这个主张只能说明一个重大的事实,即神学信仰已经没落。

神学信仰没落之后,这种主张又通过必然发生的反作用,更为加速和扩大这个衰落过程。但是,由于事物的本性,它的影响还是有限的。只要人们把这一主张看作反对神学体系的手段,这一主张就属于人类理性进步的范畴。但是,如果人们把它看成是只能在当时建立的伟大社会组织的基础,它便立刻脱离进步的范畴,并失去其全部价值。于是,它当初有多大用处,现在就有多大害处,因为它已成为这种改组的障碍。

其实,它的本质,在于宣布个人理智至上,阻止建立社会的存在所必要的某种统一的一般观念体系,因为不管群众的知识水平达到怎样的高度,大部分通用的一般观念,显然只能在群众相信之后才会被接受,而绝不是经过证明之后才会被接受。可见,这样一种主张,从其本性来说,只能适用于必将消亡的观念,因为对这种观念应用什么主张都是无所谓的。实际上,这种主张也只是在这种观念开始衰败的时候,而且是为了加速它的最后崩溃,才被应用于这种观念。

新体系如像旧体系那样应用这个主张,并认为更有理由把它看作一项有机的原则,那就要堕入极其奇怪的矛盾;而且,如果这种错误得以延续下去,则社会的改组将是永远不可能的。

从每个人由于不相信专家们在天文学、物理学、化学和生理学方面所论证的原则而会闹出笑话这一意义上说,人们在这些科学方面是绝没有信仰自由的。如果说政治方面的情况有所不同,那只是因为旧原则已经衰败,新原则尚未形成,而且实际上,在这个

过渡期间根本不会有什么确立起来的原则。但是,把这个过渡性
事实变成绝对的和永久的主张,即把它奉为至理名言,那就显然等
于宣布社会应当永远处于没有一般原则的状态。必须承认,神学
体系的最有力拥护者做得对,他们责难这种主张是在制造混乱。

人民至上的主张,相当于世俗权力方面的信仰自由的主张,而
且不外是信仰自由主张在政治上的应用。为了摧毁神学观念,建
立了信仰自由的主张;不久以后,为了同作为旧体系的一般政治基
础的来源于神学观念的神权原则进行斗争,又建立起人民至上的
主张。

因此,我们对前一个主张所讲的一切,也可适用于后一个主
张。反封建的主张和反神学的主张一样,都完成了它们的批判使
命,即达到了它们的作用的自然极限。反封建的主张不能再成为
社会改组的政治基础,正如反神学的主张不能再成为社会改组的
精神基础一样。为进行破坏而被创造出来的这两种主张,都不能
用来作为建设的基础。

如果说在人们想从前一种主张中寻找有机的原则时而发现它
只是用个人的永无错误论代替了教皇的永无错误论,那么后一种
主张也是一样,它只是用人民的跋扈,或者更正确点说,用个人的
跋扈,替换了国王的跋扈。正如同前一种主张把最优秀人士为指
导社会所建立的一般观念体系的绝对控制权交给一些最无教养的
人,使人们的思想各自为政那样,后一种主张导致了文化最低的阶
级掌权,使整个社会陷于四分五裂。

不难把方才对于两个主要主张所做的论述,套用于各国人民
的学说所由构成的每一个个别观点。这时,我们总会得出相同的

结论,看到所有的个别观点也同两个主要主张一样,都是以主张的形式陈述了一个证明封建神学体系已经衰落的历史事实。我们也会发现,所有的个别观点都纯以批判为目的,而且只能在这方面发挥作用和绝对不能用于社会的改组。

因此,对人民的学说进行深刻研究后得知,哲学考察可以预见到战争机器马上会以奇怪的形态变成建设的工具。从全体到部分都纯属批判性质的这种学说,在其主要的行动是反对旧体系时,就对于文明的自然发展发生重大的促进作用。但是从领导社会的改组方面来看,它是完全无能为力的,必然使社会在世俗领域和精神领域都陷于混乱状态。

毫无疑问,各国人民把批判的原则当作有机的原则采用,是与人类的弱点一致的,并且由于长期采用已经变成了习惯,但是再没有比这种错误的延续,更妨碍社会的改组了。

在分别研究各国人民和国王想出的这两种不同的改组社会办法之后,再对两者进行比较,便会发现其中的每一种办法,都因其固有的缺点,而无力使社会进入真正的建设道路,因而也不能防止社会将来重新遭到现代社会至今一直伴有的巨大危机的风暴。这两种办法都同样是混乱的,但来源不同:一方来自其内在本性,另一方来自其必然结果。

两者在这方面的唯一差异在于:国王们认为,政府是特意作为社会的直接的和永远存在的对立物而成立的;而人民则认为,社会一直是在与政府处于完全对立的状态下有系统地组织起来的。

这两种互相对立和都有缺点的观点,必然力图相互防范,从而就源源不断地为革命提供营养。

　　一方面,国王们恢复封建神学体系的意图,必然引起一部分人民极其强烈地提出批判的学说的原则。而且十分明显,如果没有国王们的这种意图,人民的批判的学说早就失去它的积极作用,因为国王们庄严同意这个学说的基本原则(关于信仰自由的主张)和主要结果,实际上就等于公开承认旧体系已经无可挽救地破产了,而从此以后,人民的批判的学说也就不再有批判的对象。但是,为恢复神权所做的努力,却在唤醒关于人民至上的思想,并赋予这种思想以新的力量。另一方面,由于旧体系稍微改头换面,就足以直接用于建立新体系,所以人民仍然给予批判的原则的最高威望,自然要促使国王们极力恢复旧的体系,以克服看来只能导致社会秩序解体的危机。在社会需要有机的学说的时候,批判的学说是唯一能使国王们的观点有所增强的力量。这是因为:尽管国王们的观点已由于它绝对无法实现而事实上不能比人民的观点更具有有机的性质,但它至少在理论上比人民的观点还强一点儿,因此它与绝对要有某种体系的社会的需要还有某种程度的适应。

　　如果我们在这个正确的分析中再把各个党派所施加的影响考虑进去,看到它们想把事物的这种场面变成一个非常广泛和非常合乎它们心意的斗争场所;如果我再考察一下它们为了阻止问题的廓清,为了不让国王和人民为理解与认识各自的错误所做的努力,我们就可正确认识社会今天所处的悲惨局面。

　　以上所做的各种考察证明,摆脱不断引起革命的这种可悲的恶性循环的最终办法,既不来自国王们的观点今天所取得的胜利,也不来自人民的观点今天所取得的胜利。要想摆脱这个恶性循环,只有由各国人民和国王建立并普遍接受可使国王放弃倒退方针与使人民放弃批判方针的有机的学说。

只有这种学说才能使社会步入建立新体系的道路,从而结束危机,因为从人类的文明发生之后,文明的发展就在逐步为新体系的建立创造着准备条件;而在今天,文明的发展已在号召人们去推翻封建神学体系。

这种学说全被采纳以后,各国人民和国王的现有观点中的合理部分均会得到满足,而他们的现实观点中的错误和不协调部分则将被剔除。国王们唯恐社会解体的正当担心消失以后,任何合法的动议都将不会使国王们提出反对意见而阻止人类理性的发展。一心一意建立新体系的人民,将不再急于怀恨旧的体系,而听其按照事物的发展规律自消自灭。在证明必须采纳真正的有机的新学说以后,如果再研究一下新学说的确立时机,则以下的考察足可以证明,立即开始筹办这一伟大事业的时间已经到来。

在仔细考察一些最先进民族的现状时,不能不碰到这样一个奇特而又似乎矛盾的事实:尽管在复旧的学说和批判的学说以外再无其他政治观点,但是这两种学说不管是在国王那里,还是在人民那里,今天均已不再具有真正的优势,哪一个都不能起到足以能够领导社会的作用。正如我们在上面所证明的,从道理上说,这两种学说是相辅相成的,但在实际上却只被用去彼此限制,或彼此抵消它们对公共事务的一般影响。

三十年来在批判的观点的巨大影响下进行的伟大政治运动,已使这种观点失去它的主要作用:一方面,是因为这个运动在给予旧体系以最后一击时,便结束了这种观点的天年,而且几乎完全破坏了使它能够获得人民欢迎的一般原因;另一方面,是因为利用新观点改组社会以后,便完全暴露出批判的观点的混乱性质。自从进行这一决定性的实验以后,各国人民再也没有真正的批判热情了。因此,不管表面现象如何,国王们也终于不能再有真正的复旧热情,因为他们实际上已经承认封建神学体系的衰落和必然消亡。

无论是人民的批判活动,还是国王的复旧活动,现在都被排除在政权和社会之外。人民和国王在实践中完全使复旧的观点或批判的观点发生消极作用,即把它们当作防御的工具来使用。不管是人民还是国王,他们甚至还轮流交替地使用这两种观点,而且利用的程度几乎相同;唯一的重要不同点在于:作为推理的工具,人民仍然拥护批判的学说,因为他们感到最需要抛弃旧的体系;而国王们则拥护复旧的学说,因为他们最深刻地感到有必要维持一定的社会秩序。

有一种由复旧的思想和批判的思想混成的折中观点,而且得到人民的承认。只用这个事实,就不难证明以上的论述。显而易见,这种对于危机的发生毫无影响的观点,无论是在统治者中间,还是在被统治者中间,今天都已占了优势。双方的主要人士都深知折中观点的作用,因为他们现在都已迫不得已接受折中观点的论调。

这种折中观点的胜利,清楚地证明了两个事实,这两个事实对于正确认识当代是非常重要的。首先,它证明批判的学说之不能适应社会的重大现实需要,正如封建神学体系之不能同文明的现状共存一样,已被人们深刻和广泛地认识到了。其次,它证明当其中的一个观点占了优势的时候,人们的一般倾向反而对另一个观点表示好感,直到这个观点自以为被人赞同而企图恢复自己的势力时,人们又像害怕前一个观点那样对它表示不安,于是又返回来对前一个观点表示好意。[①] 这种连续不断的摆动,将根据事件的发展是表现为旧体系的不合理,还是表现为混乱状态的危险,时而摆向这一方,时而摆向另一方。目前的实践政治的机构就是这样,而且只要不出现主张社会改组的思想,只要不产生一个可以同时完成我们这个时代所要求的和至今看来还互相矛盾的两个主要条件的思想,即不产生抛弃旧的体系和建立合理稳定的秩序的思想,情况必然是依旧如此。

在各种观点中都明确反映出来的两种对立学说的相互抵消情况,在行动上表现得尤为明显。实际上,如果研究一下近十年来发生的比较重大的事件,不管它们是具有批判的倾向,还是具有复旧的倾向,就会发现它们绝没有对相应的体系发生过切实的促进作用,而由此造成的结果,则只是妨碍对立的体系占据优势。

因此,总而言之,国王的观点和人民的观点,不仅未能满足要

---

① 中间观点或骑墙观点的功用恰恰在于它是这种思想倾向的工具。而且十分清楚,从本性上来说,这种观点根本不能发生有机的作用,因为它没有任何东西是自己所固有的,而完全是由一些互相对立和互相抵消的主张凑成的。正像经验已经充分证明的那样,它只能使事件的进程摇摆于批判倾向和复旧倾向之间,而绝不能使事件的进程发生决定性变化。为了防止复旧的党派或批判的党派占据优势而把社会置于极端混乱的状态,目前的政局当然需要这种摇摆,而且直到形成真正的有机的学说以前,这种摇摆总是不可避免的。从这个意义上来说,一切通情达理的人士,都应努力支持这种摇摆。尽管这样的政治能使革命时代的动乱减少,但这只能无可置辩地证明它在直接地延长革命的时间,因为一个体系混杂和细心防止两个极端学说完全消失的观点,必然妨碍社会进入稳定的局面。简而言之,这样的政治在今天单纯作为一种过渡性安排虽然是合理而有用的,但如果要把它看成是最终的安排,则是荒谬而危险的。

由于以上这些原因,我们在正文中考察关于社会改组的现有观点时,并没有这样谈及这方面的问题。

求有新的一般学说的当代社会改组的基本需要,而且现在也不能取得胜利,甚至其中任何一个都具备不了真正的活动能力。由此可以得出结论:人们已经在思想上做好充分准备,以便接受有机的学说。

已经进入成年时期的社会的命运,既不像国王们所认为的那样,是要永远住在其童年时期构筑的陈旧破房子里,又不像人民所认为的那样,是在离开破房子以后就永远住在露天地里。社会将在它已经取得的经验的帮助下,利用它已拥有的材料,建设得更适合人民的需要和享乐。这就是留给现在这一代人的伟大而光荣的任务。

通　　论

既然已经证明各国国王和人民至今设想的社会改组所依据的原理是有缺点的,那就自然应当得出结论说,国王和人民没有正确地拟出改组的计划。对这样的事实只能作这样的解释,但要对这个论断作出直接的、专门的和精确的证明。

国王和人民的观点均无能为力,这证明需要有新的、真正的有机学说,只有这样的学说才能克服折磨着社会的可怕危机。同样地,研究一下使双方都未获得成功的实施办法,将会知道用什么办法去形成和建立新的学说,应当号召哪些社会力量去领导这一伟大工作。

各国国王和人民在拟制改组计划时所犯的方法上的共同错误,是双方至今一直遵循着违反这类工作的性质的极端错误的思想,以致把这项重大的任务交给了一些完全没有这种能力的人。

这就是前一章指出的基本错误的主要原因。

虽然这个原因确实存在于国王和人民双方,但专门讨论它在国王那里的细节,并没有什么益处,因为国王没有任何发明,而他们只想使旧的学说在新的社会条件下复活,就充分证明他们想不出真正的改组办法。其次,即使他们想出了办法,也会由于同样的原因,同人民的办法一样,原则上是错误的;只是他们在实施时要比较周密,因为他们事前会把前进途中的细节全都考虑到。因为只有人民提出了新的学说,所以应当仔细研究他们是怎样实施这个学说的,以便从中找出这个学说的错误根源。此外,经过适当的修正,任何人都不难把我们在这里对人民所作的一般论述运用到国王身上。

自危机发生以来,各国人民制定过无数的宪法,而且条文详细得无以复加,这就足以使有判断能力的人都能看到,人们至今还没有认识改组计划有哪些特点和制订这个计划有多么困难。在社会即将得到真正改组的时候,我们的后代将会深为惊奇地看到,在这三十多年间,竟然出现过十多部宪法,而且每部宪法都相继宣称自己是永久的和不可改变的,其中大多数都包含二百多条细致的条文,这还不算由此产生的大量组织法规。如果在思想的自然发展中不能把这样的高谈阔论抛弃,而代之以真正的最终学说,那就是人类理性在政治领域的耻辱。

社会不是在这样高谈阔论中前进的,也不可能这样前进。想在几年内或甚至几个月内一气呵成,把一个社会体系的全套组织建立起来,使其得到完美而全面的发展,这实在是异想天开。人类的理性还不健全,绝对做不到这一点。

现在,让我们研究一下极其简单的类似情况的发展过程。当一门科学根据业已成熟的新学说诞生的时候,首先要制定、研究和建立一般原理;其次要通过一系列的大量研究工作,把它的所有部分联合成为一个整体。谁都不能一开始就把这项工作想得面面俱到,即使原理的发明者本人也是如此。例如,在牛顿发现万有引力定律以后,又经过一百多年的艰巨努力,才在欧洲的全体几何学家的参与下,使必然要利用这个定律的天体物理学得以建立起来。在技术方面,情况也是如此。在这方面,只举一个例子就可以了。比如,当蒸汽的弹力被公认是可以用作机器的新动力以后,也是经过将近一个世纪的时间,才使这项发明直接促进了工业发生一系列改革。如果说在尽管如此重要和复杂但却是个别的革命当中,人类理性的必然发展过程都已经显然如此,那么,在比这些革命更为普遍、更为重要和更为复杂的革命中,即在以改革社会体系为目的的革命当中,人类理性至今走过的不可抗拒的过程,不是更能说明必然如此吗?

从这种间接的但有决定意义的比较进而进行直接比较时,也可得出同样的结果;而用这种比较研究封建神学体系的建立过程时,则可以看出这次革命的性质同现代革命的性质完全一样,它远远不是一气呵成,一下子就把这个体系建立起来的;只是到了11世纪,这一体系才终于具备了自己的完整形式,即在基督教于西欧取得全面胜利后过了五个多世纪,当北方民族完全定居在西罗马帝国的时候,这个体系才最终建成。可以设想,任何一个有天才的人,都不能在第五世纪就把这一制度的全部细节统统计划出来。毫无疑问,由于文明的进步和今天应当建立的体系的本质比较合理与单纯,所以这个体系的整个组织才非常容易地建立起来。由于人体组织的不变本性,社会的这种发展过程也经常是和必然是一样的,只是速度有快有慢而已。因此,这个重大的经验只能证明,要急于求成,一下子就把社会改组的整个计划的微小细节全都预计出来,那是不合理的。

如果这个结论还需要再加证明,则考察一下人民所主张的批判学说的形成过程就可以了。显然,这个学说不外是新教作为一项原则提出来的个人探索权的一般发展和运用。但是,这项原则成立以后,又经过将近两个世纪,才发挥出它的全部重要效用,使这一学说完全建立起来。无须证明,封建神学体系的反抗,对这个过程发生了极大的推迟作用。但是,也显而易见,这并不能成为唯一的原因,推迟的原因主要在于工作本身的特性。但是,凡是适用于纯批判学说的,也更有理由适用于真正的有机学说。

因此,应从这个初步探讨中得出结论:各国人民至今尚未理解伟大的社会改组工作。

我们在试图查明这一工作的性质为何未被正确认识的时候,发现人们把一项本质上是理论工作的工作看成了纯粹的实践工作。

社会改组的任何计划,都必须由两类工作构成。这两类工作,无论从它们的目的来说,还是从它们所要求的工作人员来说,都是彼此各异的。一类是理论工作或称精神工作,它的目的是研究计划的基本思想,即研究应当协调社会关系的新原则,并建立旨在指导社会的一般思想体系。另一类是实践工作或称世俗工作,它决定权力的分配方式和最适合于理论工作所建立的体系的精神的全套管理制度。第二类工作以第一类工作为基础,并且是它的结果和实现。正因为如此,整个工作必须从理论工作开始。尽管理论工作仅是准备性的,但它是整个工作的灵魂,是最重要和最困难的部分。

由于没有采用这种基本的区分,换句话说,由于把注意力完全放在实践部分,所以各国人民自然就按照上一章所述的错误学说去设想社会的改组了。他们的一切错误都来自这一最初的重大差误,而两者之间的因果关系也是不难证实的。

首先,由于这样违反人类理性的自然规律,所以各国人民在完全相信可以建成新的社会体系的同时,并没有摆脱旧体系的影响。这是不可避免的,因为他们并没有把新体系的宗旨和目的明确规定出来。只要这个必要的条件没有预先准备出来,情况就必然总是如此。

任何一个社会体系,不管它是为少数人建立的,还是为多数人建立的,它的最终目的都是要把所有人的力量引向一个总的活动目标,因为社会只存在于联合起来进行总的共同活动的地方,其他任何假说都不能构成社会,而只是若干个体在同一个地方群居。人类社会和群居动物的社会的差别就在这里。

从这个考察可以得出结论:明确规定活动的目的,是合理的社会秩序的首要条件,因为它规定着整个体系的预定方向。

另外,一个社会,不管人数多少,也同一个独立的个体一样,它的全部活动只有两个目的。这就是:对人类的其余部分施加暴力,即进行侵略;改造自然,使其有利于人们的活动,即从事生产。一个社会,如果不是为了其中之一而明确建立起来的,则它不过是一个松散的联合体,没有自己的特点。军事目的曾是旧体系的目的,而实业目的则是新体系的目的。

因此,迈向社会改组的第一步,就是宣布新体系的目的。由于未作这种宣布,所以人们还没有从旧体系走出来,却误以为自己已经脱离了它。然而十分明显,我们的所谓宪法的这种奇怪缺陷,完全来自人们在整个体系尚未全部设想出来以前就要规定它的细节。换句话说,就是因为人们只重视社会改组的法制部分,而没有去研究理论部分,甚至没有想到去建立理论所使然。

这个最初错误的必然结果,是人们采取了纯属改头换面的变形办法去全面改革旧的体系。结果,旧体系的基础根本未被触动,而所做的一切变革只是形式。人们只忙于瓜分旧的权力,并在旧权力的各个部门之间制造对立。人们一直把关于这个问题的争论看成是政治的最重要问题,而且现在还是这样看。其实,权力只是政治的极不重要的末节问题,但人们总是爱把社会的活动方向与权力的性质看成是一个东西。

此外,还必须看到:最初的错误产生的另一个错误,是人们对权力的划分还十分肤浅,因为人们忽略了精神权力和世俗权力这个主要划分,没有注意这个划分是旧体系在一般政治方面的主要成就。由于人们把注意力完全放到社会改组的实践部分上去,所以产生了没有载明精神权力的宪法这样奇怪的现象。这个现象如要长期存在下去,那将是真正没有止境地向野蛮时代倒退,把一切都委诸世俗权力了。人们只看到立法权和行政权的划分,但这点显然只是一种次要的划分。

人民所以必然把批判的原则看成有机的原则,是因为他们只注意封建神学体系的各种变形了。从旧体系业已显然没落的时候开始,批判的原则就被用去反对旧的体系,所以它也在促使旧体系改变形式。关于这一点,有一个问题不能忽视,即人民虽然不承认社会改组的全部工作应分为理论部分和实践部分,但他们却不得不确认事物的本性所决定的这个规律的必然性,而且他们本身在改变旧体系的形式时也服从这一规律。

上述的这一系列严重后果来自一个基本错误,即把本质上是社会改组的理论工作的工作看成了纯实践工作。因此,人民逐渐把改头换面的旧体系看成是文明的进步所造成的真正的新社会体系,其实这不过是被批判的学说剥去了血肉而空留下一副可怜的骨头架子的旧体系。这就是上一章指出的主要错误的真正根源。

既然经常感到需要真正的改组,而为了满足这个需要就必须进行改组,所以人民中间的有识之士便奋发起来,极力去寻找新的措施。但是,由于一个不可抗拒的原因,他们的错误行为一开始就把他们抛进狭小的圈子里而不能自拔,文明的进步虽然在拉他们跳出这个圈子,但终归徒劳。他们仍然没有摆脱旧的体系,即仍在它的新的变形控制之下,还在完全应用批判的学说,而他们却认为这是他们的努力的终点。因此,旧体系虽然一再变形,即虽然一再遭到破坏,但仍然未被取代,而人民却是大踏步地走向完全混乱。这样的道路也只能有这样的自然结果。

这个结论清楚地证明,改组社会这样巨大的工作,必须立即和不可避免地采取人类理性所明确指示的步骤。只有这样,才能避免人民采取其他不同步骤而陷入不幸的结局。

这个论断是最基本的,因为它在决定今天应当进行的巨大政治工作的方向。既然如此,那就应当把它讲得清清楚楚。因此,即使人们可以认为这个论断能被我们对人民至今走过的道路进行的初步研究所充分证明，但是简单地追述一下这个论断所直接依据的哲学观点，也还是有好处的。

在处理最简单的问题时，也需要对工作进行必要的分工，这是人们至今公认的道理。但是，在进行一项最为普遍和最为困难的重大创举时，反而要求人们特意证明这种分工的必要性，这并不是对人类理性的尊重。

经营一个工厂，构筑一条道路或一座桥梁，驾驶一艘轮船等等，都必须有基本的理论知识，这是公认的简单真理。可是竟有人主张社会改组的工作是一项应当委托守旧分子去办理的纯实践工作！

全人类的一切活动，从最简单的到最复杂的，不管是由一个人单独完成的，还是由数个人合作完成的，都必然由两个部分构成，换句话说，必须对它们进行两类研究：理论的研究和实践的研究。或者说，一类研究是创立观点，另一类研究是实现观点。前者必须先于后者，而且一定要领导后者。一句话，绝没有不经过事先思考的行动。对纯属因循守旧的活动，也可以作这样的区分，而所作的区分在理论上是否正确，那是另一码事。有些人在某些问题上坚持不让理论来指导他们的思想，正像人们所说的那样，他们硬是不承认同时代人作出的理论成就，一心保护早已被推翻的陈腐理论。比如，一些炫耀自己不信医学的人，总是极其愚蠢地相信不学无术的江湖医生。

在人类的幼年时期，一切活动的理论研究和实践研究都是由个人去完成的。这样，并没有妨碍人类在当时取得尽管还不突出但很现实的成就。后来，这两种研究工作开始分开而各自独立，因为社会开始需要性质不同而且可以说是相互对立的技能和修养。随着人类的集体智力和个人智力的发展,这种分工日益明显和推广,并成为获得新成就的源泉。可以根据理论和实践的分工程度与两者之间的协调程度,准确地推定一个民族在哲学领域的文明程度,因为活动的分工和力量的结合是文明的强大手段。

由于基督教的完全确立,社会的公共活动领域的理论和实践的分工,也像一切个人活动中已经存在的分工一样,终于正式形成和全面完成。随着精神权力的建立,这种分工更加具有生命力和巩固起来。新建立的精神权力与世俗权力截然不同,并独立于世俗权力之外,但又通过自己在理论和实践上拥有的权威,与世俗权力保持着随旧体系的性质不同而有变化的天然联系。这个伟大而高尚的创见,曾是使封建神学体系在其全盛时代大放异彩的那股毅力和坚定信心的主要来源。这个体系的必然覆灭,曾暂时使人们忽略了这个重大的分工。最近一个世纪的肤浅的批判哲学,就不承认这种分工的价值。但是,显然应当把这种分工连同人类理性在旧体系下取得的而不该与旧体系同归于尽的其他一切成果珍重地保存下去。这种分工首先应当在新体系今天即将建立的精神权力和世俗权力之间发挥作用。没有疑问,社会在 19 世纪绝不会完全像 11 世纪那样组织起来。①

既然应当承认日常的公共政治活动都要有理论和实践的分工,那么主要由于人的智力不够而建立的这种分工,对于社会的全面改组这样宏大的工程不是更为必要的吗?这是处理这个重大问

---

① 关于精神权力和世俗权力分工这个大问题,容后在另一部专著中讨论。

题使其适应自己的重要性的首要条件。

哲学考察提出的这个问题，可由直接的经验证明。任何一项重大改革，如果不在改革直接的改革对象之前进行思想准备工作，即不以理论为基础和不受理论的指导，就无法在社会上实行。历史对此提供了两个具有决定意义的经验。

第一个经验，是指封建神学体系的建立。今天，这个事件应当成为我们吸取教训的不竭源泉。使这个体系得以在 11 世纪完全建成的全套制度，是由以前几个世纪对于这个体系的精神所做的理论研究准备好了的，而亚历山大学派对于基督教理论的最后加工，则对这项理论研究具有划时代的意义。作为全欧的最高权威的教皇权力的建立，就是基督教的教理的这个前期发展的必然结果。以弱者必须受强者保护为基础的整个封建制度，也不外是利用这个教理去规定社会关系，使其适应当时的文明状态。谁见过这种或那种封建制度是未经过基督教学说的事先发展而建立起来的！

第二个经验更容易理解，因为我们几乎都亲眼看到了它。这个经验是指各国人民自目前的危机发生以来对旧体系所做的形式改变过程。大家知道，这种变形工作完全是以 18 世纪的哲学对批判的原则所做的发展和有系统整理为基础的。只要这项工作是批判性的，它就是一项次要的理论工作；但因为它具有强烈的理论性，又与后来的实践工作截然不同，所以曾经争先恐后做过这项工作的人，没有一个人能够比较清晰地和相当广泛地想到后代应当出现什么样的变形。凡是拿自己的著作与后来出现的实际变形进行仔细比较的人，都会认为我们的这项考察是正确的。但是，如从指导过我们所说的宪法的制定工作的人们当中的最有才干的人士的著作和言论中摘出直接借自18世纪哲学家的思想,我们就可以看到其中再没有什么新思想了。

在用历史观点研究我们所讨论的问题时,不难用我们只是先在这里提出,然后在本卷的第二部分再加发挥的以下论点来解决。

今天,社会在精神领域和世俗领域都濒于衰败,而精神领域的混乱先于世俗领域的混乱,并且是后者的产生原因。也是在今天,社会的动荡起源于前者比后者为多。另一方面,仔细研究文明的发展,证明现在就应多为社会的精神改造做准备,而少为其世俗改造做准备。因此,为早日结束革命而直接付出的主要努力,应以改造精神权力为目的;但是在目前,人们却把注意力放在世俗权力的改造上了。

从以上的全部论述中显然应当得出如下的结论:在目前这个时期,绝对需要把社会改组的理论工作同其实践工作分开,即绝对需要单独规划和进行与新社会秩序的精神有关的工作,也就是单独规划和进行与应当适应这个体系的一般思想体系有关的工作,并把这项工作同以研究由此而来的社会关系体系和管理形式为目的的工作分开。只要理论部分还没有完成,或不够十分先进,实践部分就不可能是坚实和巩固的。反之,实践部分先于理论部分的时候,等于进行没有基础的建筑,使形式先于本质。一句话,这不外是延续各国人民所犯的基本错误,而这种错误则是他们的一切失误的主要原因。为使他们想要看到一个适合文明的状态而组织起来的社会的愿望最终能够实现,那就必须消除这个障碍。

确定新社会体系得以建立在巩固的基础之上所需的准备工作的性质以后,就容易决定依靠哪些社会力量去完成这项重大使命。

这是在提出这项工作的实施计划之前有待明确决定的问题。

既然现已证明各国人民至今采用的社会改组计划的制订办法是有严重缺点的,那就不必再做过多的议论,去让人们相信曾被委托完成此项重任的人士都是不称职的。事实很清楚,一方是另一方的必然结果。人民没有认识这项工作的性质,所以就不能不在选择执行人的时候失误。这些人正适合去做人民基于错误的办法构想出来的工作,因而他们就不能领导基于正确的办法设想出来的工作。这些被委托人的无能,或者说是他们的不称职,是自然的,因为没有人能够同时进行两种完全对立的工作。

被委托去领导三十多年来公布的所谓宪法的制定工作的人士,基本上属于法学家阶级。事物的本性必然使这些人按照人们至今所想的那样去接受这项任务。实际上,人民至今所要做的只是改变旧体系的形式,他们用来指导这项改变工作的批判原则也是早已确定的,所以雄辩的才能理所当然地就成了适用于这一工作的专门本领。特别是法学家,他们的职业习惯使他们养成了这种本领。然而,这种本领只有次要的作用,因为它只是为使既定的意见获胜服务,它本身并未参加这种意见的形成和研究的工作。因此,这种才能最适于做推广工作。创立批判学说的各项原则的并不是法学家,而是形而上学家,他们在精神领域和世俗领域形成了一个与法学家阶级对应的阶级。但是,使这些原则得到推广的却是法学家,在同封建神学体系进行直接斗争的整个期间占领政治舞台的,主要也是他们。可见,利用批判的学说指导这一体系改变形式的也是他们,因为那时只有他们最善于运用批判的学说。

当然,确实需要进行的真正的有机工作是不能这样做的。需要在这里发挥作用的,已经不再是雄辩的才能,即不再是说服的才能;而是推理的才能,即研究和整理的才能。正因为法学家一般最善于雄辩,所以他们也就最不能推理。他们以设法使人相信某种观点自任,但是他们越是在这方面通过实践积累经验,就越是不能根据真正的原则创造理论。

可见,我们在这里无意损伤法学家的自尊心,而是认为各种才能和各种工作都有其独自的特点。法学家在完全错误的思想支配社会改组工作的时期,曾指导过改组计划的制订工作。他们只是做了他们应当做的工作。他们被号召去改变旧体系的形式和批判旧的体系,实际上他们也这样做了。遣责他们指导错了,那是不公正的,因为不是他们自己要去担任指导,而且他们也无权改变这种指导。只要这种指导本身是有益的和必要的,他们的影响也就是有益的和必要的。但是,同时也应当承认,当与其完全相反的指导占据优势的时候,他们的影响当然也就没有了。当然,认为社会改组工作纯属实践工作,不必事先研究必要的理论,这是十分荒谬的。但是,比此更为荒谬的是,偏让大部分是缺乏鉴别能力的人,不根据才能的条件选出一些对于实证理论的思想一窍不通的演说家,由他们召开一个会议去进行社会改组。①

---

① 我们绝不想根据以上的考察,就断言法学家阶级今天不该参与政治活动;而是打算根据我们即将提出的论断,来证明社会的现状要求法学家放弃他们对于思想的最高领导权。但是,由于法学家有他们的特长,还可以让他们在特别重要的领域协助他人开展新的理论研究。首先,他们的说服能力和比其他阶级惯于从政治上看问题的态度,一定能使他们有力地促进人们接受有机的学说;其次,法学家,特别是对实证法学深有研究的法学家,都具有立法的能力。这种能力是建设新社会体系所需的重要能力之一,一俟整个改组工作的纯精神部分业已完成和得到充分进展,它就将立即发挥作用。

我们所做的研究的性质本身,也十分清楚地指出哪个阶级能够担负这项工作。因为这项研究是理论工作,所以显而易见,以始终从事理论研究为己任的人,即研究观察科学的学者,是唯一在才能和智力修养方面都具备必要条件去做这项工作的人。

当社会的迫切需要引起最重要和最艰巨的理论研究的时候,不让当时存在的大批脑力工作者参与,特别是不让其中被公认为最有工作能力的学者去负责,实在是一件怪事。当然,在人们的其他社会集团里,有的人的理论工作能力同大多数学者相等,或甚至比学者更高明,因为个人的实际阶级地位并不完全同他们的自然出身和生理区分一致。但是,如此重要的工作应当重视阶级,而不能依靠个人。何况唯一能使个人适当发挥自己的理论工作能力的,只是他们所受的教育,即他们从研究观察科学当中获得的知识体系。总之,当社会在某一特殊领域需要理论工作时,应当号召相应的学者阶级去做此项工作。因此,应当领导我们已经证明是必要的一般理论工作的,是全部的科学团体。①

---

① 我们在这里按照一般习惯,把学者理解为虽非一生专门从事观察科学的研究,但要具备科学才能,对一切实证知识均有深刻研究,从而能够运用自己的理性和掌握自然现象的主要规律的人。

毫无疑问,在这个学者阶级当中,可以在新社会学说的建立方面发挥主要和积极作用的人,还为数不多。其他一些学者都只顾自己的专业,有的人治学态度还不够正确。今天,他们不能依靠自己的专业在政治科学的建设方面发挥真正的积极作用。尽管他们在这项伟大的工作中担负着非常重要的任务,但他们毕竟是消极的,即只起着工作的天然裁判者的作用。研究新的哲学方向的人获得的成就,只有被各专业的学者接受,并认为同他们的日常工作的成就具有同样性质的时候,才会发生作用和影响。我们认为应当这样解释,否则,大部分读者不免要在思想上产生异议。但是,也显而易见,在创立有机的理论方面应当起积极作用的学者阶级和只起消极作用的那部分学者之间的差异,完全是无关紧要的,它对正文中所作的主要论断没有任何影响。

此外,适当地注意事物的本性,便可防止在这方面产生各种差误,因为事物的本性已由不同的观点证明,只有学者阶级能够担当社会改组的理论工作,除此再不能作其他选择。

在所要建立的体系中,精神权力将由学者掌握,而世俗权力则属于实业界的首领。当然,这两种权力都要为这个体系的创立服务,而当这个体系建成以后,它们除了大力促进今天应当开始的工作以外,还应当为这一体系的经常推广服务。今天应当开始的工作分为两个部分:应当首先着手的精神部分和随后进行的世俗部分。因此,学者要进行第一部分工作,最卓越的实业家要根据学者创立的基本理论组织管理体系。这就是事物的本性所规定的简易办法。这说明只有作为新体系的主要成员和有朝一日必然领导这一体系的阶级,才可以建立这个体系,因为只有他们最理解新体系的精神,只有他们能在这方面发挥他们的才能和利益所联合促成的干劲。

还有一个论点,更能说明必须委托实证学者去做社会改组的理论工作。

前一章已经说过,批判的学说使大部人产生一种把自己视为一般政治思想的最高裁判者的习惯,并在日益加强这个习惯。

理智的这种混乱状态如被奉为基本原则,就必然成为社会改组的障碍。因此,确实有能力的人,如果他们的先前地位事实上无权建立自己的权威,则不管他们怎样努力去创立旨在结束当前的危机的有机学说,也是一事无成。没有这个条件,他们的工作就要受到喜怒无常的蛮横政治的控制,从而不能为人们所一致接受。但是,考察一下目前的社会,我们立即可以发现,这种精神权力今天完全掌握在学者手中。在理论问题上,只有他们拥有无可置辩的权威。因此,只有他们有能力创立新的有机学说,而且也只有他们完全掌握着必要的精神力量去使人接受新的学说。人们认为精神的主权是人人的天赋权利,而这种主权的批判偏见对这方面造成的障碍,除了他们以外,其他任何人都克服不了。能够去掉这种偏见的唯一杠杆,掌握在他们手里。因此,自实证科学建立以来,社会上逐渐养成了如下的习惯:凡属个别的理论观点,都交由学者们去决定。而当学者们负责整理一般的理论观点时,又可以容易地把这种习惯应用于决定一般观点上。

因此,学者在今天已与其他一切阶级不同,只有他们拥有精神统治的两个基本因素:进行理论工作的能力和拥有理论工作的权威。

这个最后的重要特点,也同前述的各个特点一样,都是科学力量所固有的。对于这个特点,我们还需略加说明。

目前的危机显然是西欧各国所共有的,只是危机的程度在各国有所不同而已。尽管每个国家都把它当作本国的问题来单独解决,但全欧性的危机显然应由全欧来共同解决。

各族人民之间出现的这种隔绝现象,是封建神学体系衰落的必然结果。这个体系的衰落,使它过去在欧洲各族人民之间建立的精神纽带也完全破裂了。国王们虽曾以欧洲均势的名义,试图恢复过这一纽带,但在这个名义的下面,却隐藏着相互敌对的状态。批判的学说不能在旧原则的基础之上恢复由它自己破坏了的和谐。恰恰相反,它与这种和谐完全是南辕而北辙。首先,它的本性决定它会制造隔绝;其次,各国人民对于这一学说的原理本身,也不可能有完全相同的理解,因为每个国家的人民都想按照自己对于这个学说的理解,去对旧体系进行程度不同的形式的改变。

只有真正的有机学说,才能建立欧洲的文明现状如此紧急要求成立的这种联合。如果这个学说能向西欧各国人民指出他们现在即应开始实行和迟早必然完全实现的社会组织体系,就一定能够实现这个联合。还应当指出,这个联合必然比旧体系建立的联合完善,因为旧体系下的联合只限于精神领域,而在今天,世俗领域也要联合起来。这样,各国人民才能建立起一个真正的、一般的、完善的和持久的联合。其实,如果这种解释是正确的,那就不难证明:西欧的各国人民,现在可以根据各自的文明状态的特点,去建立这个体系中的适于他们完成的那一部分。由此便会产生他们的合作的直接效果。但在这以后,他们仍须共同努力去建设新的体系。

用这个观点考察新的有机学说时可以看到,在促成各个文明民族结合的条件没有具备以前,负责形成和建立新学说的力量应当是欧洲人。而且,还同上述的一切特性一样,这是欧洲科学界所固有的特性。看来,只有学者可以结成真正的、紧密的和忠实的联盟,使联盟的成员能够彼此了解,容易在全欧范围内不断互通信息。现在,也只有他们能够做到这一点,因为他们有共同的思想、共同的语言和共同的长远活动目的。其他任何阶级都没有这样强大的优势,因为它们没有全面具备这一切条件。甚至那些由于自己的工作性质和生活习惯而极其热情支持联合的实业家,也因为听任自己的朴素爱国主义的反对情绪的干扰,而不能彼此形成一个真正的欧洲同盟。这项工作有待学者去做。

毫无疑问可以证明,当学者们把自己的力量全都用去创造新的社会学说时,他们的现有联系将要更加紧密。这个效果是清楚的,因为社会纽带的强度必然同联合的目的的重要性成正比。

为了全面和正确评价欧洲人由于拥有学者而产生的特殊力量,必须在我们所研究的领域拿国王的行为同人民的行为作一比较。

前面已经说过,尽管国王们是按照原则上不合理的计划行事的,但他们执行计划的方式却比人民有步骤得多,因为他们的行动方针早已事先详细规定出来。因此,在我们所研究的领域,国王们能在全欧把他们的力量联合起来,而人民则是彼此隔绝的。只是由于这一事实,国王们就比人民占有相对的优势,不管人民利用什么手段,都斗不过国王们的这个优势,这就使国王们的优势具有了特别重大的意义。

人民意见的代表者,除口头抗议国王们的这种优势外,别无其他办法,但这种抗议并没有触动这种优势一根毫毛。人民意见的代表者宣称:总的说来,任何国家均无权干涉他国的社会改革。但是,这项原则不外是批判学说在对外关系上的应用,它同这个学说的其他一切主张一样,也是绝对错误的。而且也同那些主张一样,不过是把欧洲各族人民之间在旧体系的影响下存在的联系的解体这个过渡性事实误认为永久的事实。显然,西欧的各族人民,由于他们的文明接近,即无论从其长远发展上看,还是从其现状上看,都有其共同性和联系性,所以他们正在形成一个成员各自享有权利的大民族。当然,这项权利的范围不如单一国家的个人享有的权利那样广泛,但其性质是相同的。

另外,我们还可以知道,这种批判的观点即使是合理的,也达不到目的,甚至离目的越来越远,因为它在妨碍人民的团结。要想把一种力量压抑下去,只有依靠另一种力量。因此,只要学者这支欧洲的唯一力量没有主持社会改组的巨大工作,在欧洲范围内人民就要比国王处于显然劣势的地位。从人民方面来看,只有学者的力量能与神圣同盟真正匹敌,而且能够显示精神权力的同盟必然比世俗权力的简单同盟强大。

总括起来,举出以下四个论据,就可确切证明必须委托学者进行社会改组所不可缺少的准备工作,即理论工作。其实,只用其中的一个论据,就足以证明这一必要性。

第一,从才能和智力修养的性质来说,只有学者适合这项工作;

第二,从事物的本性来说,也注定应由学者担任这项工作,因为他们是所要建立的体系的精神权力的代表;

第三,今天,唯独学者拥有必要的道德权威来决定采用新形成的有机学说;

第四,也是最后一个论据,在现有的一切力量当中,学者的力量是欧洲所独有的。

毫无疑问,这一切论据当然可以有根有据地证明学者负有重大的理论工作使命。

从上述的一切可以得出如下的结论:人民在设想社会改组时所犯的思想方法错误,首先来源于他们是按照错误的程序着手这一工作的;这种程序的错误在于他们把社会改组看成是一项纯实践工作,其实它首先是一项理论工作;事物的本性和最有说服力的历史经验都在证明,绝对需要把社会改组的全部工作分成理论和实践两个部分,前者应当先于后者进行,而且必须是后者的基础;理论工作的先行,要有不同于迄今活动在舞台上的力量的新社会力量发挥作用;最后,从许多具有决定性意义的理由来说,这种新社会力量都应当是献身于观察科学的研究的学者。

可以把这一切观点的目的看成是逐步提高善于思考的人们的理性,使他们从高处一览至今采用的社会改组的程序的缺点和今天应当采用的程序的特点。总之,是要通过欧洲学者的通力合作,为政治创造一个与实践工作分开的实证理论,而这个理论的目的则是设计符合文明的现状的新社会体系。但是,如果可以这样认为,那就应当把这个结论概括为这样一个思想:学者今天必须把政治提高到观察科学的行列。

这是学者应当掌握的具有决定意义的最高观点。从这个观点出发,可以容易把本文开始以来叙述的一切主要内容概括在几项简单扼要的论证之中。然后,作出重要的总结,以便能够提供继续前进和加快思想发展的手段。

人类理性的本性自身,要求我们的各个知识部门都必须相继经过以下三个不同的理论状态:神学的或想象的状态,形而上学的或抽象的状态,科学的或实证的状态。

在第一种状态下,孤立的、为数不多的观察,是当时科学的主要方法,而把这些观察联系起来的,则是超自然的观念。换句话说,被观察的事实是基于空想的事实来说明的,即先天地想象出来的。这种状态是一切科学在摇篮时期的必然状态。尽管它还有缺点,但在当时的条件下,它却是唯一可能的结合形式。因此,它成了总要有一个集中点的理论工作的支柱,提供了就事实进行推理的唯一手段。一句话,它是使知识能够继续前进所不可缺少的。

第二种状态是专为第一种状态向第三种状态过渡服务的手段。这种状态具有混合的性质,它借以联系事实的观念不再是超自然的,但还不是完全自然的。总之,这些观念是人格化了的抽象概念,而理性可以随着自己是接近神学状态还是接近科学状态,利用这种抽象概念随意给超自然的原因定出神秘的名称,或对一系列简单的现象进行抽象的叙述。这种形而上学状态还能随着事实的数量增加,而根据越来越多的类似之处对事实进行分类。

第三种状态是所有科学的最终形式,前两种状态只是为它逐步做好准备的状态。在这种状态下,把事实联系起来的东西,已经是事实本身提出的实证的一般观念或一般规律,而且这些观念或规律往往只是来自本身可以变成原则的相当普遍的简单事实。人们总想把这些观念或规律简化为少数几个观念或规律,但始终没有想出将来有一天可以通过观察证实的假说。同时,在任何情况下,都只把这些观念或规律看成是解释现象的一般手段。

凡是熟悉科学发展过程的人,都不难从现在已经成为实证科学的四门科学方面,即从天文学、物理学、化学和生理学方面,以及从与它们有关的其他科学方面,证实我们上述的这个一般的历史总结的正确性。只了解各门科学的现状的人,也可以从生理学方面得到这种证明。尽管生理学也同其他三门科学一样,最终已经成为实证科学,但它仍以三种形式存在于知识水平不等的现代人的各阶级中。这个事实,在这门科学的研究中特别称为精神的现象上,表现得尤为明显。一些人认为精神是连续的超自然活动的结果,另一些人把它看成是一个抽象存在物的活动的不可思议效应,还有些人认为精神是以我们能够证明的最高的有机条件为基础的。

如果把政治视为一门科学,并把上述的观察用于政治,便会发现政治已经度过了头两种状态,现在正要进入第三种状态。国王的学说,表明政治处于神学状态。实际上,国王的学说所依靠的,是使它最终得以建立起来的神学观念。这种观念要求人们相信,社会关系是以关于神权的超自然观念为基础的。它用从原始人开始至今一直采用的超自然的直接指示,来解释人类社会相继发生的政治变化。一直到旧体系开始衰落,都完全是这样来看政治的。

人民的学说,表明政治处于形而上学状态。这种学说完全以关于原始社会契约的抽象假定和形而上学假定为基础,即认为在文明所促成的人的能力的一切发展之前,曾经有过这样的契约。这种学说常用的推理手段,是人人都平等拥有的并为这项契约所保证的天赋权利。这本来是为反对旧体系而由神学引申出来的批判学说,后来才被看成了有机学说。在一部著作里把这个学说有系统地整理出来的人,主要是卢梭。他的那部著作,过去是而且现在仍然是社会组织的通俗研究的基础。

最后,科学的政治学说,在观察中把人类经常所处的社会状态看成是社会组织的必然结果。它认为这种社会状态的目的,决定于人在自然体系中必然要受到事实限制的地位。它不用其他任何解释去说明这个目的。实际上,它认为人与自然的这个基本关系,来自人们想要驾驭自然并改造它为自己服务的经常意向。其次,它认为保持社会秩序的最终目的,在于集体发展这个自然意向,调整和统一这个意向,以使有益的活动产生尽可能大的效果。然后,它试图通过直接观察人类的集体发展,把人类走过的道路和到达这个最终状态所必须经过的中间状态同人体组织的基本规律联系起来。它根据这一系列观察和借助各种假说,说明各个时代取得的进步决定于人类当时达到的发展水平。最后它认为,在文明的各个阶段,政治计划的目的完全在于正确规定应当采取的步骤和使每一步骤容易得到实行。

以上所述,就是今天应当建立的实证学说的精华。这种学说以适用于文明人类的现状为目的,它所以要观察先行的两种状态,只是为了确立科学的基本规律。

为什么政治未能更早些成为实证科学,为什么政治可以在今天被称为实证科学,这都容易立即解答。

为此,必须具备两个基本条件。这两个条件虽然彼此不可分离,但又能各自独立。

第一,所有的专门科学在成为实证科学时,都要逐步实现,因为在所有的成分还没有全都成为实证的以前,全体是不能成为实证的。这个条件,今天正在得到满足。

各门科学都是通过根据自然的秩序进行的革命,依次成为实证科学的。这个自然秩序,就是这些科学研究的现象的复杂程度的次序,换句话说,也就是这些现象与人的关系的多寡的次序。因此,由于天文学研究的现象是最简单的,所以首先引用实证理论的是天文现象,其次是物理现象,再次是化学现象,最后才是生理现象,而且生理现象只是最近才引用实证理论的。虽然都是改革,但是作为最复杂现象的政治现象,只能挨到最后才能实现改革,因为政治现象依存于其他一切现象。然而,这种改革之能到时实现,同其不能提前实现一样,都显然是必然的。

第二,把作用于自然的活动只视为社会的间接目的的准备性社会体系,必然有其终期。

实际上,一方面,理论到那个时候还建立不起来,因为它总得先于实践;但由于它要去指导实践,所以又不能先于实践太早。另一方面,理论不可能过早拥有足够的经验基础。为使理论能在广泛的经验之上建立起来,就要建立一个由许多大民族构成的人数众多的人口集体所采用的社会秩序体系,并要求这个体系尽可能长期存续下去。

这第二个条件,也同第一个条件一样,今天正在得到满足。以培养人的理性适于科学体系为使命的神学体系,已经达到其生命的终期。这是没有疑问的,因为以推翻神学体系为唯一目的的形而上学体系已在人民当中全面取得优势。随后,当然就要建立科学的政治,因为人们认为绝对不能在没有理论的条件下生存下去。而如果不建立理论,则不难想见,神学的政治一定会东山再起。严格说来,形而上学的政治算不得真正的理论,它只是对过渡服务的批判学说。

总之,任何一次精神革命,都不曾比联合起来的欧洲学者为把政治提高到观察科学的行列而进行的革命更为不可避免、更为成熟和更为紧迫。这个革命只能由在当前的巨大危机中真正具有优势的力量参加,因为只有这支力量能使社会步入文明的状态所迫切要求的完美社会体系的真正发展道路,从而制止和防止社会发生可怕而混乱的四分五裂。

　　为使负责完成这个有益使命的科学力量尽快发挥作用，必须对使政治进入观察科学行列和应当据以改组社会的理论工作进行一般的综述。我不揣冒昧，提出这项综述的方案，并正式公诸欧洲的学者。

　　我深信，一俟这项讨论开展起来，不管我们的方案能否被采纳，都将必然导致最后方案的形成。我敢于以只有欧洲学者参加才能免于长期陷入可怕的苦难的社会的名义，敦请欧洲的学者公开地和自由地发表他们对于我提请审议的有机理论的全面研究计划的意见。

　　我的这个综述由三大组研究构成。第一组研究的目的，是对应当作为政治的实证基础的人类理性的一般发展进行一系列考察，从而使政治完全失去神学性质和形而上学性质，让政治具有科学的性质。

　　第二组研究以建立完整的实证教育体系为宗旨，使教育符合再生后的社会和便于改造自然，并按施教者和受教者的能力尽量改进教学活动。

　　最后，第三组研究是通观文明人在一切知识的目前条件下为改造自然使其造福于人类而可能进行的集体活动，指导文明人将他们的全部力量用去达到改造自然的目的，指出达到这个目的手段只能是社会的联合行动。

第 一 组 研 究

　　为对政治进行实证的研究而须具备的基本条件，是精确地规定社会秩序的规划必然受到的各项限制。换句话说，在研究政治的时候,也应仿效其他科学,将观察的作用与想象的作用完全分开,并使后者从属于前者。

为了说明这个重要观点,必须拿实证政治的一般精神与神学政治和形而上学政治的一般精神进行比较,而为了简化这种比较,则应当把后两种政治放在同一观察中加以研究。这样做并不会使结论发生变化,因为根据上一章所述,形而上学政治与神学政治基本上大同小异,只在不太显著的特点上显出了它们的主要差别。

任何一门科学的神学状态和形而上学状态,都以想象超过观察为其共同特点。从这个观点来看,两者之间存在的唯一差别在于:在前者,想象的对象是超自然的存在;而在后者,则是对人格化的抽象进行想象。

人类理性的这种状态的必然的和经常的结果,是让人们确信人在各方面均是自然体系的中心,从而具有对自然现象施加无限作用的天赋能力。显而易见,这种确信的直接结果,是使人们的想象占据了统治地位,而且这种想象又与人们一般想把自己的作用和能力夸大的有机倾向结合在一起。这样的幻想是人类理智处于这种幼稚时期的最显著特点。

如从哲学观点来考察曾使一些科学进入实证状态的历次革命,则可发现它们均产生了把我们的观念的这种原始秩序颠倒过来的一般效果。这些革命的根本特征,是把想象直到当时所占的优势转移到观察方面来。结果,也就把原来的优势和劣势颠倒过来。人们开始放弃认为自己是自然的中心的看法,而把自己置于实际上应在自然中占据的地位。因此,人们的活动也就被局限于现实的限界之内,只能使他们所要观察的一定数量的现象互相影响和发生程度不同的变化。只要回顾一下前面所作的历史概述，凡熟悉今天已经成为实证科学的那几门科学的人，立刻可以从这几门科学方面证实我的论点。

比如，在天文学方面，人们最初虽然没有认为天体现象是服从他们的影响的，但至少认为天体现象与自己生活的一切细节有着直接的和密切的关系。他们付出了极大的努力，举出特别有力和数量很多的证据，才得以证明自己在整个宇宙体系中只占有从属的和微不足道的地位。化学方面的情况也是这样，人们起初相信自己有能力按照自己的意志去改变物体的内在本质，可是终于不得不满足于观察地球上的各种物质的相互作用的效果。在医学方面，情况同样是如此，人们长期以来总想随意矫正自身组织的失调，认为能够无限地抵制致病的原因，但最后不得不承认：当自己的活动与身体组织的活动一致时，自己的活动才会有效；而如果与身体组织的活动相反，那就不会有效。

政治同其他科学一样，也逃脱不了这条以事物的本性为基础的规律。政治至今所处的和目前仍处的状态，正与天文学处于被占星术统治、化学处于被炼金术统治、医学处于一味寻找灵丹妙药的状态完全一样。

想象所占的这种优势，对于政治也必然产生像它对其他科学所产生的上述那些后果。直接观察一下从理论观点考察的神学政治和形而上学政治的共同宗旨，就不难证实这一点。

人们至今仍然相信自己有无限的政治规划能力来完善社会秩序。换句话说，人类现在仍然认为，自己在政治方面没有本身固有的动力，而只能是具有足够权威的立法者想给他们什么动力就接受什么动力。

由此产生的一个必然结果,就是绝对者在神学政治和形而上学政治的政治理论中一直占有和目前仍然占有统治的地位。双方提出的共同目的,是完全不考虑当时的文明状态,而苦心孤诣地去设想最完善的社会秩序的永远不变的典型。双方都自称唯独自己找到了可以达到这一目的的全套制度。双方在这一点上表现的唯一差别,是前者明确禁止对自己定出的计划进行任何重大的修改,而后者则允许对计划进行审议,但方向要与原计划的精神一致。除此以外,两者均有绝对者的特性。

这种绝对者的特性,在两者的政治实践中表现得尤为明显。双方都认为自己的一套制度是可以安全有效地医治一切政治弊端的灵丹妙药,而不管该弊端是什么性质的,也不问受诊的民族的文明处于什么阶段。同样地,双方在判断处于不同的文明发展阶段的各民族的制度时,都完全以该民族实行的制度与他们所设计的改善社会制度的永远不变的典型有多少一致或矛盾之处为依据。在这方面,我们可以举出一个最近的显明例子:神学政治的拥护者和形而上学政治的拥护者,都一而再、再而三而且几乎是紧接着宣布,西班牙的社会组织比欧洲的各先进民族的社会组织优越,而完全没有注意到西班牙人的文明程度在现时不如法国人和英国人,只是从政治制度上判断西班牙人优于法英两国人民。这样的判断实例还可以举出很多。它们十分清楚地证明,神学政治和形而上学政治是怎样对文明状态进行全面抽象的。

在结束这两种政治的特点的说明时,还应当在这里指出:一般说来,双方出于不同的理由,都一致认为社会组织的改善,就是回到原始的极不完善的文明状态。大家知道,形而上学政治的最坚决拥护者,比如曾使这种政治学说系统化的卢梭等人,甚至把现在的社会状态看作他们空想出来的自然状态的堕落。这不外是对人类因原罪而堕落的神学观念进行的形而上学类推。

这个正确的概述证明,想象比观察占据优势时对政治造成的后果,同其他科学没有成为实证科学以前产生的后果完全一样。绝对肯定最好的统治制度,或以肯定的观点抽象文明的状态,显然同绝对肯定包治百病的万能妙方一样。

要想把神学政治和形而上学政治的一般精神归结为几句最简单的话,可以从以上的考察中总结出两个基本的论点:在研究所用的方法上,是想象比观察占据优势;在指导研究的一般观念上,是一方面把社会组织看成是抽象的存在,即看成是脱离文明状态而独立的存在;另一方面又认为文明的发展没有任何规律可循。

如果认为政治的一般精神不应当如此,则应当去研究实证政治的精神,因为在以前的考察中已经看到,在任何一门科学的臆测状态和实证状态之间,都有同样的对立情况。在这样的脑力工作当中,人们只能根据过去出现的类似来推测未来。在做这种工作时,只能得出如下的结果。

首先,为使政治科学变成实证科学,也应当像其他科学那样,要在政治科学的研究当中让观察比想象占据优势。其次,为使这个基本观点得以实现,那就一方面,应当认为社会组织与文明的状态有密切联系,并且取决于文明的状况;而另一方面,必须承认文明的发展是有以事物的本性为基础的固定规律可循的。只要这两个条件尚未具备,政治就变不成实证科学,而观察也不能在政治研究中比想象占据优势。但也十分清楚,如果这两个条件已经具备,而政治理论也完全以这种精神建立起来,则想象势必处于从属的地位,而政治也就将变为实证科学。因此,一切都要最终归结为这两个条件。

可见,这是应当指导理论政治的实证研究的两个主要观点。既然认为这两个观点极为重要,那就必须对它们进行详尽的考察。在这里,问题不在于为它们求证,因为在即将进行的研究中自然会得出证明。问题只在于进行足够充分的叙述,以使对此有判断能力的人士可以拿一般公认的事实与这两个观点对比,进行预先的证明,使人们完全相信可以把政治作为一门实证科学来研究。如果我们能使人们建立这个信心,我们就能达到自己的主要目的。

实际上,文明一方面是指人类理性的发展,另一方面又指由此而来的人们对自然的影响的发展。换句话说,文明这个观念的构成要素,是科学、美术和实业;对实业一词还要从广义方面来理解,而我就总是这样来理解这个词的。

从这个明确的基本观点来考察文明时,便不难看到社会组织的状态实质上依存于文明的状态,并应当把前者看成是后者的结果。但是,想象的政治却使前者同后者脱离,认为两者之间没有依存关系。

文明的状态,在两个极为重要的领域,即无论是在精神领域,还是在世俗领域,都必然决定社会组织的状态。首先,前者决定后者的性质,因为社会的活动目的取决于前者;其次,文明的状态规定社会组织的基本形式,因为它在创造和发展应当指导社会的一般活动的世俗力量和精神力量。实际上,十分清楚,社会的集体活动不外是面向共同目的的全体社会成员的个人活动的总和,所以它在性质上不会与其构成要素有所不同。它的构成要素,显然决定于科学、美术和实业的不同发展水平。其次,也显而易见,一种政治体系,如果不赋予其占有优势地位的社会力量以至上权力,则不可能设想它会长期存在下去。它的这种社会力量的性质,永远决定于文明的状态。经验也在证明,以上的推论是正确的。

至今存在过的各式各样的社会组织,都不过是一种单一的体系,即军事神学体系的变形,只是变形的程度有大有小而已。这种体系的最初形式,显然是当时的不完善文明状态的必然结果。由于实业还处于幼稚状态,所以社会自然要以战争为其活动目的。对他人施加影响的强烈刺激,即行使自己能力和希望生存的要求,促进人们在改进战争手段的同时掌握了战争规律。如果考虑到这种情况,尤其是看到在实业还处于幼稚状态时,则社会只能以战争为其活动目的。同样地,也显而易见,所有的个别理论观点当时所处的神学状态,必然给作为社会纽带的一般理论观点打上烙印。文明的第三个要素,即美术在当时是占有优势的。实际上,给社会的最初组织建立起正式基础的,主要是美术。如果没有美术的发展,那就无法想象社会是怎样组织起来的。

如果我们再考察一下最初的体系至今出现的连续不断的变形,也会得到同样的结果。形而上学家们把这些变形误认为各自独立的体系,而我们认为这一切变形几乎是从无到有发展起来的科学要素和实业要素所引起的社会日益不断发展的必然结果。因此,从多神教变为一神论,以及后来的新教改革,主要是实证知识的虽然缓慢但一直是向前发展的结果。换句话说,这一切主要是个别观念逐渐同旧的一般观念脱离出来,反过来又作用于旧的一般观念的结果。同样地,在世俗领域,罗马状态变为封建状态,而最为明显的是,公社的解放所引起的封建状态的衰落及其后果,基本上应当归因于实业要素的不断壮大。简而言之,所有的这些一般事实,都在证明社会组织密切地依存于文明的状态。

一些最了解政治的实证状态的有识之士,现已开始研究这个基本原理。他们认为,孤立地考察政治体系,想从政治体系中寻找社会力量,都是荒谬的。其实,政治体系在无能为力的时候,反而要到社会中去汲取自己的力量。一句话,他们已经承认,政治秩序只是而且也只能是公民秩序的表现。换句话说,就是说占据优势的社会力量最后必然成为领导力量。再深入一步,就可以理解政治体系是从属于文明的状态的,因为既然知道政治体系是公民秩序的表现,则至少也会明白公民秩序本身不过是文明状态的表现。

当然,社会组织这一方面也不可避免地会对文明发生或大或小的反作用。尽管这种反作用非常强大,但它仍然是次要的,改变不了社会组织对于自然秩序的依存关系。对这种反作用本身进行适当的考察,就可以证明这种秩序实际上正如以上所述那样。因为经验一再告诉我们:如果社会组织是在不符合文明状态的条件下建立起来的,则文明最后总要推翻这个社会组织。

因此,我们必须把下述观点作为确立实证政治的精神的两个基本观点之一来接受:在考察社会组织的时候,无论是过去的,还是现在的,都不能脱离当时的文明状态,并且应当把它看成是文明发展的必然结果。如果为了便于进行研究,认为把两者分开来考察比较有利,也永远要把这种抽象看成是简单的和暂时的,并且绝不要忘记事物的本性为两者所规定的从属关系。

第二个基本观点在于,文明的发展是遵循必然的规律前进的。

过去的经验确切地证明,文明的进步发展服从于一个自然的不可逆转的过程。这个过程来源于人体的发展规律,而这个规律也可作为一切政治现象的最高规律。显然,在这里既不能详述这一规律的特点,又不能详列最简单的历史事实所提供的证明。这些问题是本卷第二部分的讨论对象。在这里,只谈一谈有关这个基本观点的若干论据。

第一个论据,是使人们觉得必须定出这样一条规律来说明政治现象。

凡对重大的历史事实有所了解的人,不管他们持有什么特殊观点,都认为在考察进入文明阶段的整个人类的时候,就是考察人类的文明从远古至今的不断历史发展。在这句话里,文明一词除具有以上所述的含义外,也包括作为它的结果的社会组织。

这个重大的事实,从11世纪一直到今天,即从阿拉伯人向欧洲输入观察科学和公社得到解放以来,表现得十分清楚,以致使人们提不出任何合理的疑问。而且,对于以前的时代,也同样可以这样说。学者们今天已经十分清楚,古代的博学之士自以为具有非常先进的科学知识,那是缺乏真凭实据的。已经证明,阿拉伯人超过了他们。在实业方面,至少在其中的需要真才实学的部门,即在完全不是凭偶然因素办事的部门,也同样是这种情况,甚至表现得更为明显。即使美术的情况属于例外,而且这种例外有其不言自明的理由,这也无损于我们的论断的普遍意义。最后,对于社会组织来说,这个论断也完全适用:我们清楚地看到,在同一时期,随着基督教的确立以及比希腊和罗马的组织优越得多的封建制度的形成,社会组织也发生了显著的进步。

由此可见,文明一直是在所有方面都不断发展的。

另一方面,如果不以形而上学所引进的盲目的和不正确的诽谤观点去看过去,就不会妨害我们看到:由于政治迄今一直处于幼稚状态,所以为促进文明所做的实际工作总是对文明的发展没有太大的用处,而且在许多情况下不但没有促进文明的发展,反而发生了阻碍的作用。也曾有过一切政治活动联合起来趋向完全停滞的时代,一般说来,这是社会体系衰落的时代。比如,尤里安①皇帝的时代,菲力浦二世②和耶稣会士的时代,最后还有波拿巴的时代。此外,根据以上的讨论,我们还应当看到:社会组织完全没有决定文明的发展,相反地它本身却是文明发展的产物。

显然错误的疗法往往治好了疾病,这使医生明白身体自生的强力活动,可以恢复身体组织偶然发生的失常。同样地,文明在不适当的政治措施下仍有发展,这向我们清晰地证明:文明的发展有其自然的进程,这个进程独立于一切政治措施,并支配着这些措施。如果不承认这个原理,那么,要想解释这个事实,即要想知道文明在受到所犯的错误的阻碍下为什么没有后退反而总是继续前进,就只有仿效神学政治,用超自然的、直接的、永恒的命令来解释。

---

① 尤里安(Julianus,331—363 年),罗马皇帝(361—363 年在位),通称背教者尤里安。——译者

② 菲力浦二世(Philipp Ⅱ,1165—1223 年),法国国王(1180—1223 年在位),是第三次十字军东征的组织者之一。——译者

此外,在这个问题上还应当注意,人们往往因为一些原因只是在表面上不适用,就认为不能用它们来解释文明的进步。为此,他们还特地举出理由说,甚至是最优秀的人士,至今也不曾想到有机体的基本规律中,有一个规律既适用于集体行动的人类,又适用于单独行动的个人。这个规律是:必须抵抗到把全部力量都充分发挥出来为止。但是,这项注意对我们的上述论点毫无损害,因为阻碍对力量的发展虽然是必要的,但它并不产生力量。

如果考虑到可以断定是彼此之间没有任何政治往来的不同民族,在文化发展方面也有明显的同一性,则由这第一个论据演绎出来的结论将会更加有力。这个同一性只能来源于文明的自然发展,而这种发展对于所有的民族来说都是一样的,因为它取决于一切民族共有的人体组织的基本规律。比如,我们今天在北美的野蛮民族中间见到的风俗习惯,就跟荷马所描写的希腊初期的风俗习惯极其相似;马来人现在实行的封建制度的特点,与 11 世纪欧洲的封建制度基本上相同;还有其他一些例子,显然只能用这种简单办法来说明。

第二个论据,要使人们容易承认有一条自然规律在支配着文明的发展。

如果我们承认,按照前面的概述,社会制度的状态是文明状态的必然结果,我们就可以从文明发展的观察当中引导出这个复杂的因素,并把对其他因素的观察的结果应用于这一因素。

因此,简单扼要地总结所讨论的问题时,一定会使人们容易承认,文明是遵循一条确定不移的道路发展的。

想把这个世界看成是奇迹百出的舞台的肤浅哲学,过于夸大了偶然性,即过于夸大了孤立的原因在人世间的作用。这种夸大,在科学和艺术方面尤为明显。在许多著名的例子中,有一个例子是人人都知道的,这就是:许多有学识的人,一提到牛顿在苹果落地的启发下发现了万有引力定律,便情不自禁地发出过分的赞美。

今天,凡是具有一定知识的人都普遍认为,偶然性在科学和实业的创造发明中仅占有极小的地位,只是对那些没有什么重大意义的发现才有重要的作用。这方面的错误认识随后又引起另一种错误,新的错误本身虽然没有什么值得非议的,但它的不良后果却与原来的错误几乎一样。结果,把偶然性的作用转移到近乎是空想出来的天才人物的身上。但是,这种转移并没有更好地说明人类理性的作用。

但是,人类知识的历史清楚地证明,而且一些博学人士也已确认,科学和艺术方面的一切研究,不管是在同一时代,还是在不同的时代,相互之间都有联系,以致这一时代的发明为下一时代的发明做好了准备,犹如前一时代的发明为它做好了准备一样。这证明单独一个天才人物的能力,远远不如人们以为的那样强大。由于伟大的发现而理所当然驰名于世的人,也几乎总是要把自己的大部分成就归功于其同类活动方面的先辈。简而言之,人类的理性在科学和艺术的发展方面始终遵循着一定的规律。这个规律比最伟大的智力还强大,而智力只是使连续的发现得以及时地相继出现的手段。

我们只对可使我们十分容易从古代开始逐阶段考察的科学进行观察,就可以知道:各门科学的几大历史分期,即神学状态时期、形而上学状态时期和实证状态时期,都是按照严格规定的次序转入的。也就是说,这三种状态必然要按照以人类理性的本性为基础的这种次序相继出现。由一种状态向另一种状态转移时经历的几个主要阶段,对所有的科学来说都是一样的,任何天才人物都不能跳越其中的任何一个重要中间阶段。如果我们从这三大分期进而对科学的状态,即最后的状态再作细分,也可以发现同样的规律。比如,万有引力这个重大发现,是由 16 世纪和 17 世纪的天文学家和几何学家的研究工作,而主要是由开普勒和惠更斯①的研究工作准备好了的。没有这些人的研究工作,这个发现是不可能的,但迟早会促其实现。

因此,无可怀疑,按照以上所述,从文明的各要素来考察,文明的发展也是遵循着不变的自然规律前进的。正如社会组织的状态必须服从文明状态一样,这个规律也在支配所有的民族。因此,这个结论既适用于文明的全体,又适用于文明的各要素。

以上所述的两个论据,不仅足以充分证明文明的必然发展,而且也足以使人认识这一发展的实际经过,表明我们能够通过深刻地观察过去来研究这一发展和明确规定它的一切属性,从而能够把实证政治建立起来。

现在的问题只在于确定这门科学的实践目的,确定它与社会的需要的一般关系,特别是确定它与社会的现状迫切要求的大改组的一般关系。

为此,首先需要确定现实的一切政治活动所受的局限。

----

① 惠更斯(Christian Huygens,1629 –1695 年),荷兰杰出的物理学家、天文学家和数学家,提出了光的波动说。——译者

支配文明的自然发展的基本规律,严格地制约着人类的一般发展相继经过的几个状态。另一方面,这一规律又是人类在本能上有要求进步的倾向的必然结果。因此,正如我们不能支配这种倾向所由产生的个人本能一样,我们也不能支配这一规律。

没有一个已知的现象可以证明人体组织发生过某种重大变化,所以从根本上来说,来源于人体组织的文明发展本质上也是不变的。更正确地说,既不能跳过发展所必经的任何中间阶梯,又不能实行任何真正的倒退。只是文明的发展速度,由于可以预测的许多物质原因和精神原因,而在一定范围内发生程度不同的变化。各种政治措施也属于这类原因,而且是人类的唯一能够影响自己的文明发展的东西。

这种活动对整个人类发生的影响,同它对个人可能发生的影响完全类似,而且这种类似来自其起源的同一性。我们可以借助适当的手段,使个人本能的发展加速或减速到一定限度,但我们既不能破坏这个发展,又不能改变其性质。对于整个人类的本能也可以这样说,只是整个人类的生活与个人的生活,在范围上有大有小而已。

由此可见,在每个时代,文明的自然发展确实决定着社会状态的各要素和整体应当得到的改善。唯有这种改善,有无哲学家和政治家的努力,均能实现而且必然实现。

凡是在世俗领域或精神领域对人类发生过现实的和长期的影响的人,都是遵循和依靠这个基本真理的。尽管这个真理还未通过有根有据的证明而正式成立,但这些人已以其天才的固有本能预感到了。他们已经认识到各个时代随着文明的状态将会发生的变化,并在宣布这些变化即将发生的同时,为他们的同时代人拟出了相应的学说或制度。如果他们的这种认识符合事物的真实情况,则几乎会立即出现变化,并把变化固定下来。长期以来默默地成长起来的新的社会力量,这时就会响应他们的召唤,以其青春的锐气出现于政治舞台之上。

人们至今只是以肤浅的观点研究和书写历史,一些巧合的事件和动人的结果,不但未使人们受到教育,反而由于这种肤浅观点的影响,只是使人们感到吃惊。这些未被很好理解的事实,今天仍在支持人们的相信立法者对文明有无限创造力的神学形而上学观点。有些人看到这种迷信观点不是以观察为根据的时候,虽然打算拒绝,但终于未能放弃。这种可悲的现象的起因,是人们在这种重大的事件中只见到了人,而没有看到以不可抗拒的力量作用于人的物。人们没有认识文明的强大影响,而把那些有先见之明的人士的努力看成是正在实现的进步的真正原因。其实,这种进步即使将来没有这些人士参加,也是迟早必然实现的。人们不能安于所谓原因和结果之间的异常背反现象,因为这种现象使事实的解释比被解释的事实本身更难理解了。人们只看到表面的东西,而忘记了背后的现实。简而言之,用斯塔尔夫人[①]的一句妙语来说,就是把演员当成了剧中人。这个错误,在性质上同印第安人把日食的出现归咎于哥伦布的预言完全一样。

一般说来,一个人想要进行某种重大活动时,并不是出于他所

---

① 斯塔尔夫人(Madame de Staël,1766—1817 年),法国著名女作家,浪漫主义的主要代表者之一。本名安娜·路易莎·热尔曼娜·内克(Anné Louise Germaine Necker)。——译者

拥有的十分微小的力量,而经常是外在的力量基于不可抵拒的规律作用于他的结果。他的一切能力寓于他的理智;理智能够使他通过观察认识这些规律,预见这些规律的效果,然后适合这些规律的性质地去运用自己的力量,以努力达到自己的预定目的。一旦开始行动之后,如对这些自然的规律尚未认识,便会使目击者,有时会使行为者本人,认为这一切行动完全是人力所能预见到的。

这样的一般观察,也可以像它们应用于物理、化学和生理学方面的活动那样,以同样的理由应用于政治活动。任何一种政治活动,当它所要实行的变革实际上正是这种力量所支配的变革的时候,才会产生长期的连续不断的效果。而在其他一切情况下,这种活动就发生不了作用。

最糟的情况,显然是立法者们无论是在世俗领域还是在精神领域,都有意无意采取倒退的行动。这种情况之所以最糟,是因为立法者这时的行动与唯一能使他产生力量的东西,即文明的发展相违背。但是,能够正确规定政治活动的正是文明的发展,所以当政治活动想要超过规定的限界而冒进的时候,即使它的前进方向是正确的,也还是发生不了作用。其实,经验也在证明,不管授予立法者以多么强大的权力,只要他想实现的改革大大超过文明的现状,即使这种改革仍在文明的自然发展的界限以内,他也必然遭到失败。举例来说,尽管约瑟夫二世[①]和波拿巴都拥有极其广泛的专制权力,但前者极欲使奥地利的发展超过其文明现状的企图,

---

① 约瑟夫二世(Joseph Ⅱ,1741—1790 年),奥地利女皇玛丽·泰利莎的共同执政者,神圣罗马帝国皇帝(1765—1790 年)。——译者

和后者强行在法国恢复封建制度的努力,均以彻底失败而告终。

根据以上的考察,可以得出如下的结论:真正的政治,即实证政治,也像其他科学不能支配自己的现象一样,不该试图支配自己的现象。其他科学已经放弃它们在幼稚时期所特有的这种野心勃勃的空想,而满足于观察和联系自己的现象。政治科学也应当这样。它只应当专心于收集关于文明发展的所有个别事实,把这些事实归纳成为尽量少的几个一般事实,用一系列一般事实揭示文明发展的自然规律,然后再评价可使文明的发展速度发生变化的各种原因。

现在,可以容易确定作为一门观察科学的这种政治的实践价值了。

健全合理的政治的目的,不在于让依靠自己固有的冲动而行事的人类按照虽然也像引力定律那样重要但又比它容易变动的规律去发展,而在于启发人类,使其容易发展。

虽然都是服从文明的发展,但知其服从与不知其所以服从之间有很大的差异。受到文明的发展制约的变革,虽然在这两种情况下均不免发生,但在后一种情况下总要耽误很长时期,而且往往是在实行变革之前,随变革的性质和重要性之不同,在社会上也出现或大或小的严重的不祥动荡。但是,由此给社会带来的各种动乱,大部分可以在正确认识所行的变革的基础上,制定各项措施加以避免。

这些措施的要旨在于:一旦预见改革势在必行,就不待其只依靠自然的力量而出现,而要让它冲破无知所造成的一切障碍而直接实现。换句话说,实践的政治的根本目的,本来就在于避免因对文明的发展遇到的阻碍没有很好理解而产生的暴力革命,使这种革命尽快地变成单纯的道德运动。这种道德革命虽比那种在平时给社会带来缓和变动的革命要激烈,但还是比较有秩序的。然而,为了达到这个目的,显然必须尽量正确地认识文明的当时倾向,以使政治活动适合于它。

毫无疑问,当一种运动要或多或少损害一个阶级的野心和利益的时候,期望它能够平安无事地实现,那完全是空想。但是,人们至今在解释那些暴风骤雨式的革命的时候过多地重视了这个原因,也是确实的。其实,这种革命的暴力,大部分来源于对支配文明的发展的自然规律的完全无知。

把实质上来源于无知的东西归咎于自私心,也是常见的现象。而且,这种可悲的错误,还给人们的私人关系和共同关系中的摩擦,提供了使其继续存在的条件。但是,在目前的情况下,事实上至今仍在逆文明的发展而行的人,如果真正认识到这种倒行逆施是不对的,显然就不会再坚持下去。没有一个人会愚蠢得在自己的成长过程中要故意抗拒事物的本性。没有一个人想从事看来显然是瞬息即逝的活动。因此,即将变成观察科学的政治的论点,也会对那些由于自己的偏见和利益而反对文明的发展的阶级发生作用。

当然,不应当夸大理智对人的行为的作用。但是,论点的力量所发生的作用,显然大大超过了人们至今的预想。人类理性的历史证明,在被联合起来的人们大力反对的改革当中,往往是全靠这种力量克服了人们的反对而决定了变革的成功的。对此,只举一个最有名的例子:地动说之被采纳,完全是实证的论点的力量。本来，地动说不仅要战胜当时还十分强大的神学权力的反对，而且特别要克服全人类的妄自尊大心理。这种心理曾是错误观点随心所欲为自己辩护而使用的一些似是而非的理由的根据。

这些具有决定意义的经验，当然会使我们看到真实的论点产生的优越力量。政治家们所以在实践中陷入如此严重的错误，主要是因为政治上还没有这种论点。如果有了这种论点，就会立即不再迷误。此外，利益方面的考虑，也容易使人相信实证的政治一定能提供避免暴力革命的手段。

其实，即使文明的发展必然引起的改革反掉了一些野心和利益，也仍然会留下若干有利于改革的野心和利益。此外，当改革达到了成熟期以后，拥护改革的现实力量一定会超过反对它的力量，不过从表面上看，好像并非总是如此。即使人们怀疑关于文明发展的实证知识可以迫使反对的力量屈服于不可避免的规律，这种知识也显然要比其他力量重要。以这种知识为指南的上升的阶级一旦明确自己所欲达到的目的，就会直奔目标前进，而不会在摸索和迷途中徬徨犹豫。他们将认真地想办法来预防各种抵抗和促使他们的反对者转入新的事物秩序。简而言之，文明将按照事物的本性的要求，迅速而和平地取得胜利。

总之，文明的发展实际上并不是直线的，而是沿着平均线两侧移动的连续波动，波长时长时短，波幅时大时小，类似机械运动装置所表现的波动。但是，根据总是占有支配地位的平均运动的知识制定的政治措施，可使这种波动式发展时而幅度变小，时而速度变小。这就是这种知识的持久的实践效果。显然，文明的发展所必然引起的变革本身有多么重要，这种效果就有多么重要。可见，这种效果现在正处于最高水平,因为唯一能够解除目前危机的社会改组,是人类迄今经历过的所有革命中的最完善的革命。

因此,一般政治的基本依据,即其实证的出发点是确定文明的趋势,以使政治活动适应于它,从而尽可能缓和与缩短人类在顺次转入文明的各个状态时必然遇到的历次危机。

长于理论而短于适合人类理性的实践的人士,虽然认为必须确定文明的这个趋势,以给政治措施打下巩固的和实证的基础,但他们又觉得在确定这个趋势时不必从文明的起源来研究文明的一般发展,而只就文明的现状考察这一发展就可以了。从人们至今把政治理解得很狭窄这一点说来,这种观念的产生虽是自然的,但也容易证明它是错误的。

经验已经证明,一个人的理性只要是朝着实证的方面发展的,它就有很多有利条件顺利地使自己普遍化到尽可能高的水平,因为对它来说,下降比上升容易。在实证生理学的幼稚阶段,人们最初以为:要想了解人体的组织,只研究人本身就可以了。然而,这是一种与我们在这里讨论的错误完全相同的错误。后来,人们逐渐认识到,为了十分清晰地和相当广泛地了解人体的组织,还必须把人看作动物界的一员,并将范围再加扩大,把人看作整个有机界的一部分。生理学只是在对生物的各纲进行广泛的比较研究,并开始将这种比较研究正式应用于人的研究之后,才最终建立起来。

正像生理学之要研究各种有机体的组织一样,政治学也要研究文明的各种状态。而且,我们之所以要考察文明的各个时代的理由,比生理学家要比较所有生物的组织的理由更有根据。

当然,只要对事实进行哲学观察,不追溯文明的前期状态而只就现状来考察文明的现状,也可以为实证政治的建立提供极其有益的材料。一些真正的政治家为了减少自己的观点所依据的臆测学说与社会的需要的抵触,至今得以一再改变那些臆测学说的形式,也显然就是因为使用了这种研究方法。但是,这样的研究还不足以建立实证政治,也是显而易见的。这样的研究除能供给材料以外,不可能再提供其他东西。一句话,孤立地观察文明的现状,同孤立地研究其他任何一个时期一样,都不能确定社会的现实趋势。

其理由是:为了确立一条规律,只有一个项是不够的,因为至少要有三个项。这样,通过前两项的比较发现的和由第三项证实的联系,才能为发现以下的项服务,而一切规律的最终目的也正在于此。

在我们从一个制度、一个社会观念或一个制度体系和一种学说的发生开始一直考察到它们的现状,而发现它们的统治作用从某个时期开始逐渐下降或上升的时候,我们就能根据这一系列观察十分准确地预见它们的未来命运。如果发现它们的统治作用在逐渐下降,则表明它们是与文明背道而驰的,而由此产生的后果,是它们的必然灭亡;反之,如果发现它们的统治作用在逐渐上升,则可以得出它们必以胜利告终的结论。根据所观察的变化的规模和速度,也可以大致算出衰落时期和兴盛时期的长短。可见,这样的研究才确实是实证学识的取之不尽的源泉。

但是,如果把没落的学说、制度、事物和新兴的学说、制度、事物都混在一起,只作为一个状态来孤立地观察,而不考虑仅因人们当时因循守旧而得以发生的暂时作用,那能得到什么成果呢? 什么样的高明人士能在如此性质各异的因素混在一起的情况下,不认错这些互相对立的因素呢? 怎么能从舞台上乱转的群影当中识别出那些嗓门虽不洪亮但确实存在的人物呢? 显而易见,在这种混乱的场面下,观察者如不依靠过去,则只能盲目前进。只有过去,能够使他学会观察事物本质的方法。

时代的编年次序,完全不是哲学的次序。它不应按过去、现在、未来的顺序排列,而应按过去、未来、现在的顺序排列。实际上,我们只有根据过去来考察未来的时候,才能真正回到只不过是一个点的现在上来,从而抓住现在的本质。这样的考察可以适用于任何时代,而且更有理由应用于现代。

目前,并存于社会上的有三种体系:首先是神学封建体系,其次是科学实业体系,最后是形而上学家和法学家的过渡折中体系。在各种体系纷纭的这种混乱局面下,如果不用过去这个火炬来照明,人类理性是绝对无力把社会分析得清楚和正确的,即不能把社会统计得合乎实际和精确的。不难证明,能够提高真正的实证政治的优秀人物,如果他孤立地考察事物的现状,或没有在对于过去的一系列观察当中达到足够的高度,即使他把自己的能力用到很正确的方面,也仍然要停留在形而上学的水平。

因此,研究而且要尽可能深刻和全面研究文明从其发生到现在所经过的一切状态,整理和连贯这些状态,把这些状态合并为可以作为原则的一般事实,明确文明发展的自然规律;然后,从哲学上勾画出从过去发展而来的社会未来的图景,即定出现代应当进行的社会改组的一般计划;最后,把这一切结果应用于事物的现状,并由此决定有利于最后进入新的社会状态的政治活动方针。以上这些,就是为建立可以满足社会的紧急而重大的要求的实证的理论政治所应进行的全部工作。

这就是我不揣冒昧,敢于向欧洲学者提出并希望他们协助的第一组理论研究工作。

以上的论述已经充分指明实证政治的精神实质,而再拿实证政治与神学和形而上学的政治比较,则会使实证政治的精神实质更加了然。

首先,从最重要的方面,即从对社会的现实需要的关系方面来比较这几种政治,就不难看到实证政治的优越性。这个优越性的产生原因是:实证政治是经研究发现的,而神学和形而上学的政治则是凭空捏造的。神学和形而上学的政治,是根据以为能够创造出最好的社会体系的绝对条件,空想出符合文明的现状的社会体系的。实证政治只是把这种体系作为文明发展的结果,通过观察而确定的。由于双方使用的方法不同,想象的政治就不可能发现真正的社会改组形式,而观察的政治就能够发现这种改组形式。一方面,是不对疾病进行诊断,而只是白费力气地去寻找治疗办法。另一方面,是确信患者的生命力是使疾病痊愈的根本原因,并只是通过观察来预见危机的自然归宿,以便排除错误治疗造成的危害,促使疾病痊愈。

其次,只有科学的政治可以向人们提供人人都能接受的理论。从某种意义来说,这是最重要的条件。

神学和形而上学的政治在探求可能有的最好政府时,往往沉浸在漫无边际的议论中,因为这个问题不是它们所能决定的。政

治制度必须而且实际上早已同文明的现状联系起来。对每个时代
来说,最好的政治制度都是最适合于当时的文明状态的制度。因
此,从来没有而且今后也不会有绝对优于其他一切政治制度的政
治制度,而只能有一个比一个更加进步的文明状态。一个时代的
有益制度,到了另一个时代可能变成有害的,而且多数是变成了有
害的。反之亦然。比如说,奴隶制度,在今天看来是不人道的;而
在当初,它确实是很好的制度,因为它的目的是防止以强凌弱。正
如我将在这项研究的第二部分专门讨论的,这种制度是文明发展
过程中的不可缺少的中间阶段。同样地,这种制度所反对的自由,
只要不是自由得过头,对于达到了一定文明程度和养成了某种预
见能力的个人和民族来说,都是有益的,因为自由能使他们的能力
得到发挥;而对于没有具备这两个条件的个人和民族来说,自由就
是非常有害的,因为无论是从保护他们本身来说,还是从保护他人
不受他们侵犯来说,他们都需要有人监护。因此,在可能有的最好
政府这个绝对问题上,显然不会有一致的意见。神学和形而上学
的政治,为了在议论中使意见一致,只有完全停止讨论原来商定的
议案。除此之外,别无其他办法。在这方面,神学的政治比形而上
学的政治干得更为彻底,因为它要长期存在下去,就得创造长期存
在下去的条件。我们知道,形而上学在讨论政府这个问题的时候,
曾经是一方面让想象自由地驰骋,另一方面又怀疑社会状态本身
对人们的幸福的效用,甚至公开否认这种效用。这突出地表明,在
这样的问题上是不可能意见一致的。

　　科学的政治与此相反,它的实践目的在于确立过去的文明发
展至今促成的体系,所以问题完全是实证性质的,而且完全可以通

过观察来解决。可以而且应当允许充分自由的讨论,而不必担心讲错。到了一定时候,一切有能力的人士和跟随他们的人士,尽管起初辩论时各有自己的观点,但终归会在文明发展的自然规律上和由此而来的体系上取得一致意见。太阳系的各项规律和人体组织的各项规律以及其他一些规律,就是这样建立起来的。

总之,实证的政治是使人类能够摆脱专横的唯一办法。只要神学和形而上学的政治继续统治下去,人类就得长期沉沦于专横的统治之中。

理论上的绝对化,必然导致实践上的专横。只要继续认为人类没有自身的动力,以为动力是立法者给予的,则不管立法者如何花言巧语,专横的将必然极其强大地存在下去,而且是在所有极其重要的领域存在下去。这是事物的本性所使然。因为当时人类听任立法者的摆布,让他们为人类设立可能有的最好政府,所以专横后来虽然仅存在于个别地方,但也显然无法把它从整个社会驱逐出去。不管最高的立法者是一个人还是数人,是世袭的还是选举的,在这一点上不会有任何变化。如有可能,也会给全社会安上立法者的头衔,但情况仍然照旧。在这种情况下,只不过是全社会让自己甘受专横的蹂躏,而且害处将甚于从前。

与此相反,科学的政治坚决反对专横,因为它要消灭专横所由产生和续存的绝对化和昏庸。这种政治认为人类是服从发展的自然规律的。通过观察可以确立的这个规律,毫不含糊地为每个时代指出其可以进行的政治活动。因此,专横必然消失,对人的统治将为对物的统治所取代。这样一来,政治方面就有了名副其实的规律,即有了著名的孟德斯鸠所表述的那种从哲学上来理解的真正的法律。不管政府在各方面采取什么管理办法,专横至少从根本上不能再现。在政治上一切均按真正的最高规律行事;而这个规律有其超过一切人力的威力,因为归根结底,它来自我们丝毫也不能影响的人体组织的本性。简而言之,这个规律既能有效地排斥神学的专横,即国王的神权,又能有效地排斥形而上学的专横,即人民的至上权。

如果有人要把这一规律的最高支配看成是现存专横的变形,那么,他们也应当非难万有引力定律对整个自然界的绝对支配,非难文明的发展规律所由产生的人体组织的规律对整个社会的同样支配。人体组织规律的这种支配作用是实在的,但容易变化和被误为其他作用。

以上的考察,自然要求明确规定政治上的观察和想象的各自的范围。作出这种规定以后,就会看出新的政治的一般精神实质。

为此,应当把研究工作分成两类:第一类正是研究科学政治的,它与建立适合于现代的体系有关;第二类是关于这个体系的普及问题的。显然,在第一类研究中,也像在其他科学中一样,想象经常处于观察的支配之下,起着完全从属的作用。在研究过去的时候,想象可以而且应当用作发现事实的联系的暂时手段;但必须记住,把主要的联系从事实本身直接总结出来以后,便不得再这样利用想象了。而且,只能在从属的事实上进行这样的利用,否则就一定产生错误。在第二类研究中,确定社会今天所要建立的体系,几乎都要取决于对过去的全部观察。这类研究不仅要确定整个体系,而且要确定它的最重要部门,同时使确定的精确程度达到今学者们看到这项研究时感到十分吃惊的地步。但是,只有把这个体系委托给实业家,使他们可以按照上一章所述的计划去运用这个体系,才能使这种方法所获得的精确度达到最高水平。因此,在这第二类研究中,想象在科学的政治中所起的作用仍然是从属性的:只不过给新体系画出一个轮廓,使其正确性达到必要的程度即可。这个新体系的总规划的特点,还得通过观察来确定。

但是,还有另一项研究。它虽然从属于上述的两类研究,但为使改组的大业获得最后成功,它仍然是必要的。在这项研究中,想象又将充分发挥它的全部作用。

在确定新体系的时候,必须明确这个体系的优缺点。主要的问题,即唯一的问题应当是:根据对过去的观察,今天应当随着文明的发展建设什么样的社会体系。如果只专注和偏重于这个体系的善,则将造成各种混乱,而且也与目的相悖。一般说来,我们可以认为:因为善的观念及其与文明状态的符合的观念一开始就是合而为一的,所以只要查明哪个体系最符合文明的状态,就可以发现今天可以实行的最好的体系。善的观念本身不能成为实证的,它只有同第二个观念联系起来才能成为实证的。因此,不应当把专注于第二个观念的研究,看成是直接查明哪个体系最符合文明的状态。否则,政治就不能成为实证的政治。指出新体系的优点,即指出新体系在这方面比以前的体系优越,只是次要的事情,对于研究的方向不会有任何影响。

毫无疑问,用这种方法确实可以建立起真正具有实证性质和真正与社会的重大需要和谐的政治。虽说应当用这样的精神确定新的体系,但也显而易见,为使新体系最后被社会采用,却未必以这样的形式向社会提出这个新体系来,因为这样的形式很不适于号召社会采用新体系。

为使一个新的社会体系能够建立起来,只是做了适当的筹划工作仍是不够的,还需要有社会的广大群众热心于这个体系的建立。这个条件之所以必要,不单是要战胜这个体系在没落阶级当中必然遇到的大大小小的反抗,而特别是因为要满足人们在进入新的生活时油然产生的内心感激的精神需要。没有这种感激心理,人们既不能克服自己的自然惰性,又不能摆脱陈旧习惯的强大束缚。然而,为了使人们的一切能力在新的用途当中得以自由地和充分地发挥出来,克服这些障碍却是必要的。因为在一些最简单的事情当中也经常有这样的必要,所以如在一些最广泛的和最重大的变革当中,即在使人们的生活必然发生极其深刻的变革当中不产生这样的必要,那反而奇怪了。历史也在为这个真理提供有利的证据。

由此可见,科学的政治为认识和提出新体系可以采取和应当采取的方法,完全不能直接用于创造这个必要的条件。

任何一个体系,即使它已向群众证明它的建立当初是由文明的发展准备好了的,证明它在今天负有领导社会的使命,也绝不能由此激起群众的热情。这样的真理只有极少数人能够完全掌握,而且其中一部分人需要付出很长时期的脑力劳动。它本身绝不能激起人们的热情,只有学者可能对它产生敦厚而坚决的确信。这种确信是实证的论证的必然结果,有较大的持久力;但由于这一点,它的活力就不如可以激起热情的观念所产生的生动活泼和动人心弦的说服讲解。

获得这种说服讲解的效果的唯一办法,就是向人们说明新体系的必要性和及时性,展示新体系在各方面将要使人们的地位得到改善的动人图景。只有这种展望才能够促使人们亲自进行新体系的建立所需要的道德革命,才能够抑制人们的自私心。在旧体系瓦解之后,自私心开始占了上风;但当科学的研究使人们受到启发的时候,它只会妨害新体系取得胜利。最后,只有这种展望能够使社会清除死气沉沉的景象,赋予社会的全体成员以朝气蓬勃的活力。当社会处于可以使人们的一切能力不断发挥作用的状态时,这个活力必将持久地存在下去。

以上,就是可使想象发挥优势的一类研究工作。在这类研究工作中,想象的活动不会受到任何障碍,因为它符合科学研究所确立的方向,它所追求的目的不是发现所要建立的体系,而是采用实证的政治所确定的体系。持有这样的目的的想象,完全可以任其自由驰骋。它的活动越自由和越不受拘束,它所必然发生的作用就越完全和越有效。

这就是在社会改组的整个创举中留给美术的特殊任务。因此,所有的实证力量将在这一伟大的创举中互相竞赛:学者的力量去制定新体系的规划,艺术家的力量去鼓励人们普遍采用新的体系,实业家的力量去制定实施这个体系的必要办法。这时,这三支强大的力量要互相携起手来去建立新体系,而且他们在新体系形成之后,也要互相携起手来去天天应用这个体系。

最后,在确定适合于现代的社会体系的时候,实证的政治将赋予观察以臆测的政治曾经赋予想象的那种优势;在这同时,还要交给想象一项新的任务。现在,这项新任务比其在神学和形而上学的政治中负担的任务重要得多。尽管想象在这两种政治中曾负有最高的任务,但从人类接近实证状态以来,它便衰落下来,只能想出一些陈腐的观念和描绘出一些单调的图景了。

对实证的政治的一般精神实质作了以上的概述之后,有必要综观一下至今为使政治升为观察科学所做的一些主要尝试。这会有以下两种好处:通过事实来证明这一创举已经达到成熟时机;以不同于上述的各种观点的观点来看新的政治,使新政治的精神实质更加了然。

应当说,第一个直接作出努力,把政治当作事实的科学,而不当作教条的科学来研究的,是孟德斯鸠。凡是熟悉《论法的精神》的人,都认为该书的真正目的,显然就在于此。这部书第一次在其开端对法的一般观念作了哲学的解释。只是这个令人钦佩的开端,就足以说明了该著作的这个意图。十分清楚,孟德斯鸠的基本目的,是对他所知道的一切政治事实进行适当的分类,把它们分列在几个主要的项目之下,然后阐明它们之间的联系的规律。

如果在这里评价这种研究的功绩,那就得从这种研究的盛行时代开始分析。这样,我们将会看到,孟德斯鸠在哲学上比其同时代人优越得明如指掌。证明这个问题的主要根据是:在批判的精神盛行,甚至最有头脑的人都完全听任其控制的时代,孟德斯鸠却摆脱了这种精神;而在形而上学的和绝对的政治经卢梭之手达到登峰造极的时候,他却深感这种政治是空虚的,觉得有必要从其中解放出来。

尽管孟德斯鸠的才能是出众的,而且后来表现得越来越明显,但是他的研究工作显然还没有使政治学进入实证科学的行列。他的著作完全没有满足为达到这个目的所不可缺少的上述基本条件。

孟德斯鸠未能理解支配着一切政治现象的一个重大的一般事实,这个事实就是文明的自然发展,它是一切政治现象的真正调节者。因此,在建立实证政治的过程中,他的各项研究只能当作材料来使用,即只能从其中搜集一些观察和概要,因为他用来联系事实的一般观念完全不是实证的。

尽管孟德斯鸠为摆脱形而上学的束缚尽了很大的努力,但他并没有能够成功。而且,他的主要观念显然是从形而上学演绎出来的。这个观念有两个缺点:首先,它不是历史的,而是独断的,即没有注意各种政治状态的必然的继承性;其次,它过于重视次要的事实,即政府的形式。因此,孟德斯鸠赋予这个观念的重要作用纯粹是想象出来的,同所有的确切的观察发生矛盾。简而言之,在孟德斯鸠这里,没有像在各门实证科学那里所必须做的那样,把实证的事实真正联系起来;而只是按照往往与事实的现实关系相矛盾的假设的观点,把实证的事实凑合在一起。

孟德斯鸠真正符合实证方向的理论著作中的唯一重要部分,是以研究地方的自然环境对政治的影响为目的的那一部分。他认为,自然环境在不断发生作用,可用气候一词来统称自然环境。但是不难看出,就是在这个问题上,孟德斯鸠发明的观点如果不经过全面修改,也没有用场,因为他的观点的形成办法一般说来是错误的。

其实,所有的观察者今天都十分清楚,孟德斯鸠在许多方面都过于夸大了气候的影响。然而这也是不可避免的。

当然,气候对认识政治现象有极其现实和非常重大的作用,但这个作用只是间接的和次要的。气候只能使文明的自然发展加快或减慢到一定程度,而文明的这种发展绝不会因气候的变化而改变性质。实际上,在任何气候条件下,除发展的速度以外,文明的发展基本上是一样的,因为它所遵循的一般规律来自人体组织的规律,而人体组织的规律在任何地方基本上是一样的。可见,气候对政治现象的影响,只表现在文明的自然发展的变速上面,而这种发展本身仍受其原有的主要规律的支配。因此,在确定这个主要规律之后,才能对气候的影响进行富有成果的研究和恰如其分的评价。如果先于直接的和主要的原因去考察间接的和次要的原因,则由此违反人类理性的本质的不可避免后果,就是把直接原因的作用误认为间接原因的作用,在观念上造成极大的混乱。这就是在孟德斯鸠那里出现的现象。

对于气候的影响所作的上述考察,显然也适用于其他一切不影响文明发展的本质而只会引起发展速度变化的原因。只有在确认文明的自然规律的总作用,并从其中抽象出其他因素的影响之后,才能正确规定气候的影响。天文学家就是在抽象出摄动的影响之后,而开始研究行星运动的各项规律的。发现这些规律之后,才可以确定它们的各种变形,并根据这些变形首先为主要的运动定出原则。如果一开始就想去建立这些法则,则显而易见,一个正确的理论也无法建立起来。对我们现在研究的问题,也完全可以这样说。

孟德斯鸠的政治学说的欠缺,从用它解决社会的迫切问题方面也清楚地反映出来。

先进的文明国家的社会改组,不管是在孟德斯鸠生活的时代,还是在今天,都是现实的需要,因为封建神学体系已经土崩瓦解了。后来发生的一些事件,在彻底破坏旧体系的同时,使改组的需要更加明显和更加迫切了。但是,孟德斯鸠在他的著作中并没有把建立新社会体系作为实践目的。他没有按照一个适于说明社会当时需要新的体系并适于确定这个体系的一般特征的理论,把政治事实联系起来,所以在实践方面,他只能提出和实际上也提出了一些微不足道的改良。这些改良虽然也符合过去的经验,但它们不过是神学封建体系的变形,有的改变得多一些,有的改变得少一些。

当然,孟德斯鸠的态度在这里还是明智和慎重的,因为他的实践观点没有超出事实所规定的范围。虽然当时他满可以大大空想一番,但他仍满足于在这个有限的范围内对事实进行不够充分的研究。同时,他也坚定地承认,一个理论如果不能适应最重要的实践需要,那就是不完全的。

因此,孟德斯鸠终于感到需要把政治作为观察科学来研究,但他没有写出一部具有这种特征的一般著作。然而,他在这方面的研究仍然具有重大的意义,因为这些研究为人类的理智提供了一大批按照一个理论结合起来的事实,使人们便于把政治观点联系起来。当然,这个理论远远没有达到实证状态,但比起以前的一切理论来,它还是离开这个状态最近的。

为使政治能够进入观察科学而拟出通盘研究计划的,是孔多塞。他第一个清楚地认识到,文明是一个连续发展的过程,其各阶段之间的紧密联系服从于自然规律。对过去进行哲学观察,可以发现这些自然规律,而这些规律又可以完全实证地决定每个时代的社会应当进行的全面改革或部分改革。孔多塞在这里不仅设法为政治提供真正的实证理论,而且还通过其《人类理性进步的历史概观》一书试图证明这个理论。只是这部著作的标题和导言,就足以保证其作者因创造这个伟大的哲学思想而应享有不朽的荣誉。

然而,这个重大发现至今还没有任何成效,而且几乎没有引起任何反响,也没有一个人走上孔多塞指出的道路。一句话,政治还没有成为实证的政治。如果究其原因,则大部分应当归诸孔多塞制订的方案在实施当中完全违背了这项研究的目的。他完全没有理解这项研究的最重要条件,所以他的著作必须返工改写。现在,我们就来证明这一点。

第一,在这类研究工作中,时代的分期是研究计划的最重要部分;或者更正确地说,时代的分期构成了广义的计划本身,因为时代的分期决定着所观察的事实的主要整理方法。但是,孔多塞采用的分期法是完全错误的,因为它甚至没有满足最明显的条件,即没有满足同组的事实应当同质的条件。我们认为,孔多塞完全没有认识文明的时代分期的哲学规定的重要性。他没有理解,在总论部分应当首先从哲学上规定时代的分期,而在建立实证政治时应当做的工作中,从哲学上规定时代的分期是最困难的工作。他认为,随便选一个重要事件,不管是实业上的,还是科学上的或政治上的,来标志每个时代的开始,就能对事实进行适当的整理。由于采用了这种方法,所以他始终未能走出文献史家的圈子。他不可能创出一个真正的理论,也不可能在事实之间建立起实在的联系,因为他用来联系其他事实的事实,根本与所联系的事实没有关系。

在一切学者当中,自然科学家是必须进行最广泛和最困难的分类的学者,所以他们应当大力改进一般的分类方法。这种方法的基本原则,从植物学和动物学采用哲学分类法,即采用不是以人为的联结而是以现实的关系为基础的分类法以后,才被确定下来。这个基本原则的内容是:按照共性排列的各分类阶段的顺序,应当尽量正确地符合按照共性排列的应被分类的现象间的被观察关系的顺序。因此,科、属、种等阶梯,不外是表明把被整理出来的一系列一般事实,按逐层分类的次序排列起来。简而言之,分类在这时不过是随着科学的进步用哲学的语言来表述科学。理解了分类,就等于理解了科学,或者说至少是理解了科学的最重要部分。

这项原则可适用于任何一门科学。因此,在这项原则已被发现、利用和确证的时代形成的政治科学,也应当利用其他科学发现的这个观点,并以此为基础来划分文明的各个时代。在人类的通史中按照时代的自然关系的顺序把文明分成几个时代的理由,同自然科学家按照同一规律对动物和植物的机体进行分类的理由完全一样,只是前者的理由更为充分。

这是因为事实的正确整理对于任何一门科学来说都十分重要,而对于如果不具备这个条件就将完全背离自己的实践目的的政治来说尤为重要。大家知道,这个目的是对过去进行观察,以决定文明的发展在今天所应建立的社会体系。但是,这个决定只能来自可以反映文明的发展规律的对以前状态的正确整理。由此可见,政治上的事实,不管它们多么重要,只有经过整理,才有现实的实践价值;而在其他科学,事实的认识本身就多半具有不依事实的联系方式为转移的重大效用。

因此,对文明的各个时代,不应像孔多塞那样,漫无秩序地按照比较重大的事件来分期,而应按学者们已经公认的可以作为分类基础的哲学原则来分期。时代的主要分期,应当揭示文明发展史的一般情况。以下的次要分期,不管细分到什么程度,都要层层深入地正确揭示这一历史的概况。简而言之,时代的分期表应当做得使人感到只有这样才能概括研究工作的全体。否则,不管你的研究怎么完善,也不过是暂时性的,仅有文献的价值。

不用说,这样的分期不是空想出来的,即使它已达到高度的概括,它也只能是一个草图,即只能是文明通史的最简单年表。当然,尽管这种方法对于实证政治的建立十分重要和十分必要,但如果对这项工作没有充分的准备,也采用不了这种方法,而只能在开始的时候做一些纯粹的临时性工作。尽管至今发表的历史著作,特别是最近五十年来发表的历史著作,还根本不是按照值得称道的精神写出来的,但是它们毕竟为我们预先收集了材料。因此,我们才得以直接去做最后的整理工作。

我在前一章里,已就我的想法,对于如何创造过去时代的主要分期所应具备的上述条件,作了一般的概述,但只是就精神领域叙述的。这个概述是对整个文明史进行的初步哲学研究的结果。

我认为,可把整个文明史分成三个时代或三个文明状态。这三个时代,在精神领域和世俗领域都各有十分显然的不同特点。对每个时代的文明,既要从其全体来考察,又要从其各个成分来考察。根据本章之初所做的考察,这样做显然是一个必要条件。

第一个时代,是神学和军事时代。

在社会处于这种状态的时候,理论的观点,不管是一般的,还是个别的,都来自超自然的命令。想象显然地和全面地支配着观察,观察没有探讨问题的任何权利。

同样地,在社会关系方面,不管是个别的,还是一般的,都显然是和完全是军事关系。社会以征服为其唯一的和永恒的目的。只存在一些为人类的生存所不可缺少的实业。生产者的简单奴隶制度,是当时的主要制度。

这就是文明的自然发展所造成的最初的一个大体系。从开始形成常态的正规社会以来,这个体系的各项成分就逐渐形成;而经过许多代以后,它才以整体的形式完全建立起来。

第二个时代,是形而上学和法学家时代。它的一般特点并不十分明显。它是一个中间的折中时代,起着过渡的作用。

它在精神领域的特征,已在前一章讲过了。在这个时代,观察经常被想象所支配,但也允许观察在一定的范围内改变想象。后来,这个范围逐渐扩大,终于使观察获得了可以在一切方面进行探讨的权利。最初,观察得到对一切个别理论观点进行探讨的权利;后来,通过观察的实际应用,又慢慢地使观察也获得了对一切一般理论观点进行探讨的权利。这表明到了过渡的后期。这个后期是批判和辩论的时期。

在世俗领域,实业更加发展,但还没有取得优势。因此,不管就社会的构成部分来说,还是就社会的全体来说,社会均已不像以前那样显然是军事性质的了,但也还不显然是实业性质的。私人的社会关系发生了变化,个人的奴隶制度也不再是直接的了。生产者虽然还是奴隶,但已开始取得某些军人权利。实业获得新的进步,这些进步最后使个人的奴隶制度完全废除。在获得这种解放以后,生产者仍然受着集体专横的统治。但是,在公共的社会关系方面,不久也开始发生变化。现在,社会同时有两个目的:征服和生产。实业首先是作为军事手段而被经营和受到保护的。后来,实业的重要性逐渐增大,而战争现在却被视为促进实业发展的手段。这就是这个中间状态的最后状态。

最后,第三个时代,是科学和实业时代。一切个别理论观点均已成为实证的,而一般理论观点则正在变为实证的。在前一种情况下,观察支配想象;而在后一种情况下,观察虽已推翻想象的统治,但还没有取代它的地位。

在世俗领域,实业开始占据优势。一切私人关系都将逐步在实业的基础上改建起来。作为一个集体,社会也将全体在同样的基础上重建起来,以生产作为它唯一的和永恒的目的。

简而言之,这最后一个时代,已部分地从文明的各项成分进入,并在准备开始从整个社会范围内全部进入。这个时代的直接出发点,是阿拉伯人向欧洲输入实证科学和公社得到解放的时候,即约在 11 世纪。

为避免在应用这个概述时出现误解,应当记住一个问题,即文明的发展先从社会状态的精神成分和世俗成分方面逐步开始,然后才表现在社会的整体方面。因此,三个相连的大时代,必然先从社会状态的各成分方面开始进入,然后才全部进入。如果不首先留意这个必然出现的差异,则会造成某种混乱。

这就是社会状态开始真正固定以来直至今天的整个文明史的三大时代的主要特征。我不揣冒昧,敢于把过去时代的这个重要分期方法提交学者们审查,并认为这样的分期可以满足对全部政治事实进行正确分类的主要条件。

如果采用这个分期方法,则为了便于对广泛的历史现象进行扼要的概述,还必须再往细分。主要的分期提供了对现象同时进行一般考察和实证考察的手段,所以可以容易进行以下的必要细分。不言自明,按照分类的基本原则,主要分期下面的详细分类,也必须完全按照主要分期的同样精神进行,即只应当是主要分期的简单发展。

在考察完孔多塞关于时代分期的论述之后,还必须观察一下这种分期与其实施宗旨的关系。

孔多塞没有看到,他为建立实证政治而进行的研究的第一个直接结果,应当是必须把思想家们的全部注意力引向这项研究的实践目的,即引向社会的改组,以使 18 世纪的批判哲学完全消失。因此,他也没有理解,想要实现这个重大创举的人士必须具备的预备条件,是必须尽可能摆脱这种哲学给人们的头脑灌入的批判的偏见。他没有这样做,而是甘受这种偏见的盲目支配。他只责难过去,而不去观察过去。因此,他的著作只是说了一通冗长陈腐的大话,实际上产生不了任何实证的教益。

一切实证科学,都必须严肃认真地放弃赞美和非难现象的做法,因为这种额外做法的不可避免的直接结果,是妨害研究工作的进行或使其变质。天文学家、物理学家、化学家和生理学家,既不赞美也不斥责他们所观察的现象。像许多实例所证明的那样,只要这些现象能为这种或那种考察提供丰富的材料,他们就进行观察。学者们有理由让艺术家也在他们实际从事的活动部门取得这样的成果。

实际上,不管是政治科学,还是其他科学,都应当这样研究它们所观察的现象。不过,政治科学尤其必须如此,因为政治研究确实困难得多,而且在这门科学当中,它所研究的现象与感情的接触要比其他一切现象直接得多,以致会影响研究的结果发生很大的变化。因此,在这一方面,即使孔多塞对过去所作的一切谴责是有充分根据的,支配着他的批判精神也是同科学的政治所应遵守的精神背道而驰的。而且,还不止于此。

当然,根据本章所指出的,政治家想出的实践措施并不总是适当的,而且往往是与文明的发展相悖的。如再明确一下这句话的意思,那它所指的不外是在任何情况下,政治家总是想方设法延长已经不再符合文明状态的学说和制度的自然寿命。当然,考虑到至今尚无任何可实证的办法认识这种错误,所以这种错误也大可原谅。但是,要把只是与次要事实有关的东西联合起来,以形成一个完整的制度或思想体系;或者不顾曾为社会创造过一次暂时的重大进步的封建神学体系在其鼎盛时期取得过决定性的成果,反而举例证明从来没有一种体系曾像它那样妨碍过文明的发展;或者认为几个世纪以来一直站在一般运动的前头的阶级总是企图对人类搞阴谋——这一切想法,都是18世纪哲学的不良后果,它们不仅在原理上是不合理的,而且在效果上也是起着反作用的。像孔多塞这样的人物竟未摆脱这种哲学的束缚,实在令人惋惜。

这些错误想法来自未能从文明的一切主要部分去认识文明进步的自然连续性,所以它们显然无法解释文明的进步。因此,孔多塞的著作出现了普遍而连续的矛盾。

一方面,他坚决认为,18世纪的文明状态在许多方面都比文明的当初状态优越,而文明的综合进步不外是文明在以前的各中间状态完成的部分进步的积累。另一方面,孔多塞在逐项研究这些中间状态的时候,几乎经常是像他以前所做的那样,利用一些非常重要的观点,论证这些状态是倒退的时代。这样,他就认为文明的依次发展是一系列奇迹,把这种发展看成是没有原因的结果。

真正的实证政治必须具有与此完全相反的精神。

任何时代的制度和学说所达到的完善程度,都不能超过当时的文明状态所允许的范围。这就是说,总得等到一定的时候,因为这些制度和学说必然决定于文明。另外,这些制度和学说在它们的全盛时期总是具有进步性质的,任何时候都不曾有过倒退的性质,因为它们抵抗不了文明的发展,必须从文明发展当中汲取一切力量。只是在它们的衰落时期,它们才通常具有停滞的性质,这一部分是因为它们企图抵制政治体系和个人的自然灭亡,另一部分是因为政治当时仍处在幼稚状态。

也应当这样看待支配阶级在各个时代所表现的情感。占据优势的社会力量,在它们的全盛时期都必然宽宏大度,因为他们不再想获得什么东西,也不再怕失去什么东西。只是在他们开始衰败的时候,他们才自私自利起来,因为他们要把全部力量用去维持业已分崩离析的政权。

这些概述显然适于解释有关人的本性的各项规律,而且只有这些概述可以充分说明政治现象。总之,我们不要把过去看成是一堆乱糟糟的异常事物,而应当把它看成是一般问题,认为社会在许多方面通常是能够在事物的本性所允许的范围内认识清楚的。

在看到某些个别事实与一般事实矛盾的时候,与其通过最初的观察确认这种矛盾的存在,还不如使两者调和起来,重建失去的联系。这样做更合乎哲学的研究方法,因为让最重要的和多次被证明的事实服从次要的和不常发生的事实,就等于完全放弃已经确定的科学从属关系。

其次,显而易见,在使用这个一般观点时,也应当像使用其他一切观点时一样,要尽量避免过分。

当然,我们可以在根据这个观点考察的实证政治和乐观主义神学和形而上学的著名信条之间发现某种类似。类似在本质上也是现实的,但从观察一般事实到完全想出假说性的观念,还有很大一段距离。由此造成的差别,在结果上会表现得更为明显。

神学和形而上学的信条坚决宣称,凡是存在的一切都是最好的,而且好得无以复加,所以使人类失去了对现实进行改革的一切前景,永远处于停滞状态。认为社会组织在一定时期内总要随着当时的文明状态的改进而改进的实证观点,绝不阻止改革的思想,反而给予它以最有效的实践动力,把人们可以直接作用于社会组织的,但仍然没有发挥出来的力量引向真正的目的,即引向对文明的改进上去。此外,这种观点没有任何神秘和绝对的东西。所以它一预感到政治制度和文明状态之间的和谐关系危在旦夕的时候,就会促使人们去恢复和谐。它在说明如何去恢复这种和谐的时候,只是告诉人们不要在这种因果关系中倒因为果就可以了。

在研究这种类似的时候,提一下实证哲学也是有好处的。实证哲学不只是在这个时候,而且在其他时候,都把神学和形而上学的哲学所想出的朴素一般观念略加适当的改变,然后据为己有。真实的一般观念即使其表现形式有错误,也不失其作为推理手段的价值。人类理性的发展在于改进一般观念,然后把它纳入各个文明状态。为使我们的各知识部门进入实证状态而进行的历次革命,可以证明这一点。

举例来说,毕达哥拉斯学派创立的关于数的作用的神秘学说,后来被几何学家们归纳成如下的简单的实证观点:不太复杂的现象可用数学定律解释。再如,最终原因的学说被生理学家改为生存条件的原理。当然,这两个观点与这两个神学和形而上学的观点完全不同,但后者是前者的萌芽。正确的哲学研究,足以使人类理智在其幼年时期产生的这两个假说性观点具有实证性质。此外,一般观念的性质的这种改变,绝不会损害它们作为推理手段的作用,反而甚至可能增强这种作用。

这项考察也能同样正确地适用于以前所述的两个一般政治观念:实证的一般政治观念和虚构的一般政治观念。

在即将结束对于孔多塞的著作的详细评述的时候,应当由此演绎出可以显示实证政治的精神实质的第三个观点。

人们曾强烈责难孔多塞,说他贸然在其著作的结尾绘出一幅未来的图景。不该谴责这个大胆的设想,因为它正是孔多塞在写这部著作时采用的唯一的最高哲学观点。因此,在现代的文明史中要把它保留下来,而将来的文明如出现这样的图景,那是自然而然的。

孔多塞理应受到责难的地方,不在于他试图决定未来,而在于他决定得不够好。这是因为他对过去的研究是完全错误的,其理由已在前面说过了。孔多塞没有对过去做很好的整理,所以也不能由此总结出未来。这种观察上的欠缺,使他在构想未来的时候,基本上是依靠想象来进行的。由此而来的必然结果,是他未能很好地设计未来。但是,这个原因明显的失败只能证明,不对过去进行很好的整理,事实上就不可能对社会的未来的一般图景作出正确的决定。

这个观念之所以使人觉得奇怪,是因为人们还不习惯于把政治视为一门真正的科学;而如果把政治看成是真正的科学,则由对过去进行的哲学观察来决定未来,就是人人都已习惯的、可以用来观察其他种类现象的非常合乎自然的观点。

一切科学都以预见为目的,因为通常在运用基于现象的观察而确立的规律时,都要预见现象的继续发生。实际上,所有的人,尽管他们的知识水平不够高,也总能进行以同一原理为基础的真正预言,即根据过去的知识可以知道未来。例如,人人都能预言地心引力的一般效果,以及其他许多简单和常见得连最无能和最马虎的目击者都能知其再现规律的现象。每个人的预见能力,是衡量这个人的知识水平的尺度。可以正确预言千万年后太阳系的状态的天文学家的预见,本质上是与可以预言明天的日出的野蛮人的预见是一样的,两者之间的差别只在于知识的多寡。

因此,政治科学也能像天文学、物理学、化学和生理学所做的那样,通过对过去的观察可以揭示未来,这显然是非常合乎人类的本性的。

这样的论断,也可以像在其他实证科学中那样,用来说明政治科学的直接目的。其实十分清楚,确定文明的发展促使人类的精华去建设的社会体系,即确定实证政治的真正的实践目的,不外是一般地规定由过去发展而来的当前的社会未来。

　　总之，孔多塞是第一个了解要使政治进入观察科学行列的理论研究的真正精神的人，但他在研究当中所遵循的精神，在一些比较重要的方面却是完全错误的。首先在理论上，其次在实践上，都完全没有达到目的。因此，应当承认孔多塞的直接意图只在于指出科学政治的现实目的，而他的那部著作则要根据切实的哲学考察予以全面改写。

　　为了补充至今为使政治进入观察科学行列所做的一切努力的简单考察，还要分析一下另外两个意图。虽然这两个意图不像前述的两个意图那样，为的是人类在政治上的真正进步，但提一提它们也有好处。

　　使社会科学成为实证科学的要求，今天已亟待实现，而这一伟大创举的开始之日也即将到来，以致许多优秀人士正试图仿效已经成为实证科学的其他科学在自己所属的领域得到应用那样，把政治应用到它所属的领域，以期达到这个目的。但这种试图，从其本性上说是无法实现的，所以只见提出许多方案，而没有听到下文。因此，只以最一般的观点对这些试图略加考察就可以了。

　　第一个试图，是为把数学分析应用于整个社会科学，特别是把概率计算法应用于其各部门所做的努力。这条道路是孔多塞开辟的①，而后来走这条道路的也主要是他。也有其他一些几何学家走上他的道路，抱着与他相同的希望，但对他的整个工作，至少在哲学方面，并没有什么真正重要的补充。这些人曾一致认为，这样

---

　　①　根据以上的考察，孔多塞提出这个方案证明他并没有真正认识文明史的重大意义，因为假如他确实认为对过去进行的哲学观察是使社会科学变为实证科学的手段，他就不会再找其他手段了。

的研究方法是唯一能够使政治具有实证性质的方法。

我认为,本章所做的考察可以充分证明,为使政治成为一门实证科学,完全不需要这样的条件。而且,还要指出一点,那样看待社会科学纯属空想,从而也是完全错误的。而要认识这个错误,也是轻而易举的。

如果在这里对至今所做的这类研究进行详细的评价,则我们马上可以看到,他们对于已经确立的全部观点,并没有真正附加任何具有重要意义的概念。比如我们将会看到,几何学家为把概率计算法应用到它的自然适用范围以外所做的努力,也只是在这种计算法的最重要和最实用部分,对于作为代数学的一个长期未解难题的概率论,提出几个毫不足取的命题;而这些命题是否正确,凡是具有常识的人,一眼就可看得一清二楚。但是,我们只能就这种尝试本身,并从它的最大共性方面,对它加以考察。

第一,许多生理学家,特别是毕沙所做的考察均已证明:一般说来,在有机体现象上,完全不可能就数学分析进行任何有效的和重大的应用。但是,他们仍然用数学分析去考察不外是有机体现象的特殊表现形式的道德现象和政治现象。

进行这样的考察要有一个基础:即为使现象能够运用数学定律去考察所最必要的预备条件,是使现象在量上能够测定。但是,生理现象的部分结果或整体结果,都有其很大的变化量谱,而且变化是在无法正确测定的众多原因的作用下,急速和杂乱无章地相继发生的。这种极其易变的性质,是有机体固有的现象的主要特点之一,同时也是有机体与无机体的明显差别之一。这种性质,显然使人完全失去像在天文学中那样对生理现象进行确切计算的一切希望。在一切现象当中,天文现象在对比之下是最适于这种计算的典型。

因此不难理解,由于结果的起因过于复杂而造成的这种结果经常易变的性质,对于作为生理现象中的最复杂部类的道德现象和政治现象来说,也是极其可能存在的。实际上,在一切现象当中,道德现象和政治现象是在量上变化最大、最多和最不规则的现象。

如果人们适当地研究一下这些考察,则我相信他们将不怕被指责轻视人类理性的能力,而立即断定我们的知识,不论就其现状来说,还是就其将来可能达到的进步高度来说,都必然不能而且永远不能把计算广泛地应用于社会科学。

第二,假如这个希望在某个时候可以实现,则为了实现这个希望,政治科学首先要直接研究一系列政治现象,即专心于整理这一系列政治现象。

实际上,尽管数学分析得到正确使用后会起很大作用,但不要忘记它只是纯工具性科学或方法性科学。它本身并起不了什么现实的指导作用,在它被应用于所观察的现象的时候,才能成为实证的发现的丰富源泉。

数学分析,对于可以应用这种分析的现象也不是立即就应用得上的,而是随着在相应的科学中应用数学计算和改进这种应用而应用起来的。而这个应用的自然极限,则是人们对于从观察现象的量当中发现的正确规律的认识。当这种规律被发现以后,即使它们还不够完善,也可以使数学分析立即得到应用;然后,再依靠自身提供的强大演绎手段,把这些规律还原成少数几个规律,而且往往是只还原成一个规律,从而把最初看来不能计算的大量现象也包容进来,以便对它们进行十分精确的计算。简而言之,应用数学分析,可以在科学中建立起用其他办法均不可能达到这样完整的现象的整理方法。由此可见,一些运算规律的发现,要有一定的预备条件,而当这种条件尚未具备时,凡想运用数学分析,都完全是徒劳的,更不能使我们的任何一门知识成为实证的。这样的应用,只能使自然的研究再回到形而上学上去,把观察所专有的作用让给了抽象。

比如,大家都知道,当观察的发展使物理学的各部门建立了一些正确的关于现象之间的量的定律以后,数学分析才在天文学(天体几何学或天体力学)、光学和声学上以及最近在热学理论上,得到非常成功的应用;而在发现这些定律以前,这样的应用既没有任何现实基础,又没有任何实证的出发点。同样地,化学家今天虽然深信将来有朝一日会把数学分析广泛地而且是实证地应用于化学现象,但他们还是由于没有发现现象之间的量的定律,而不得不放弃用数学分析去直接研究化学现象的想法,因为他们清楚地知道,只有经过大量的一连串探索、观察和实验,才能发现使这种应用赖以实现的数的定律。

打算应用数学分析的那门科学的现象越是复杂,前述的不可缺少条件就越是难于创造,而要求于这门科学的预备性研究和改进也就越高。因此,依次成为应用数学的一个分支的,首先是天文学,或至少是天体几何学,然后是光学,再后是声学,最后才是热学理论。化学虽然迟早要达到这个状态,但在今天,也因此还距离这个状态很远。

　　在根据这些无可辩驳的原理判断人类的社会生理现象可否应用数学计算的问题时,我们首先应当知道:即使证明可以应用数学计算,也绝不表明不需要再对应用数学计算的那些现象进行直接的研究了,而只说明数学计算是直接研究的预备条件。如果再仔细考察一下这个条件,我们还会发现它要求普通的有机体物理学,特别是社会物理学应当达到一定程度的发展,而欲达到这个程度,即使有实现的基础,也得经过几个世纪的努力才能实现。生理学方面的一些可以运用计算的正确定律的发现经过,说明了这门科学所需要达到的发展高度,远远超过对这门科学的未来发展抱有极大希望的某些生理学家的想象。实际上,根据上述的各项理由,应当认为这样的高度发展水平完全是一种空想,同现象的本性不能相容,而且也是人类理性的实际能力所不可及的。

　　这个道理也显然适用于政治科学,而且由于政治科学所研究的现象更为复杂,所以更有理由适用。想象有朝一日可以在这门科学的现象之间确定出量的定律,就等于假定这门科学要发展到足够的高度,在达到这个高度之前,凡是按理应当发现的东西,都远远超过原来合理做出的预计。因此,数学分析只有在它没有任何实用价值的时候才可以得到应用。

　　从以上考察可以得出结论:一方面,政治现象的本性使人们完全失去了将来用数学分析来研究它的一切希望;另一方面,即使可以应用数学分析,这种应用也无助于政治进入实证科学的行列,因为数学分析在它可以应用于政治现象的时候,要求政治先得成为实证科学。

　　几何学家至今没有充分注意我们实证知识的一个最主要划

分,即无机体研究和有机体研究的划分。这种划分应当归功于生理学家,它现在已被建立在巩固的基础之上,并随着人们的深入考察,而被日益证明是正确的。它把数学的合理应用正确地和固定地限制在一个尽可能大的范围之内。我们可以从原则上证明,数学的适用范围绝不能超出物理学领域,唯有物理学现象具有使人们能够导入数的定律所需的单纯性和恒常性。

既然我们看到在数学的最简单应用当中,要想把抽象状态和具体状态充分调和起来都十分困难,而且这种困难随着现象的复杂程度的增加而增加,所以我们可以认为,数学的实际职能范围与其说是被上述原理缩小了,不如说被它夸大了。

认为社会科学一旦应用数学就可以变为实证科学的想法,来源于一种形而上学的偏见:认为除数学以外,其他任何东西都不可能有真正的确实性。在一切实证的知识都属于应用数学的时代,亦即在应用数学所未包括的知识都被认为是暧昧的和臆测的知识的时代,产生这种偏见是自然的。但是,自从化学和生理学这两门主要实证科学形成以来,就绝不能再容许这种偏见存在了,因为数学分析在这两门科学中没有发生任何作用,而且人们认为这两门科学和其他科学一样,同样是真实的。

天文学、光学等之成为真实的实证科学,绝不是因为它们应用了数学分析。它们的这个特点来自它们本身,即来自它们是建立在它们所观察的事实的基础之上的。除此之外,不可能再有其他原因,因为数学分析一与自然的观察分离,就只能有形而上学的性质。当然,在不能应用数学的一些科学当中,人们要特别注意直接的精密观察。在这些科学当中,演绎也绝不可能精确地展开,因为推理的手段还很不完善。此外,确实性只有在适当的限界内才能是完全的。当然,对观察所做的整理可能不够完善,但可以满足科学应用的实际要求。

空想追求不可能实现的完善,必然推迟人类理性的进步,因为这完全是浪费大量的智力,使学者的努力脱离获得实证效果的真正方向。这就是我自信可以对人们已经和将要把数学分析用于社会生理学的试图所作的最终判断。

第二个试图是想把社会科学本质上看成是生理学的简单的直接结果,并以从此使社会科学成为实证科学为目的。这个试图在性质上虽不如第一个试图那样有欠缺,但同样是不可能实现的。卡巴尼斯是这一思想的发明人,而且促其实现的也主要是他。他的名著《人的身心关系》,就是以实现这个思想为其真正的哲学目的的。任何一个人都认为这部书提出的一般学说是有机的,而不是纯批判的。

本章对实证政治所作的考察证明,这个试图也与前一试图一样,必然是想得不正确的。但是,当前的问题在于正确地指出它的缺点。

这个缺点是使对社会的过去进行直接观察变成无用,而这种观察本来应当是实证政治的根本基础。

人之所以比其他动物优越,只是因为和实际上也正是因为人体的组织比动物完善,除此再不可能有其他原因。因此,归根到底,应把人所做的一切和人可能做的一切,看成是人体组织随外界状况的不同而改变其作用的必然结果。从这个意义上说,社会物理学,即关于人类的集体发展的研究,实际上不外是生理学的一个分支,即关于广义的人的研究的一个分支。[1] 换句话说,人类的文明史不外是人的自然史的不可缺少的继续和补充。

但是,既要正确认识和不可忽视这个确实存在的联系,又不要误解社会物理学和所谓的生理学之间不该有明确的区别。

当生理学家研究某种具有社会性的动物的自然史时,比如在研究海狸的自然史时,他们当然可以把这种动物的共同体所进行的集体活动的历史包括进去。他们认为不必在动物的种的社会现象的研究和与个体有关的现象的研究之间画出一条分界线。尽管这两种现象互不相同,但不把它们精确地分开,这时也不会产生任何实际的不便。这是因为:即使很有智力的具有社会性的种的进化,也会首先由于它们的身体组织不够完善,其次由于人类比它们优越,而仍然几乎停滞在起源的水平上,所以在这样不很长的联系中,可以把所有的集体现象直接与个体现象结合起来。因此,为便于研究而要求这种划分的一般理由,即人的智力不可能十分广泛地进行演绎的问题,在这时是完全不存在的。

反之,如果假定海狸的种的智力更加发达,它的文明已可自由发展到使其各代之间存在不断的进步联系,则显然会感到必须单独研究种的社会现象的历史。但是,对于最初几代,还是可以把这个研究同个体的现象的研究结合起来的。只是离开起源越远,这种演绎越加困难,以致最后完全不可能演绎。人正处于这样最高的发展水平。

---

① 因此,孔德有时也称社会物理学为社会生理学,即后来他所创立的社会学。——译者

　　当然,人类的集体现象同个人的现象一样,也承认人体组织的特性是最终原因。但是,每一代人的文明状态,只是前一代文明状态的直接继续,并直接产生下一代的文明。只有把各代从前到后依次直接连接起来,才有可能十分精确地从起源开始研究这种联系。反之,把数列的中间各项完全舍去,而只拿其中的任意一项与最初的出发点连接,也是我们的理性所绝对办不到的。

　　在种的研究中出现的这种轻率态度,与一位生理学家在个体的研究中所表现的轻率态度类似。这位生理学家认为,年龄递增的个体的各种现象完全是身体最初组织的产物和必然的发展,所以他竭力想从个体出生时的可以正确地规定出来的状态去推论生命的任意时期的历史,并相信不必直接研究不同年龄的现象就可以正确认识个体的整个发展过程。这种错误在个体的研究中固然是个大错,而对种的研究危害尤甚,因为在种的研究中,应当整理的相连各项,比在个体的研究中要复杂得多,同时项数也要多得多。

　　如要坚持实行这种办不到的办法,则不仅完全不能充分研究文明史,而且必然要犯重大的错误,因为在完全不能把文明的各种状态与人的特性所确定的最初的一般出发点直接连接的时候,我们就不得不立即把机体组织的基本规律的间接结果与次生的有机状态直接联系起来。

　　比如,许多值得尊敬的生理学家,在解释政治现象的时候,就曾认为民族的特性具有重大意义,而且显然把这种意义夸大了。他们把民族间的差别归因于民族的特性,其实民族间的差别,几乎在任何时候都因不同的文明时代而各异。由此产生的不良后果,是把显然是暂时的东西看成了永久不变的东西。这种错误的例子可以举不胜举,错误的原因完全来自研究方法上的同一错误。这种错误清楚地证明,必须把社会现象的研究同一般生理现象的研究分开。

从哲学观点高瞻问题的几何学家认为:总的说来,宇宙中的一切现象,不管是有机体的现象,还是无机体的现象,只是遵循着为数不多的几个共同的不变规律。关于这一点,生理学家有根有据地提出,即使将来有一天能够完全认识这些规律,也不能无限地演绎生物的研究和无生物的研究之间这种至今仍要保持的以规律多样性为基础的区分。也可以用完全相同的理由,来直接区分社会物理学和所谓的生理学,即直接区分种的生理学和个体的生理学。当然,两者这时的差别很小,因为这种区分只是次要的,另外还有主要的区分。但是,演绎也照样是不可能的,只是不可能的程度有所不同。

这种研究方法的重大欠缺是不难证明的。如果我们不只从实证政治的理论方面来考察,而且还从这门科学的当前的实践目的来考察,即从社会今天应当建立的体系的宗旨来考察,就很容易看到这个欠缺。

当然,我们可以根据生理学规律知道什么状态一般是适合于人类本性的文明状态。但是,从以上的叙述可知,我们依靠这个手段只能达到这个地步,由此再不能前进。要知道,这样的提法本身就是纯思辨的,在实践当中产生不了任何实在的和实证的效果,因为它完全不能使我们以实证的方法获悉人类现在距离这个状态尚有多远,为了达到这个状态应当走什么道路,与这个状态对应的社会组织的总面貌应该是什么样子。这几个不可或缺的答案,显然只能来自文明史的直接研究。

如果我们不顾这一切,而要想方设法去进行这种思辨的和必然不完全的概括,则避免不了要立即犯绝对化的错误,因为我们在这时将像臆测的政治所做的那样,把社会科学的一切实际应用,都归结为形成没有任何时代划分的和并不完善的不变典型。决定这个典型的优劣的条件,当然要比神学和形而上学的政治所依据的条件更具有实证性质。这个变化改变不了这类问题内在的绝对性。不管从哪一方面去研究这类问题,政治也绝不会由于采用这种研究方法而真正成为实证的政治。

因此,不论从理论的观点来看,还是从实践的观点来看,把社会科学看成是生理学的简单结果都是错误的。

有关人体组织的知识和本章讨论的政治科学之间的真正的直接关系,在于前者应当为后者提供出发点。

只要人类居住的行星不发生不可克服的障碍,生理学就完全能够以实证的观点说明使人类的文明能够不断进步的原因。只有生理学能够指出人类文明的真正特点和必然的一般发展。最后,也只有生理学能够解释人的最初联合体的形成,把人类的历史从幼年时期开始总结到语言的创造所引起的文明飞跃发展的时代。

从这个阶段开始,直接的生理学考察当然就不在社会物理学中发生作用了,社会物理学这时要完全建立在对人类的进步进行的直接观察之上。再往前发展,演绎的困难就会马上加深,因为文明的发展将从这个时代开始突然加速,而且需要整理的项数也要猛然增加。另一方面,生理学在研究社会的过去当中应当完成的使命,这时也不再是必要的了。也就是说,生理学将失去其补充直接观察之不足的有益作用,因为从语言出现以后,便有了促使文明发展的直接条件,从而使整个实证考察不会产生任何空白。

为了全面概括生理学在社会物理学中的真正作用,除了上述的考察以外,还应当附加如下的考察:正如孔多塞所正确理解的那样,人类的发展不外是联合起来的个人的代代相传的发展的总和,所以它必然要反映出它与个人的自然史的一般共同点。由于有这种类似,对单独的个人进行的研究,还会为对整个人类进行的研究提供若干验证手段和推理手段。这些手段虽与已述的各种手段不同,而且也不那么重要,但它们有一个好处,即可以适用于各个时代。

总之,与其说人类生理学和个人生理学是完全同类的两门科学,不如说它们是一门科学的两个不同分支。但是,这样说并不排除对它们分别进行研究和考察的必要。前者要想成为真正的实证科学,就得从后者寻找基础和出发点;但是,在找到基础和出发点以后,就应当依靠社会现象的直接观察,独立地进行研究。

首先,在没有其他办法使社会物理学具有实证性质的时候,自然要试图把社会物理学完全纳入生理学的领域。但是在今天,当人们不难相信可以通过直接观察社会的过去而使政治科学具有实证性质的时候,这种试图的错误就是不该原谅的了。

其次,自从知能和官能的研究脱离形而上学的领域而进入生理学的领域以后,试图在确定生理学的真正范围时完全避免夸大和不把社会现象的研究包括进去,那是十分困难的。何时可以克服这些困难,是无法确切规定的。因此,对这次大革命做出主要贡

献的卡巴尼斯在这方面产生的错觉,就特别值得原谅。但是在今
天,当严密的分析可以而且应当取代凭初次印象进行的粗浅研究
的时候,任何理由都不能再妨碍人们确认人类的弱点所要求的必
然分工是不可缺少的。

再次,没有一个真正的理由可以在研究个人的时候把特别称
之为道德的现象同其他现象分开,而使这些现象全都联系起来的
革命,则应被视为生理学今天在哲学领域迈出的最重要一步。

反之,一些最重要的考察却在证明,绝对需要把人类的集体现
象的研究同个人现象的研究分开,但又要承认在整个生理学的两
大部门之间存在着自然的联系。如果试图取消这个不可或缺的区
分,就会犯下一个虽然不太严重但与真正的生理学家应当反对的
下述错误类似的错误:认为生物研究是无生物研究的结果和附属。

这就是至今为使政治进入观察科学的行列而表现出来的四种
主要试图,它们完全确切地证明这项创举是必要的和即将完成的。
对其中的每一试图进行特别研究,将以十分明显观点证明本章在
前面对能使政治具有实证性质的真正手段提出的几项原则。这种
手段因其能使政治具有实证性质,所以又能确切地规定出唯一能
使文明的欧洲解除当前的危机的新社会体系的一般概念。

因此,我们可以认为,根据切实的论证,已经先天地和后天地
证明:为了达到这个主要目的,必须把政治科学看成是特殊的物理
学。这种物理学以直接观察有关人类的集体发展的现象为基础,
以整理社会的过去为研究的对象,以决定文明的发展在今天要求
建立的体系为最终目的。

这个社会物理学,当然同其他一切观察科学一样,也是实证的

科学。它的固有的确实性也完全是实在的。[①] 社会物理学发现的各项规律能够满足所观察的全部现象,所以这些规律的应用是完全可靠的。

同其他一切科学一样,这门科学虽与生理学有必然的联系,但有其独立性,所以也拥有一般的证明手段。这种手段的基础是,认为在整个人类所处的目前状态下,地球上的不同地点同时存在着发展程度不同的许多文明:从新西兰野蛮人的文明,一直到法国人和英国人的文明。因此,时代的相接所建立的联系,可以通过文明地点的比较来证明。

乍一看来,这种新科学好像只限于简单的观察,而完全不必求助于实验,但这并不妨碍它成为实证科学。天文学就是证明。但是,在生理学当中,除对动物进行实验外,还在研究病理的时候对人进行直接实验,以改变现象的正常秩序。同样地,而且基于同一理由,应当把政治措施曾经或大或小损害过文明发展的许多时代,看成是为社会物理学提供了真正实验的时代。只要这种实验能够发现或证明支配人类的集体发展的自然规律,那它比纯粹的观察还更有用。

如果本章所做的论述能像我贸然预期的那样,使学者们认识到按照上述的精神建设实证政治的重要性和可能性,那么,我就来

---

① 毫无疑问,不必在这里反驳许多作者,特别是沃尔涅[*]对历史事实的确实性提出的过于夸大其词的异议。即使我们认为这些作者提出的异议全部合理,他们的异议对于文明的研究所考察的具有一定程度的重要性和普遍性的事实也毫无影响。

* 康斯坦丁·弗朗斯瓦·沃尔涅(Constantin François Volney,1757—1820 年),法国资产阶级启蒙运动者,自然神论哲学家。——译者

比较详细地谈一谈我对这第一组研究的实施方法的意见。但是，我认为在即将结束本文的时候，再提醒人们注意一下把研究工作分成两类，即分成一般研究和特殊研究的必要性，还是有好处的。

第一类研究应以指明人类的一般发展为目的，其方法是对能够改变文明的发展速度的一切原因进行抽象，也就是对在各民族之间可能观察到的一切重大差别进行抽象。第二类研究的目的应当是：评价这些致变原因的作用，进而绘出每个民族适应其发展水平而应占据的特殊地位的基本轮廓。

这两类研究，特别是后者，在实际进行的时候，还可能获得程度不同的普遍性。我认为学者们也会承认这个普遍性是必要的。

第一类研究所以要先于第二类研究，是基于种的生理学和个体的生理学都适用的下述简明原则：特殊问题的研究应在一般规律确立之后开始。如果违反这个准则，就不用想获得任何明确的概念。

因此在今天，当许多特殊的东西已经十分清楚，使人们可以直接进行一般的整理的时候，就出现了按照这个准则进行研究的可能性。生理学家不是等待所有的特殊机能都被认识之后，才产生了整个机体这个概念的。对于社会物理学来说，情形也应当是这样。

在进一步分析上述的考察时可以看到，这些考察在叙述政治科学的形成的时候，都力图证明研究的顺序必须由一般到特殊。而且，如果直接研究一下这个准则，也不难看出它的正确性。

从我们的研究来看，人类理性探索支配自然现象的规律的过程，随人类理性所研究的是无机体物理学还是有机体物理学而有重大的差别。

在无机体物理学中,人们所接触的只是无数现象当中的极小一部分,除非贸然假设,是没有希望认识这些现象的全体的,所以在人们以实证精神研究它们的时候,必须先考察最特殊的事实,然后再逐步去发现某些一般规律,最后再以这些规律为出发点继续进行研究。有机体物理学与此不同。在这种物理学中,人是所研究的全部现象当中的最典型现象,所以必须先用最一般的事实去对人进行实证的发现,然后人们才能得到一线希望,去研究那些本来永远无法正确认识的细节。简而言之,在这两种物理学中,人类理性的发展都是从已知到未知。但在前者,人类理性是先从特殊上升到一般,因为对人类的理性来说,对细节的认识要比对整体的认识直接得多。而在后者,人类的理性是先从一般下降到特殊,因为人类理性对整体的认识要比对细节的认识直接得多。这两门科学中的每一门科学的最后成立,主要表现在它能从哲学方面采用另一方的方法,但另一方的方法同本方的方法在效果上是不同的。

用最高的哲学观点考察这个规律之后,再观察各门自然科学从其完全消除神学和形而上学的性质一直到今天的发展过程①,就会容易确信这个规律是正确的。

其实,在无机体的研究中我们一联系它的几个主要部门来考察这个规律的时候,就会发现天文学、物理学和化学最初是彼此完全没有关系的,后来逐渐在许多方面互相接近,以至最后到今天我

---

① 必须注意这个断代,因为我们认为这个规律并不能正确地适用于为每门科学进入实证时代预作准备的神学或形而上学时代。

们可以认为它们之间出现了形成单一的学说的明显倾向。同样地,在单独考察其中的每门科学时,我们将会看到该门科学都是先从研究不连贯的事实开始,随后才逐渐获得目前的这种普遍性的。人类的理性至今主要只能在地球物理学的某些科目和天文学方面采取相反的程序,即由特殊到一般。我们甚至可以说,万有引力定律也只是在我们虽然认为是重要的,但从全体现象来说实际上却是次要的领域改变了天文学的最初认识程序,因为这个定律在应用的时候还没有把我们至今还完全没有认识的各式各样的太阳系的相互关系所构成的最一般天文学事实包括进去,而且恐怕永远也包括不进去。这项注意虽然是对无机物理学的最完善部门提出的,但它能为我们所讨论的原理提供清晰的证明。

如果我们现在分析一下这项原理中的与生物研究有关的部分,则可发现这个证明也同样是清楚的。首先,今天对机体的各项机能间的一般联系的认识,要比对每个器官的局部作用的认识清楚得多;同样地,从最广泛的观点来看,对动物或植物的各机体间存在的一般关系的研究,也无疑比对每个单独的机体的研究进步得多。其次,有机体物理学今天所包括的几个主要部门最初都是混杂的,后来只是由于实证生理学的进展,才能正确区别可以用来观察生物的各种一般观点,并根据这些区别为这门科学进行合理区分的。十分明显,有机体物理学成为真正的实证科学还为时不久,所以它的主要分科还没有十分明确地规定下来。从考察这门科学转而考察从事这门科学的学者,便会更加明显地看到这个事实,因为这些学者对本专业的研究远不如从事无机物研究的学者。

因此,通过观察和推理,我们可以认为:人类的理性在无机体物理学中主要是遵循由特殊到一般的程序,而在有机体物理学中,则遵循由一般到特殊的程序;毫无疑问,自从科学获得实证的性质以来,科学的进步至少要在很长时间内遵循这种程序。

如果说这项规律的第二部分至今尚未被人承认,而人们仍然认为在某些研究中总是必须遵循由特殊到一般的程序,那么这种错误也是极其自然的,因为我们看到无机体物理学是最先得到发展的,而实证哲学最初又必须以观察这种物理学所固有的发展为基础。但是,如果这种错误长期继续下去,则将是不可原谅的,因为今天已经可以对自然科学的两个部门进行哲学观察了。

如果把我们提出的原理应用于不过是生理学的一个分支的社会物理学,则这个原理显然可以证明:在研究人类的发展时,必须先从整理最一般的事实开始,然后再逐渐下降到一个比一个明显的联系。但是,为了避免对这个主要问题产生任何误解,最好在这个特殊情况下直接证明这个原理。

至今出版的一切历史著作,虽然很有价值,但实质上只具有编年史的性质,而且也必然和只能如此。这就是说,这些著作只是叙述和按年代排列了一连串的特殊事实。这些事实虽有一定程度的重要性和正确性,但经常是彼此孤立的。不错,人们并没有完全忽视政治现象的考察,而是把它们整理和联系起来,特别是五十年来在这方面做了许多工作;但是我们也看到,加进这种考察之后,这些著述的原有特点并没有改变,而依然具有文学的性质。[①] 至今

---

① 问题只在于证明事实,而不在于判断事实。我还十分确信,这些著作作为准备性研究还是有价值的和绝对必要的。请不要以为我会认为历史不该有编年的纪事。但是,同收集气象上的观察不是物理学一样,编年纪事本身当然也不是历史。

还没有人写出过合乎科学精神的真正历史,即没有人写出过以探索支配人类的社会发展的规律为目的的历史。本章所考察的一系列研究的目的,正在于探索这个规律。

以上的对比叙述,可以充分说明为什么人们至今几乎普遍相信在历史的研究中必须遵循由特殊到一般的程序,以及为什么今天却应当与此相反,必须遵循由一般到特殊的程序,否则毫无成果。

这是因为在问题只是涉及正确地编著人类的编年通史时,显然必须先从编著各民族的编年史开始,而各民族的编年史又只能以各地方和城市的大事记或单纯以某些人物传记为基础。同样地,在其他领域,比如在编著某一居民集团的编年全史时,必须整理与据以观察这个集团的各种观点有关的一系列文件。因此,为了能够整理一般事实,就必须这样处理,而这种一般事实与其说是政治科学的材料,不如说是政治措施的对象。但是,一俟这门科学开始直接形成,即在着手研究现象的联系的时候,便立即需要采取相反的程序。

实际上,各种社会现象的发展,基于它们的本性,都是在相互影响之下进行的。因此,不预先对它们全体的发展有一个大致的了解,是绝对搞不清其中的各个现象的发展过程的。

比如,今天每一个人都知道,欧洲各国间的相互影响是十分巨大的,以致它们的历史不可能真正彼此分开。但是,对于单一社会出现的各种政治事实来说,也显然存在这种不可能性。一种科学或一种艺术的进步不是同其他科学或艺术的进步有着明显的关系吗?自然研究的改进和改造自然的活动的改进不是相互为辅的吗？这两者不是同社会组织的状态有着密切的关系吗？反之，也不是一样吗？因此，为了确切认识社会的最简单部门的特殊发展的真正规律，就必须同时和同样确切地知道其他部门的发展。但是，这个要求显然是不合理的。

因此，我们应当与此相反，要首先把人类的发展作为最普遍的现象来加以考察，即首先观察人类在其各项主要活动方面相继实现的最重要进步，并把这些进步相互联系起来。然后，我们再逐步细分观察的期间和应当观察的现象的种类，使人类发展的画面一步比一步清晰起来。同样地，在实践领域，也要随着逐步广泛地理解人类的以往发展，根据对过去所做的基本研究，首先对社会的未来的图景作出一般的描绘。这门科学的发展恐怕永无止境，但它的最终结局将是：在理论领域，可对人类起源以来各代相继获得的进步之间的联系，无论是表现在全体社会方面的，还是表现在各门科学、各项艺术和各种政治组织方面的，得到正确的理解；在实践领域，可对文明的自然发展必然造成的优越体系的一切重要细节，作出精确的决定。

这就是社会物理学的本性所严格要求的方法。

第 四 册

前 言

这第四册分为两个部分,并且具有这样一个特点:尽管构成本册的两个部分都研究同一思想,但是它们具有完全不同的性质。

在第一部分,我们只向理智呼吁,叙述教化状况和文明成就所要求的社会组织体系,说明应当成为整个现代政治的基础的下述真理:社会的普遍利益,无论是物质方面的,还是精神方面的,都应当由能力最有用、最全面和最实际的人士来主持。

在第二部分,我要激发能力最实际的人士的高尚情操。我将尽一切努力把他们的活动引向所能想到的公益的最伟大目标上去,也就是把社会的最高领导权过渡到这些人士手里。换句话说,我要努力激发最有能力的人士关怀他们的个人利益,因为我认为这种方式最能取得有利于公益的结果,而所以能够取得这种成果,则是因为最有才能的人士的个人利益最能为全体利益服务。

我认为应当在这篇短序里概观一下我们要在本册中叙述的观点,以及促使我们采用两种不同方式叙述这些观点的各项理由。

几个世纪以来压迫实业阶级,即压迫民族中的绝大多数人的奴隶制度,刚刚在法国消灭干净。只是在革命以后和由于革命的影响,奴隶制度的最后残余才消失了。由此可见,只是从这个时期以后,而且只是在法国,才出现了研究建立以改进大多数人的命运为直接目的的社会组织的可能性,因为在没有完全消灭奴隶制度以前,政治只能利用间接手段来达到这一伟大的目的。

问:虽然您在这篇前言里只是概述您的观点,但是您也应当证明您的意见所依据的严正事实,哪怕是简单的证明也好。

请您向我们证明:为什么只是在法国而且正是由于革命的影响,才完全消灭了奴隶制度的残余。许多人的意见都与您相反,他们认为法国的奴隶制度早在革命以前就被消灭了;还有更多的人认为,美利坚合众国在法兰西民族开始革命以前,就在本国实现了这一重大改革。

答:1789 年,在革命爆发的时候,法兰斯孔太①和法国境内的某些地方,还有人不得购置地产。可见,民族中还有一部分人由于愚昧无知而处于被奴役地位。整个民族在这个时期也还没有从奴隶制度当中彻底解放出来,因为"没有无主的土地"这一古老的封建公理仍被承认,只是在著名的 8 月 4 日之夜②,它才最后失去了作用。用一句贵族爱说的话来说,民族中的绝大多数人还被恩免了人头税和徭役。

至于美利坚合众国,弗吉尼亚州和南部其他各州还保留着使用黑奴的制度;而在北部各州,则存在着一个由所谓契约工构成的人数众多的阶级,他们在被迫服役期间完全处于奴隶地位,谁买下

---

① 法国的古代地区,包括现在的上索恩省、杜省和汝拉省。——译者
② 法国资产阶级革命建立的制宪会议,在 1789 年 8 月 4 日夜里召开,它基本上废除了封建制度。——译者

这些由船长们从欧洲贩运来的契约工,谁就有权在这段期间内出售他们。

问:如果您想在这个前言里使读者明确了解您在本册里叙述的观点,您就必须明确解释几个要点,比如解释下述一点。

您确信:一旦消灭了在 1789 年还存在的某些奴隶制度残余,就一定会引起社会组织的根本变革。您对这个问题所持的观点,特别需要加以论证,因为几个世纪以来的经验证明,社会组织的改进只能逐渐地、不断地,从而非常缓慢地进行。我们认为,奴隶制度是随着教化的进展而逐渐衰落下去的。我们认为,社会组织的体系是随着奴隶制度的衰落而完善起来的。1789 年还存在的一些奴隶制度残余,后来被革命所消灭,这一点毫无疑问会使社会组织臻于完善。但是,我们并没有看到证明这种改革是根本改革的证据,我们完全不理解为什么要把这个事件以前的政治同这个事件以后的政治截然分开。

答:如果我们观察一下人类的个体即个人从出生到成年的身心发展过程,就会发现这一发展是沿着两条不同的道路前进的,但它们却奔向一个共同的目的,即极大地改进身心的能力,使它们达到人体组织所能达到的最完善地步。

人从出生到成年时期,个体的身心发展是逐渐地和不断地,而且是非常缓慢地进行的。

个体将经历数个转变期,这些转变期标志着个体的全面和加速发展的阶段。

换牙转变期是七岁儿童的特点。换牙以后,儿童的感情特征和记忆能力都得到突出的发展。

在十四岁左右,个人的有倾向性情欲达到最旺盛时期,促使他摆脱对于父母的依赖,按照自己的选择建立他同外界的联系。同时,他获得了同年龄人应有的一切能力。

到二十一岁的时候,人的身心发展已经完全成熟:他形成了自己特有的性格,他的各种特点互相协调起来,并趋向最适合他的个体组织的特点的目的。

其次,如果再观察一下社会为指导儿童从出生到二十一岁的行为所规定的法律和所遵行的惯例,我们就可以看到:立法者也承认我们所述的三个转变期的存在和实况;他们按照自己对于正在成长的一代在七岁、十四岁和二十一岁时的智力发展所持的看法,赋予这一代人以在各个时期的不同权利。

于是,他们宣布未满七岁的儿童不会作恶,也就是说,这样的儿童不能独立指导自己的行为,从而不能犯下应当由他们负责和应受神的法律或人的法律惩处的罪行。因此,立法时对于未满七岁的儿童所作的法律规定,以建立社会对于儿童的自然监护人的行为进行公共监督为目的,而在儿童没有自然监护人的时候,则应定出指定代理监护人的办法。

立法者对于未满十四岁的儿童,即使犯了严重罪行,也只采用矫正性的惩罚措施;这种儿童只有在丧失父母以后,才被认为失去监护。

人在二十一岁的时候,始被看作成年;人在这个年龄时期的智力发展水平和预见能力,一般均已达到不再需要社会对他进行特别监护的地步。

如果继这些观察之后,我们再看一下全国教师在教育和教学方面所遵行的惯例,我们就可以看到,这些惯例完全符合于我们刚才所述的立法规定。

儿童的国民教育的开始时间不应早于七岁。

从七岁到十四岁,教养的作用大于教学的作用。也就是说,在这一时期,在宿舍和学校负责监督学生行为的教师对儿童的影响,要大于对儿童进行教学工作的教师的影响。

从十四岁到二十一岁,教师对学生的影响特别大于监护人对学生的影响。

到二十一岁后继续在法兰西学院①或其他高等学校学习的人,就完全不需要任何监护了。

最后,如果考察一下法兰西民族(由于进行了革命,法兰西民族已在文明方面居于人类的前列)的智力发展目前达到了什么程度,那就应当承认法兰西民族已经度过了第三个转变期,它的社会年龄正相当于个人的二十一岁。也应当承认,法兰西民族是在废除一切关于奴隶地位的规定以后,而于 8 月 4 日之夜宣布自己进入成年的。奴隶地位是这个民族的主要成员,即实业阶级的最初状况。

如果您想从以上所述得出一个结论,那就要总结一下我们所作的各种观察,仔细研究这些观察的结果。这样,您就必然会得出如下的结论:

法国人民作为一个民族来说,在智力发展方面已达到了成年,

---

① 法兰西学院(Collège de France)是当时设在巴黎的一所高等学校,它不受教会的管辖,没有经院习气。——译者

所以它的社会组织也应当发生根本变革。

哲学家根据我们指出的方向进行考察而达到文明的进展所能达到的最高观点以后，就会一方面看清悠久的过去，另一方面看清遥远的未来；他会在这幅图景的深处看到奴隶制度的形成，而这一制度在它建立的初期曾经有过慈善的性质，因为它拯救了数十亿人的生命，对人类的数目现在能够繁殖得无法计算是有贡献的，它促进了教化的进展，使军人阶级有了从事发展自己智力的工作的可能。如果不建立奴隶制度，军人阶级就不可能这样，因为它的全部时间和精力都要用于从事满足自己的日常生活需要所必需的工作。随后，哲学家在前瞻他走向将来应当占有的地位时，他会十分满意地看到奴隶制度的衰落，看到教化的进展和人类命运的不断改进。最后，在目前已经成为人类先锋的法兰西民族身上，他还会看到奴隶制度已被完全消灭，看到它有能力接受以造福大多数人为直接目的的社会组织。

最后，当他展望未来的时候，他会看到以传授社会科学的基本原理为己任的三大教职，会在文明的进一步发展道路上初步形成。这三种教职是：

一般教职。或者更正确点说，是在法国设立的数量相当多的教职。这种教职教导各行各业实业家学习他们应当持有的政治和实业行为，以保护他们的自身利益，最充分地满足本阶级的需要，发展他们的强烈自尊感。同时，这种教职还向各行各业实业家说明他们这一阶级最能担任管理工作，应当把管理公有财产的大权交给最卓越的实业家。

道德学教职。这种教职不问个人的社会地位如何，教导每个人如何能够把个人利益同公共利益结合起来。担任这种教职的教师要使学员们明白：一个人如果在有害于社会的方面寻找个人的幸福，他将自作自受，感到最沉重的精神痛苦；而如果他努力在显然有利于大多数人的方面改进自己的个人命运，他会得到无上的快乐。

实证科学教职。这种教职向人们传授以最有利于人的方式改变人可以施加影响的自然现象的一般方法，并教导每个人怎样能把个人利益同公共利益结合起来，怎样把个人利益同每个人因有功于这种结合而得到的最大好处结合起来。

从这个观点来瞻前顾后的哲学家，越来越发现我们的先驱者和后继人的社会存在之间的显著差异。在他回顾过去的时候，他会看到我们的先驱者的社会地位的高低，决定于他们的家庭出身、亲友的庇护和统治的能力；而在他展望未来的时候，他会看到人们的社会地位，将依靠他们的道德、科学或实业方面的优异才能。

在考察过去时代的人民群众的时候，他会看到他们彼此械斗；而在展望他们的未来的时候，他会看到他们之间将在道德、科学和实业这三大方面互相竞赛。

人们至今在文明的道路上前进时都不顾未来，他们一般都把视线放在过去，只是偶尔和极其肤浅地看一看未来。现在，奴隶制度已被消灭，人们应当把注意力集中于未来了。

在奴隶制度没有废除以前，统治活动应当是最主要的活动；而在目前，统治活动应当日益退居次要地位。

以上，我用不多几句话，十分明确地表述了我们准备在这一册中发挥、讨论和说明的一般观点。

现在,我来详细说明这个前言的开始部分提出的问题,以及这一册的第一部分和第二部分叙述这些观点的方式有什么不同。

第一部分内容提要

概述从苏格拉底直到今天的文明的进步。

在总结这一概述的时候,我将首先指出和证明:采纳本前言所拟定的社会组织计划,是我们十四个世纪以来的整个文明发展史的自然继续和必然结果。

其次,我将考察应当用来建立新的社会组织的方法,指明应当循着前进的道路,以便在实现这一根本改革时可以毫不破坏社会的安宁,使政府和公众不致因此而感到任何微小的不安。

最后,我将说明由我拟议的过渡方式所产生的一个重要的真理:建立新的社会组织,不会违反宪章中的任何一项条款,不仅不会损害王权,而且甚至能为王权增加光辉和势力,从而更使我们的国王满意,因为这会防止无数的危险经常威胁国王,使国王免遭王权的建立方式中至今存在的缺点所带来的灾难。

第二部分内容提要

首先,我向具有最普遍的和最适用的才能的人士呼吁,对他们说:

诸位实业家、道德家和学者先生!当一个民族宣布它已经成年,完全消灭了奴隶制度残余以后,应当由最有才能的人士管理民族的精神生活和物质生活,也就是应当由你们管理这方面的工作,而统治的职能应在社会组织中退居次要的地位。但是，情况迄今还几乎没有改变。国家官吏的人数依然很多，民族要为他们缴纳巨额的款项。有一部分国家官吏，只是由于政府继续尊重家庭出身，才得以占据俸禄优厚的职位；另一部分官吏，则只是由于政府认为他们有统治才能，才飞黄腾达起来。诸位先生，社会本来可以减轻的负担究竟被什么东西推迟了其减轻呢？

我们社会生活的改善之所以被这样推迟，显然是由你们自己、由你们不关心政治而造成的。你们清醒清醒吧！只要你们不准备行使新的权利和履行由于民族达到成年而为你们提出的新的义务，我们就得不到我们的现状、我们的教化和我们的文明能使我们得到的好处。

最卓越的实业家先生们，这要求你们必须表示，当责成你们管理公有财产的时候你们打算怎样管理；这还要求你们必须向群众的喉舌即向舆论证明，你们要把公有财产管理得给民族中的大多数人带来比迄今的管理大得多的好处。

道德家先生们，这要求你们证明"己所不欲，勿施于人"这一神的基本道德原则，只有在教化的进步得以彻底消灭奴隶制度的残余以后，才能得到崭新的和无限的正确应用。

学者先生们，这要求你们提出关于个人利益怎样能够同公共利益结合的明确观点，并拟出一项使既得的实证知识能尽快地在一切社会阶级和各等级人士当中传播的国民教育计划。

我们这样分别地向拥有这三大实证才能中的每一种才能的代表呼吁的时候，必须：

明确地向实业家指出他们应当根据什么基本原则管理公有财产；

明确地向学者指出他们应当怎样促进个人利益同公共利益的正确结合；

明确地向道德家指出他们在目前条件下应当从"己所不欲，勿施于人"这一神的道德原则得出什么结论。这项原则对于社会发展的支配作用，应当大于以往任何时期，因为在教化的进步使彻底消灭奴隶制度成为必要之前，这项原则只能够间接地应用于统治者和被统治者之间的关系上，即应用于制定法令的人们和不参与法令的制定而只服从法令的人们之间的关系上。

第 一 部 分

问：您想不想把我们在第二册开始的研究继续进行下去呢？您想不想把业已开始的谈话继续下去，直到完全阐明我们的观点，使我们对这个重要问题得出一定看法为止呢？

法国人应当在政治上仿效英国人吗？法国人是应当为自己建立大不列颠所采用的那种社会组织呢，还是应当赶快采纳您的建议，为自己建立十分纯粹的实业制度，并把这一制度作为首要的政治措施，以使国王恩准最卓越的实业家编制国家预算草案和宣布实业阶级为他的臣民中的第一阶级呢？

答：我准备以后再来讨论您提出的问题，我们今天的谈话将叙述我们的创举的一般目的，研究我的体系的基本原则。

我们的创举的目的，是敦请国王陛下把国务工作中的财务工作的管理大权交给最卓越的实业家，而把财务工作和行政工作以外的各种工作的管理大权交给最有才能的学者。

但是，为了达到这一目的，必须做到以下三点：

一、清楚地向实业家说明他们应当用什么方法去使国王恩准他们当中的最卓越人士编制国家预算草案；

二、向学者介绍他们应当用什么方式去使国王把管理国民教育工作和社会的其他道德事宜的大任赋予他们当中的最有才能的人；

三、最后，应当向实业家和学者指出他们为了达到双方的目的而必须联合起来的基础，指出应由最卓越的实业家编制国家预算草案和由最有才能的学者管理国民教育工作和社会的其他道德事宜。

我在前两分册中，已就下述两个问题对实业家提出了建议：

一、关于他们为了达到上述的目的而应当走的道路；

二、关于他们的力量和政治才能同学者的力量和政治才能联合的方式。

在这第四分册中，我要直接向学者呼吁。

问：您应当首先向学者呼吁，因为这是极其自然的和十分合理的。

答：学者对实业阶级有非常重大的贡献，但是实业阶级对他们的贡献更大。他们依靠实业阶级而生存，实业阶级满足他们的日常生活需要和各种物质爱好。实业阶级向他们提供可以对他们完成自己的工作有用的一切工具。

实业阶级是供养整个社会的基本阶级，没有这个阶级，其他任何阶级都不能生存下去。因此，它有权向学者宣布，而且更有理由向其他一切非实业家宣布：我们只是在一定的条件下，才愿意向你们供给衣食住和满足你们的各种物质需要的。

您的意见使我产生了同您所希望的完全相反的印象，您好像

劝我完全不去向学者呼吁,或者更正确点说,要我只把学者看成是
次要的阶级。

问:虽然您不同意我们的意见,但是它毕竟对您有很大的帮
助,因为它使您的观点更加坚定了,使您的政治体系所依据的原理
更加明确了。

因此,请您向我们说明:您认为实业家应当同意养活学者和满
足他们的一切物质爱好的条件是什么?

答:我现在就向您解释学者应当怎样组织起来,应当把他们的
劳动用于哪些方面,以便在最有利于实业家的方式下享用得自实
业家的生存资料。

应当把最有才能的学者分成两类,即分别组成两个独立的科
学院:其中的一个科学院,应以制定最完善的公益约法作为自己的
主要工作目的;而另一个科学院,则应以改进情感约法作为其主要
工作目的。后一约法的一些原则,早由著名的柏拉图规定出来,并
被初期的教父们加以发展和应用。

路易十四成立了这两个科学院之中的一个,即成立了物理和
数学科学院。这个科学院已经在改进观察和推理方面做了很大贡
献,只要略加补充,就足以使它能够制定出公益约法。①

以改进情感约法为己任的另一个科学院,已经以道德和政治
科学部的名称,初具规模地存在了若干时期。这个科学院的功用,
可与法国科学院的功用比美。在目前条件下,它的功用甚至还要
大一些,因为从阿拉伯人建立实验科学和数学以来,在最近十二个

―――――――――――――――

①　这个科学院的一项最重要的扩充工作,应当是成立一个政治经济学部。

世纪内,对于道德的研究日益退居次要的地位,以致我们知识的这一部门现在特别落后于物理学和数学的各个分科。①

道德科学院应当由最著名的道德家、神学家、法学家②、诗人、画家、雕刻家和音乐家组成。

音乐家、画家和雕刻家参加以改进情感为目的的科学院并不奇怪,就像现在的眼镜匠、钟表匠和工具制造匠参加物理和数学科学院之不足为奇一样。创造理论的人不应当同在应用理论方面有卓越成就的人分开。以后,我们还有机会证明应当聘请大批有实践经验的技工参加法国科学院的工作。

问:谁来下令成立情感科学院呢?

答:最初应当由国王发布成立这个科学院的命令;然后,像法国科学院现在所做的那样,由情感科学院向陛下推荐新院士候选人。

问:我们认为,成立这两个彼此独立而具有同一作用的科学院,是一件良好而有益的事情。当然,社会一致需要把人们的情感和人们的观念协调起来,使它们服从于良好的共同规范,即服从于良好的法律。不过,这两个科学院可能互相争执:从事于改进情感约法的科学院自然要努力使公益约法服从它的约法,而研究公益约法的科学院自然要竭力使情感约法服从它的约法。谁来维持两

①　社会感到特别需要成立道德科学院。既然政府不关心满足社会在这方面的合理愿望,社会就只有尽一切可能用自己的力量来满足这一需要。这种情感激起人们在法国成立了"基督教道德自由协会",在英国成立了"圣经公会",以及在欧洲的一切国家中成立了许多其他慈善团体。

②　也应当在法国科学院里设立一个法学部,因为无论在社会成员之间的利害关系方面,还是在他们的相互情感方面,社会都要有固定的规范。为了能够定出正确的规范,就要求具有特殊的才能和专门的知识。在这一部门受过专门教育的法学家,也最善于完成劳动法规方面的工作。

个科学院之间的平衡呢？为此目的不需要成立一个最高科学机关吗？

答：当然，成立一个皇家科学委员会或最高科学委员会是完全必要的。这个委员会的职能，在于协调情感科学院和推理科学院之间的活动。这个委员会要把两个科学院研究出来的原则和规范合而为一个学说。它首先制定一般原理，然后对它加以改进。这个一般原理将是对一切社会阶级，从最穷的无产者一直到最富有的公民①进行国民教育的基础。它也需要编纂最有利于大多数人的共同法典。

皇家科学委员会当然要在一切社会机关中拥有最高的势力，因为它总揽领导社会的共同活动的大权。因此，似乎应当在成立其他一切机构之前，就先成立这个委员会。但是，按照事物的常理，情感科学院和推理科学院应当先于最高科学委员会而成立，因为只有在融洽情感和协调推理方面最有才干的人，才能正确地判断哪些学者兼有这两方面的最高才能。显而易见，由此可以得出结论：最高科学委员会的委员只能从情感科学院和推理科学院的院士中选出。为了这一目的，两个科学院只召开联席会议就可以了。

经情感科学院和推理科学院选入最高科学委员会的学者，可为自己聘请最有能力的法学家，委托法学家对他们拟出的一般原理赋予立法的性质。他们也可聘请他们认为能给他们提出有益建

---

① 富人比穷人经常具有可以用更多的时间钻研学问的优越条件。因此，他们研究一般原理能比穷人深入。但是，最贫穷的阶级所受的教育，还是足以使富人不能利用自己的知识优势去损害穷人的。

议的实际政治活动家,并从一切国家管理部门选拔这种人才,以便能够了解各种意见和收集各类情报。因此,他们可以从内务部、外交部、陆军部、海军部、财政部和警察总署等机关选拔这种人才。

当实业家首先使国王恩准他们当中的最卓越的人编制国家预算草案,然后使陛下成立我们方才所说的三个科学机关的时候,就会把社会组织得符合于教化和文明的现状,组织得十全十美而使人类的一切身心需要能够得到满足,因为这四个单位构成了最有利于生产和最便于把一切有益于人们身心的东西都结合在一起的社会制度的基本组织。

最后,当这种社会制度在法国建立起来的时候,立刻就会实现教父们的那句著名预言:将来只有一个社会学说为整个人类所公认。那时,还会看到各族人民相继采用法国所宣布和实行的原则。

方才所述的观点,乍一看来可能有些离奇,不能立刻被人们接受。但是,头脑清楚的人士很快就会承认,我们的社会组织方案是人类理性发展的直接结果,而采用这个方案则是欧洲社会的全部政治发展史的必然结果。

神圣同盟、法国政府、英国政府、美国政府、法国大革命开始以后形成的各政党和在这个期间发表言论的政论家,至今只讨论了一些次要问题。他们只是致力于研究日常的事件,其中的任何一个人的观点都没有达到可以概观整个大局的高度。为了走出由于职业或爱好而研究重要政治问题的一切人所陷入的迷宫,首先必须解决三个问题,同时使一切受过初等教育的人都能够评定解决的结果。

这三个问题如下:

一、用什么方法可以彻底克服目前的危机？哪些社会组织原则符合于教化和文明的现状？

二、折磨了居住在欧洲的欧洲人和迁移到美洲的欧洲人五十多年的危机的真正原因，即它的最一般原因究竟是什么呢？

三、在导致英国的北美殖民地获得独立的战争以后采取的一切措施当中，哪些措施对于克服折磨了欧洲人五十多年的危机起了促进作用？哪些措施对于这个危机的克服发生了延缓作用？

问：请您只谈事实，而抛开一切评论。我们感兴趣的和我们打算知道的，是您是否已经完成了神圣同盟、法国政府、英国政府、法国大革命开始以后成立的一切政党和在这个期间发表言论的政论家至今没有做出成效的事情。我们现在就来同您讨论您方才提出的那三个问题。

我们首先要求您的，并不是教您说出什么机构应当成为新社会组织的基础，因为您已经向我们叙述了这方面的原则。但是，我们首先请您概括您方才对我们说的一切，以使我们一眼看清您的整个体系。

答：我现在就来回答您的第一个疑问。这个疑问值得您注意，因为它可以使我概括您可能向我们提出的最重要问题。回答如下：

"根据长子继承制世代相传的王权，是现代一切巨大的政治社会的基本机构。

"按照我在前面所述的方法成立的最高科学委员会，是国王陛下的咨询机关。

"咨询机关通过的方案，送交情感科学院和推理科学院审查。

"这种方案经过情感科学院和推理科学院审查后,添附审查意见,送交最高行政委员会。

"最高行政委员会由最卓越的实业家组成。它所以要由实业家组成,首先是因为实业家已被证明是全体法国人当中最有行政管理才能的,其次是因为他们是构成民族中的绝大多数的实业阶级的天然代表。

"这个委员会负责每年编制国家预算草案,审查各部是否正确地使用了上一年度预算规定拨给它们的经费。

"这个委员会在编制国家预算的时候,为各科目规定相应的经费,以实施由它核定后认为行之有益的预算草案。

"用这种方式编制出来的国家预算草案,送交内阁会议;内阁会议再根据国王的命令,把这份草案提交议会的两院审查,以使草案得以按细节执行。"

问:这个概括十分清晰明了,凡是认真读完它的人,都不难理解您的体系。但是,只理解您的体系是不够的,还需要同意和接受它。为了达到这个目的,您应当证明您方才在前面只是用几行字概括过的东西,您必须解释这个体系是人类理性发展的直接结果,而采用这个体系则是欧洲社会的整个历史发展的必然结果。

答:苏格拉底学派认识了一些非常重要的真理。

它认识到人有两种完全不同但彼此密切相联的能力,即一方面有体验、产生、培养和协调情感的能力,另一方面有思考、产生、形成和协调观念的能力。这个学派还知道,要想发展这两种能力,就得有两种不同的研究工作,而这两种研究工作,又得有两个不同的学派来进行。最后,这学派也知道,情感的发展在初期快于观念的发展,所以它主要从事于道德原则的制定工作。

苏格拉底认为,应当依靠神的威信向人传授道德原则。他认为,信奉许多神可以大大促进各种欲念的发展,但又会妨害各种不同欲念服从于公益的欲念,所以苏格拉底宣布神是单一的。

其次,苏格拉底学派一方面承认,只有在情感派和推理派取得很大的成绩,为哲学提供了足够多的材料来进行大量的比较和综合研究的时候,哲学才能正确和不断地发展。另一方面,这个学派又承认,只有在两个学派所普及的知识深入到社会的最下层阶级,足以轻而易举地彻底消灭奴隶制度的时候,人们才能够建立起直接有利于大多数人的社会组织。

我们在讲述欧洲社会的历史时,不能从苏格拉底以前开始,因为只是从苏格拉底以后,文明才不断向前发展,因为苏格拉底第一个使人类理性得以在这位哲学家开始活动以后,用于建立直接有利于实业阶级(这个阶级最有益于社会,并构成民族中的绝大多数)的社会组织。

问:苏格拉底逝世已经二十四个世纪。从这位伟人出生直到现在的人类理性发展史,对于可以加强证实您的论断的观察,提供了相当广阔的基础。因此,请您不要担心人们指责这一系列观察过于简单,但要说清这一系列观察中的几项最主要观察。如果您接着能够清晰地、简单地、合理地说出您方才向我们叙述的新社会组织的基本结构,那么,凡是正直的人,不管他们的家庭出身和社会地位如何,都会愿意采纳您的观点,即接受您的体系。

答:我把从苏格拉底到现在的文明史分成两个相等的时期,其中每一个时期都包括十二个世纪。第一个时期从苏格拉底那时开始,到阿拉伯人翻译亚里士多德的著作和恢复这些著作的威望,并献身于物理和数学科学研究的时代为止。第二个时期从哈仑-阿尔-拉希德和阿尔-马门时代开始,一直到如今,其间发生了文明史上的重大事件。

问:请您向我们叙述一下这段历史的第一个时期,即回顾从苏格拉底出世至阿尔-马门和查理大帝执政时期文明发展史中的值得大书特书的重大事件。

答:在进入正题之前,我应作几点说明,以便使你们了解苏格拉底出世以后的文明发展史的两个时期的各自特点。这种事先说明特别有助于理解我们即将谈到的一个重大事实。这个事实对于政治具有非常重要的意义,就像万有引力对于天文学具有的意义一样。它至今还没有直接引起人们的注意,但终会成为一切政治组织的建立基础,就像万有引力成为一切天文学计算的依据一样。

就一般哲学工作的意义来说,苏格拉底学派的活动,从它的奠基人逝世以后就停止了。还有一个值得注意的事实,就是从这时以后,未曾出现过一种真正的哲学,没有存在过一个真正的哲学学派,即没有一个人和没有一个学派同时研究过作为精神存在的人和作为物质存在的人,没有同时对两者兼顾而不偏废。但是,苏格拉底逝世以后,过了不多几年,他的学派在科学方面被两个亚派所代替:其中的一个亚派主要研究作为精神存在的人,另一个亚派主要研究作为物质存在的人。第一个亚派基本上致力于情感方面的改进工作,第二个亚派完全献身于物理观察,即献身于物理事实的整理和系统化。第一个亚派被称为学院派,由柏拉图领导;而亚里士多德则是第二个亚派的创始人,这一派常在回廊下集会讨论学术,它的信徒自称逍遥派。

在着手概述从苏格拉底至今的文明发展史以前我们打算指出的伟大历史事实,就是在头十二个世纪内,柏拉图学派对于文明的进步发生了最大的促进作用;而在以后的十二个世纪内,亚里士多德学派对于人类理性的发现史起了非常重大的作用。由此可以得出结论:在我们即将概述的伟大哲学时代的前半期,学者多半是唯灵主义者;而在这个时代的后半期,学者主要是唯物主义者。我们由此还可以断定:人类理性在唯灵主义①方面和唯物主义方面具

---

① 我愿意用唯灵主义(Spiritualisme)一词来表示对于作为精神存在的人的研究,表示道德家想使作为物质存在的人服从于作为精神存在的人的意向。除此以外,我不用这个词表示其他任何东西。

我愿意用唯物主义(Materialisme)一词来表示对于作为物质存在的人的研究,表示物理学家想使作为精神存在的人处于从属地位的意向。除此以外,我不用这个词表示其他任何东西。

我必须作这一附带声明,免得引起各种误解:以为我们打算颂扬形而上学,而用唯灵主义一词来表示它。我认为我们知识的这一部门向来只有暂时的价值,目前它是一个混乱的、虚伪的、荒谬的思潮,因为它竭力把比较重大的作用都归之于臆测的观念和甚至完全模糊的观念,而不把这种作用归之于实证的观念。因此,我认为实证哲学应当同形而上学斗争,并尽可能打垮它的威信。

柏拉图,甚至亚里士多德,都在他们的一些实证的和有益的著述中掺杂了许多形而上学的论断;但是,鉴于他们那时的实证知识还十分缺乏,所以可以原谅他们。现在,物理学家清除了自己著作中的污点,使其完全抛弃了形而上学的思辨,这就使他们比道德家更加占有优势。一般说来,道德家的观念仍然陷于没有用处的胡思乱想当中。

当然,道德家有权跟物理学家占有完全平等的地位。在目前条件下,他们甚至可以发生比较重大的作用,因为最近十二个世纪以来,人们轻视道德方面的研究,以致这方面的研究工作现在能比物理学容易作出新的发现,但要具备一个条件,这就是道德家应当十分明确地和不参加任何形而上学成分地叙述自己就一般情感和特殊情感对于社会和个人发生的影响所作的观察。

在这一册的第二部分,我将尽力向道德家指出他们应当怎样叙述自己的观点,以便使自己在学者之林占据应有的地位。

有同样的能力,在这两方面都作出了同样重大的发现;这两种能力的发展同样地促进了文明的进步,真正的哲学应同样地协助关于作为精神存在的人的知识和关于作为物质存在的人的知识去建立良好的社会组织。

问:我们别谈这些题外的东西了,请您言归正传吧!请您向我们概述一下苏格拉底死后头十二个世纪内人类理性在道德方面的发展,并证明情感学派即柏拉图学派在这一伟大哲学时代的前半期,比起主要是研究支配物理世界的规律的道遥派更加有力地促进了文明的发展。

答:在研究道德和情感方面,柏拉图比他的老师向前迈进了一大步,他发展了苏格拉底学说的原理。苏格拉底宣布神是单一的,而柏拉图则认为:为了便于道德家进行思考,以及便于他们叙述自己的学说,必须把神的单一性分解,于是他宣布神是三位一体的存在。

柏拉图逝世以后,他所领导的情感学派分裂成数个支派。这些支派都竭力反对多神论,创造以信仰单一神为基础的道德规约,把单一神的属性分在数个人身上,或者更正确点说,从数个不同属性的观点来研究单一神。

当罗马人占领希腊的时候,柏拉图学派逃往亚历山大城。他们在亚历山大城同当地的犹太人联合起来,成立了基督教学派。

在柏拉图学派与犹太人共同建立起来的基督教中,结合着犹太教的宗教仪式和柏拉图学派的学说,而这种结合物后来便得名为基督教。

基督教学派的创始人使情感的狂热达到了顶点。他们内心里充满了对于公共幸福的热情和热爱,而且其程度大大超过了历史上提到的任何其他团体。在这个学派里建立了分工:一部分人把人所能做出的一切行为分成善良的或是罪恶的,分成对做出这种行为的那个人和社会是有益的还是有害的,分成合乎神意的还是不合乎神意的;另外一些人的著作,则宣传基督教的道德和与此有关的宗教仪式。献身于第一类活动的人深入底比斯沙漠,为的是不受各种引诱,专心从事改进基督教道德和制定这种道德法规的工作。大多数基督教初期传教士,都曾献身于基督教的传布工作。这是一种使人感到美妙的宗教,它证明自己高于其余一切宗教,甚至证明自己拥有绝对的优势,因为唯有信奉基督教的人民,才不断地改善了自己的命运,才逐渐使奴隶制度削弱,以致最后把它彻底消灭。①

---

① 圣西门在 1825 年 5 月 19 日突然逝世,以致未能把《实业家问答》第四册的第二部分写完。——法文版编者

附　　录

一 给一个美国人的信①

第 一 封 信

这次通信的目的——自由美国的壮观——美国自由的奠基
人的明智和自制——特权阶层

阁下,您想知道旧大陆的目前情况,您要求我向您介绍一下欧洲的理性发展的进程,而您则以向我提供美国的类似情况作为答谢。您的建议使我受宠若惊,感到高兴,因为我准备与您交换的意见正是我经常研究的对象。

我认为,您所拟议的为考察新旧大陆的人类理性的进步而建立哲学通信的这项计划,是一个非常有益的想法。这必将产生新的、有益的接近,从而大大有利于阐明一些最重要的政治问题。经常比较两个国家的文明状况,将会扩大政治眼界的范围。即使这两国的居民文化水平相等,而他们的风尚截然不同,他们所处的生

---

① 这篇通信载于圣西门在 1817 年出版的文集《实业,或为献身于有益和独立的劳动的一切人的利益所作的政治、道德和哲学讨论》第 1 卷,通信的大标题为《政治和哲学通信》。我们翻译所据的原文,载于 1966 年法文版《圣西门全集》第 1 卷。——译者

存条件极其悬殊,以致在最重要方面(比如其中一国人口太少,而另一国人口过多)可以被看作彼此完全对立的,这样的比较也会扩大政治眼界的范围。

因为我们的通信要按照您的要求随写随发表,所以现在我要向公众介绍一下自己,向他们说明我是怎样一个人,我在思考些什么问题。

根据侥幸的家庭出身给我安排的社会地位,传统的习惯确定不移地规定了我将来立身处世的职业。我被选入军界服务。

我服役后一年,法国宣布支持美洲的起义者①,我便利用这个机会到了美洲,在那里前后参加过五次战役。

我参加过围攻约克城②的战役,在俘虏康沃利斯③将军及其部下时立过大功。显然可见,我可以把自己看作合众国自由的奠基人之一,因为正是这场决定媾和的战役,永久地确立了美国的独立。

回到法国以后,我一直以最大的注意力和最强烈的兴趣注视着贵国相继飞速发展的政治事件的进程。至今,这些事件直接导致了贵国建立起空前美好和空前纯朴的社会制度。

在贵国成立后的最初几年,不断听到你们的船只不再受压迫、挂着自己的新国旗开到我们这个已经衰老但渴望返老还童的欧洲

---

① 根据起义的英国北美殖民地的代表富兰克林同法国在 1778 年签订的条约,法国负责从财政和军事上援助北美,并把自己的武装力量派到北美去参加北美独立战争(1775—1783 年)。——译者

② 美国宾夕法尼亚州的城市。——译者

③ 查尔斯·康沃利斯(Charles Cornwalis,1738—1805 年),英国的将军,指挥英国在北美的南军,1781 年 10 月投降。——译者

的消息。这些消息使我产生的感触,是无法用笔墨可以形容的。

华盛顿以及那些同他一起为完成起义、为团结你们的力量并引导其达到完全摆脱英国统治而独立的伟大目标的人们的行为,是我一向所钦佩的。由于你们交给他们的权力的行使方式,由于你们一开始就采取的,而以后又一直保持的镇静态度,特别是由于一百年来的启蒙运动和你们的祖国以往在文明中所取得的进步,人类已经在政治上得到了很大的教训。

可见,至今一直被认为是梦想的事,过去被人们贬之为虚构的事,终于变成了现实。我们看到了你们自由的缔造者们在用他们受命担任的职权尽量巩固和严明地建立起个人自由,我们看到了公共自由和个体自由同时建立起来,我们看到了民族的繁荣同组成这个新社会的成员的个人命运的改善并肩前进,我们最后也看到了这个社会的人口、财富和文化以无与伦比的速度与日俱增。

阁下,既然我过去能有这样深刻的感受,既然我现在还如此热心地关怀三十多年前发生在远离我的家乡两千多法里①以外地方的事件(这些事件对我只有某种次要的意义),那么您就可以想象得到,对于从那时以来发生在我的祖国并为我亲眼目睹的政治运动,我该有多么深刻的感触了。

复兴中的民族的活动总是艰苦的,而且常常是含有风险的!正在经历这种变革的人民,会在变革的过程中觉得自己一方面在衰老,另一方面又在返老还童。

法国的政治机构已经陈旧,再也不是可以使政体活动灵便的

---

① 法国的长度单位,1法里约为4公里。——译者

弹簧或机轮了。它已经失去了自己的能力、和谐和作用，而只不过是压在本民族身上并且以其巨大的重量要把它压垮的一堆废物罢了。官职增多了，绝大部分职位变成世袭，而那些官运亨通的家庭，总是按照只要环境不迫使他们去劳动，他们就游手好闲的规律代代相因，以致到了1789年，还能控制被统治者的唯一手段，就只有历来养成的服从的习惯了。

社会团体丧失了自己的全部力量，等级的划分再也显不出它的优点，而它的缺点却大大增加了。

一个民族被分成数个等级，而在等级内部又形成若干个特权阶层。我认为，可以把这样的民族比作一支由精锐部队和下等连队组成的军队。据说，精锐部队是圣火的保护者，而创造部队的团结精神并维持这种精神的正是这些圣火的保护者，因为他们的行为最容易受荣誉感支配，他们的范例鼓舞着下等连队的勇气。他们在下等连队中激起的信心，以及下等连队极其强烈地模仿他们的愿望，甚至会使最胆小的人，在同他们并肩战斗的时候变成最勇敢的人，而得到他们支持的军队，也变得完全好像是一支精锐的部队了。结果，想要参加这支部队的志愿，成了受到希望尽早应征入伍的高尚竞争心所激励的一切士兵的雄心壮志。

有一些人反对这种意见。他们认为：如果普通部队和精锐部队不得不各自单独行动的话（可惜，这种情况是可能发生的），那么人们很快就会确信，随着使最勇敢的人离开下等连队，就将使这支部队实际上陷于瓦解，如同一个人被抽去了血液中的最纯的部分一样。

但是，我要研究的问题并不是这个。假如，由于某种原因，先由全军选拔出来的组成精锐部队的连队还不如普通部队的话，又该怎么办呢？下述的情况二者必居其一：要么完全放弃精锐部队，要么如果想要极力保持它，就必须决定另行选拔，重新组织。

然而我认为，一个民族，如果它的上等阶层、特权集团、官员在情感上、能力上和教育上还不如大多数人民，那么我要说这个民族的境遇，就同一支部队在其掷弹兵和狙击兵丧失其高于下等部队士兵的实际优越性的情况一模一样。

确实可以说，在1789年，法兰西民族的僧侣阶层、贵族和国家官吏在文化、毅力、高尚灵魂和各种优秀品质方面，都不比大多数法国人出众。在他们看来，他们继续用来统治全民族的权力，是一种不尽任何义务的特权，而由他们掌握这种特权则是天经地义的事。他们对于自己政治权利的合法性的看法是荒谬的。他们只知道同胞应对他们尽义务，而完全不承认自己应对同胞尽义务。

我已经说过，在1789年，法兰西民族曾同时呈现衰老和返老还童的情景。我们刚才已经看到，衰老是统治者的归宿，而人民则是走向返老还童的道路。

出身不是贵族、神甫和官吏的法国人，即普通的法兰西人民所受的教育，使他们认为自己没有任何权利来干预国家大事，甚至认为自己完全没有能力思考如此高深的观念。别人使他们如此习惯于这种看法，而他们自己也完全养成了这种看法，以致认为凡是敢于谈论公益、敢于对政府应当采取的行动或应当实行的措施发表意见的被统治者，都是可笑的。

这是多么荒谬的见解！由于这种谬见，百分之九十九的老百姓都相信自己生来不是为了自身幸福而劳动，而是为了使他人享

福而服务;认为能够判断什么是适合于他们的,不是他们自己,而
是他们的领袖。

　　阁下,在前几页中,我的笔就屡次想描述法国人自己制造的灾
难的情景,摘录他们做过的乖戾举动,复述他们在革命期间所犯的
暴行。但是,我的内心反对我这样做。一想起我亲眼目睹的这些
可怕情景,在我的内心就引起反感。

　　如果对于一个既令人生畏又使人怜悯的时代的这种回顾,只
是一个无益而又没有教育意义的叙述;如果这种回顾不能通过因
果关系的深刻分析使我令人欣慰地证明,压迫我们达二十五年之
久的灾难从现在起到以后若干年止,甚至从现在起到将来若干世
纪止都不会再度发生,或者更正确地说,不能证明政治科学的进步
将使灾难一去不复返;简而言之,如果这种分析不能使我有办法向
法国人证明他们终于要走上真正的道路,并且能信心百倍地沿着
它前进,那么,事实上我又何必把我的思想停留在如此令人心碎的
回忆上,重叙我的祖国在二十五年多的时间里所经历的不幸呢!

第 二 封 信

　　　美国人民在宣布独立时的理性和风尚——这种理性必然产
　生的社会制度——法国人民在一七八九年的理性和风尚。

　　阁下,我在美洲期间,研究政治科学的时间大大超过研究军事
战术的时间。战争本身并没有引起我的兴趣,而战争的目的却强
烈地吸引着我。后一种兴趣,使我毫无怨言地忍受了戎马生活的

艰苦。我时常自言自语说：我希望战争早日结束，我应该寻找结束战争的手段。

当我看到和平就要来临的时候，心里充满了厌恶军职的感情。我清晰地了解什么是我应当献身的职业，即什么是我的爱好和天赋要求我去做的职业。我的天职根本不是当一个军人，我应从事一种完全不同的，甚至可以说是与此截然相反的活动。研究人类理性的进程，以便将来为改进人类的文明而努力——这就是我为自己规定的目的。从此我就完全献身于这一目的，并为此贡献出了我的一生。从那时起，这项新的工作便开始占去了我的全部精力。我在美洲逗留的后期，都用于思考我亲眼目睹的重大事件上。我竭力探索和揭示它们的原因，并设法预见它们的后果。我尤其致力于研究对于我的祖国可能产生的后果。

从此以后，我预感到美国革命标志着一个新的政治纪元的开始，必然决定整个文明的重大进展，并将在短时间内使欧洲当时存在的社会制度发生巨变。我仔细地研究了美洲居民所处的环境，并拿这种环境同在旧大陆占统治地位的环境相比较，结果发现两者迥然不同。我由此得出结论：东西两半球的文明不是按照同一进程发展的。

我当时形成的见解，现在仍没有失去它们的意义。我甚至敢说，这些见解仍然是当今舆论界最关切的问题。我米重复其中几个。

我曾发现：

一、在这个国家，信教自由达到了登峰造极的程度，而且绝对不受限制，因为任何一种宗教也没有在这里占有统治地位，因为任何一种宗教也没有在这里受到特殊庇护,因为任何一种教义也没有在这里被视为国定的教义,因为在这个国家里存在许多各不相同的宗教,因为所出现的一切宗教都一律得到承认,因为每个人都有创立新宗教和招收信徒的自由,因为在所有这些宗教之间,不管它们是什么宗教,彼此之间都允许开展不同意见的争论。

二、在这里,不存在任何特权集团,没有贵族阶层,没有封建制度的残余,因为这里从来没有存在过封建制度①。最后,这里的民族完全没有被划分成若干等级,而是一个由一些性质相同的部分合成的政治体。

三、在这个国家中,没有一个家庭连续几代占据显要的公职,所以谁也不把官职看作自己的世袭领地;最后,任何一个公民,不管他是谁,只要他敢于觊觎可以占据国家要职的特权,舆论就会公开反对他。

四、著名的佩恩②是英国的新大陆殖民地的最初建立者之一,他的性格正是美利坚民族的主要性格。一般来说,这个民族在本质上是和平的、勤劳的和节俭的。

我从这些观察得出如下的结论:美国人为自己建立的制度比欧洲人民实行的制度要自由和民主得多;他们的民族精神根本不是军人精神;在他们自己制定的宪法里,在他们的各种法律和条例

---

① 它存在于加拿大。

② 威廉・佩恩(William Penn,1644—1718 年),英国的社会活动家,教友会的教士,因在英国宣传教友会的教义而受到迫害,在狱中写了名著《既不要十字架,也不要王冠》。1681 年移居北美,在那里建立了宾夕法尼亚移民区,并为这个移民区制定了一部民主宪法。一百多年以后,这部宪法成了美利坚合众国宪法的蓝本。——译者

中,都要求他们致力于保护农业、商业和各种实业;他们立法的一贯目的,是一视同仁地保护一切公民,甚至一切外国人,即保护他们的个人自由以及占有任何财产的全权;舆论和法律一样,都认为军职只不过是暂时的、偶然的职务,一当情况需要时,全体公民都必须履行。但军职完全没有成为特殊的和由相当一部分居民独占的职业,更没有把它看成是使军职人员有权担任高官的职业。

我由此得出结论:在其他一些同样是很重要的方面,美国人在自己前进的道路上也没有跟着欧洲走。

在欧洲,能够设法增加税收而又不使纳税人怨声载道的人,一向被认为是最伟大的政治活动家,或至少是最受人们尊敬、推崇和赞扬的最精明强干的人。我感到,在美洲,最伟大的政治活动家,则是能够尽量设法减少人民负担而又不使公益受到损害的人。旧大陆的人民或被统治者都同意这样的见解:为了公共福利,应当以大量金钱酬谢公职人员,而对议员或代表支给高薪也是必要的。我感到美国人的想法与此完全不同,他们认为公职人员越不豪华铺张,越平易近人,生活越朴素,才能越受人尊敬。

最后,我认为新旧大陆的社会组织的基本原则之间存在着这样一个差异:在美洲,人们认为就任公职是出于尽义务和服从公众意志而接受重任;而在欧洲,情况却与此相反,人们认为参加国家的管理工作等于行使世袭的权利,这种权利能够代替遗产,因为它可以使人发财致富。

在 1789 年,法国人民远远没有能够建立起这样的社会制度!他们无能的首要根源,在于政治上的完全愚昧无知。在他们看来,公众的事情就跟天气的变化一样:天晴了,人们就高兴;天阴了,人们就忧愁,而从未产生过怎样去影响天气状况的想法。

同样,当社会繁荣时,法国人就兴高采烈;而当情况发生困难时,他们就悲观失望,低声向上天祈祷,乞求天老爷赋予他们的首领以治国安邦的雄才大略。如果灾祸日益深重,穷人的痛苦实在是水深火热,他们又去哀告上苍,即向唯一能制裁国王的法官——上帝诉苦,请求上帝有朝一日惩罚压迫他们的人,把希望寄托在来世的审判上,以为那里可以纠正人间的不平和报偿他在人间所受的虐待。

我再说一遍:谁也不关心国家大事,对此完全抱着消极的态度;谁也不对自己另眼相看,只把自己看成是无所作为的群众的一分子,看成是无能为力的机体的一部分;不管当局有什么过失和错误,这个机体在当局面前只能默不作声,俯首帖耳。

由第四等级治理国家,这是当时常开的一个玩笑,而且是一个流行的玩笑。直接受到这个玩笑戏谑的人,即普通的平民(他们通常都不属于头三个等级)正是最常重复这个玩笑的人。他们兴致勃勃地对自己开这种玩笑,然而这些人正是民族中唯一的生产阶级,他们才是法兰西民族。由此可见,法兰西民族对自己在政治上的无能,是有着非常深刻和非常明确的认识的。

法国人有过自己的三级会议,但是只能偶尔看到这个会议的召开。每届会议的会期非常短促,而民族中的一部分,即所谓第三等级,除了能俯身在宝座之前直接向国王恭敬地请愿以外,一般得不到其他任何好处。根据国王的一时高兴恩赐给法兰西民族并又根据国王的一时高兴所实施的这种政治权利,当然不会具有特别吸引人心的作用。

然而,这多少也还有一点好处:当时间的发展和启蒙运动的进步使民族开始认识到自己的利益和可能采取的保护措施的时候,这种权利就好像为民族做好了开始行动的准备。然而,就连这点好处最后也消失了。长期以来,三级会议再也没有召开。旷日持久的拖延,甚至使人把它完全忘却了。人们只能勉强地记得这一古老的,至少还曾有过的政治措施。简而言之,对于它的习惯已被破坏,对于它的记忆已在思想中消逝。而这种习惯和记忆的消失,便使我所说的法兰西民族的愚昧无知达到了顶峰。

如果这方面的一切传统在 1789 年都没有丧失,如果法国人的头脑里还保留着他们曾经从事过的政治活动的某种痕迹,那就会看到他们将依靠适当的根据,首先要求恢复他们过去的权利,并且毫无疑问会把这种恢复权利看成是一个伟大的成就。即使他们暴露出追求名利的野心,但这种野心同有人早已流露出来的野心相比,也不会有过之而无不及①。

尼德兰人民和英国人民,曾长期处在专制的压迫之下。但是,由于他们有坚定的原则,同时认识到自己的权利和当局的特权,所以在情绪不满的时候,他们的思想总是围绕着这些明确规定的观念积极地活动。因此,一方面,即使政府的专横跋扈能够压制他们的政治积极性,甚至压制得使它暂时不复存在的地步,也不能把它彻底消灭掉,更不能抹掉对它的回忆;另一方面,当他们有机会抬

---

① 路易十四第一个说"朕即国家",这句话也就是即将取消人民的一切政治权利的信号。路易十四在财政上造成的赤字,即使在 1789 年叫二十个总稽核的家庭破产,也弥补不上。因此,就是这个路易引起了革命,我们大家和波旁王朝遭到的一切不幸,都应当由他负责。

头的时候,他们努力的目标就被明白地确定下来,他们的计划也早已拟定完毕。这个计划的内容,就是恢复他们的被剥夺的权利,并取得新的保障以免权利再被夺走。因此,如果说法国人民的1789年起义缺乏组织,那么它的原因就在于:没有任何合法的手段来使人们了解它的愿望,没有任何正确的方法来有效地阐明自己对于想要进行的改革和感到必须对制度进行革新的看法。

如果说法国人宣布过人权,那么它的原因就在于:长期以来,他们的思想已经不习惯于公民的权利了。由于不能重新要求他们已经不再知道的福利,他们便糊里糊涂地一味追求想象之中的福利;由于在政治上无知,他们便祈求于天命;由于他们在热情迸发的时候毫不考虑公认的界限,他们便自然不会先为自己规定界限。但愿田地的埂界突然消失,所有权不再存在,让每个人去占有一切。

然而,法兰西民族的这种无知,不管如何严重,也许还不是造成它无能的最坏因素。人们的头脑远非一块白板,其中虽然没有储藏任何正确有用的观念,但不一定就没有错误有害的观念。谬见到处泛滥,使得人的头脑长期不能接受真理。

僧侣阶级向人民指出了反对国王的办法,即让人民仰仗教皇——上帝的使者和人世最高裁判者的威信,可是他们自己却服从世俗的政权,充当了它的工具。它教导人们唯命是从[①]。

---

① 更加详细地研究一下僧侣阶级自产生以来直到现在的行为和学说,也许是很有趣的。可以把这段时期分成几个截然不同的时代。

第一个时代　　从基督教产生到君士坦丁大帝领洗。

在这个时期,僧侣阶级还不是一个与其余教徒分离的团体。基督徒还是人民中的一部分,他们反对现存的一切制度,无论是政治上的,还是宗教上的。人们的任何集团都为自己选择领导者,并保有按照自己的意愿撤换他们的权利。权力完全掌握在人民手里。

大学最初隶属于僧侣阶级，后来又受世俗权力所管辖，由于它们同时与这两个不同的机构保持隶属关系，所以毫无自己的政治主张。

但是，经过在不同时期以独特的方式教授古代文献之后，这些大学便产生和养成了一种过分崇尚古代、古代伟人和古代制度的尊古风气。

世人对这两种教育有什么想法呢？一个青年人在开始进入社会时将会形成什么观点呢？

第二个时代　　　从君士坦丁大帝到查理大帝。

神甫即以前的祭司开始形成一个单独的团体，出现了僧侣阶级。这个阶级力图联合起来，渗入到东罗马帝国的希腊人和西部地区的蛮族的政治和宗教机构之中。基督教的传教士在西部地区的蛮族中获得了成就。

第三个时代　　　从查理大帝到教会的大分裂。

罗马的大主教脱离帝国而独立，成为享有主权的君主，管辖全部基督教僧侣阶级。他利用这一僧侣阶级作为工具，到处宣传和说教："教皇是上帝的代表，具有神的全部明智，他是国王之间的或国王与其臣民之间的一切争端的天然裁判者。"由此可见，教皇向人民指出了他们反对王公大人的不正义行为的办法。这一学说被用诸于实践，而且有一些国王还受过罗马教廷的制裁和审判。

第四个时代　　　从教会的大分裂到宗教改革。

教廷被迁到阿维尼翁。从此以后，教皇的势力离开了罗马这个永久城市，不再统治全世界，失去其昔日具有的吸引力。大教堂、大学和政府从四面八方攻击阿维尼翁教廷。僧侣阶级本身力图使世俗权力照旧服从于精神权力，并且对自己最高首领的已经开始压抑他们的权威打算加以限制。于是，这个与世俗权力对立的巨大团体开始解体，并趋于自消自灭。

第五个时代　　　宗教改革以后。

天主教的僧侣阶级失去了一半欧洲，它的势力也随之削弱，实际上已经无力与国王抗衡。它不再斗争了，而为了自保，便使自己成为国王的奴隶。

它希望自己成为王权的必要支柱，向国王宣称王座应当依靠神坛。王权使它保住了财产，而它则要宣传国王就是神的化身。

　　拿教皇、主教、神甫、修士和整个僧侣阶级作笑料,已经是普遍流行的现象;而在谈到国王的时候,大家都用一种恭恭敬敬的语调,表示忠心耿耿。然而,僧侣阶级也在宣传对国王要百依百顺,并从宗教上赋予国王的威信以神圣的根据。真是十足的自欺欺人! 人们没有发现,从一方面加以破坏的东西,正是从另一方面竭力加以支持的东西①。

　　大学的教学工作应该产生成果。社会上所重视的,人们所欢迎的,人们想从一代青年人身上看到的,并不是他们对祖国的制度、对当代的事物和人物的了解,而是他们对古代的学识,他们对那些与当今毫无关系的一无所用的往昔的回忆。

　　此外,人们期望于青年初学者的,并不是要他们成为精明强干的人,而是要他们受到关怀备至的保护;并不是要求他们的才能,而是要求他们的信誉。人们帮助他们取得的,并不是对民族发生有益影响和进行明智改革的能力,而恰恰相反,却是危害同胞的权力,而他们也将成为同胞的又一个灾难。最后,人们指示他们当作最高成就的,根本不是改进社会的状况,不是保护同国人的自由,而恰恰相反,却是成为统治者,为增加统治者的利益而加深和扩大

---

　　①　由此应当断言,即使王位受到人们的尊敬,即使舆论界认为它是强大的,这种力量和尊敬也绝不是来自僧侣阶级及其消极服从的学说,因为人们不会遵循被人轻视的老师的教训和告诫。正确的说法与此相反,实际上是因为人们憎根僧侣阶级,感到受它的暴政压迫,而国王打碎了这种暴政的桎梏,所以王位便具有了主要的力量,反抗的情绪在斗争结束之后仍然继续存在。

　　但是,国王的威信所依据的基础既不巩固,又未持久,这是因为:一方面,不再发生作用的僧侣阶级,随着人们不再惧怕它而成为嘲弄的对象;另一方面,人民没有继续与国王结成同盟的兴趣,因为他们的敌人已经被打败,使人民和国王联系起来的纽带日渐松弛。于是,国王与其臣民之间的疏远和斗争的基础已经存在了。

弊端。

　　最初发起革命的法国人所获得的三种教育，可以概括如下：僧侣阶级进行的教育，直接使法国人变为奴隶，所以它也不能而且当然不能对理性和风尚发生积极的影响；大学进行的教育，只能使法国人发疯，沉湎于幻想，而且它做得还很有效；法国人进入社会时得到的教育，使他们变得野心勃勃，自私自利，贪得无厌和乐于发号施令。我们以后再来研究我们祖先的这种明智所发生的结果。

　　附注：我们删去了第三封信、第四封信和第五封信，因为它们现在已经失去发表的意义。——圣西门

第　六　封　信

　　一种欲念引起了法国革命——革命只能以另一种欲念来结束——革命的真正目的——我们正在进入全人类共同的革命。

　　如果让我考察法国革命是由什么欲念引起的，社会上的哪个阶级对它感受最深，我就认为是要求平等的热望引起的，是属于最下等阶级的人感受最深。由于无知，同时也由于自身的利益，他们最热烈地投身于革命，而且喜欢在革命中使用暴力。追求平等的欲念，得到了摧毁革命爆发时期所存在的社会组织的后果。我现在不禁要问：既然所有的东西一下子都被摧毁了，那么现在还需要不需要另一种欲念来激励新的建设工作呢？或者换句话说，革命能不能以欲念或自制来结束呢？

　　在旧制度下养成的习惯,是建立真正的新制度的巨大障碍。这样一种新制度的建立,要求有伟大的哲学著作问世和做出巨大的经济牺牲。只有欲念才能使人们决心去作巨大的努力。

　　自制绝不是积极的力量,它本质上是胆怯的,自身不足以破坏现有的习惯,它只是竭力使我们维持这些习惯。

　　自制所鼓励的,是在专制和神学制度下养成的习惯与自由的实业观点和制度之间谋求调和。然而,由于事物的本性,这后一种制度和观点具有其特殊性。因此,只要它们没有占上风,只要它们没有完全摆脱其他因素的影响和去掉妨碍它们的弹簧发挥弹力的铁锈,便将一事无成。

　　当人们声称法国革命彻底摧毁了封建和神学的权力时,这是夸大其词。法国革命并没有消灭这种权力,而只是显著地降低了人们对于他们所依据的原则的信任,以至这些权力今天再也没有足够的力量和威信使自己成为约束社会的力量。从什么观点中我们能够找到这种有机的、必要的约束力量呢？从实业的观点中可以找到。我们应该从这里,也只能从这里寻找拯救自己和结束革命的办法。

　　不错,阁下,依我看,一切思想和努力所应追求的唯一目的,就是最合理地组织实业。这指的是最广义的实业,它包括一切有益的工作,包括理论和应用,包括脑力劳动和体力劳动。换句话说,最合理地组织实业,就是建立这样一个政府:在这个政府中,政权只具有必须使有益的工作不致紊乱的效能和作用;在这个政府中,要把一切工作安排得使劳动者能够自己学会组成真正的社会,能够彼此直接地和完全自由地交换各种劳动产品;最后,在这个政府中，只有社会能够知道什么东西对自己有用，什么东西是自己所希望的和所喜欢的，而社会也是评定工作的优点与好处的唯一裁判者。因此，生产者只须希望消费者对他付足劳动报酬或服务报酬，而不管他爱用什么名称来叫这种服务。

此外，我们只想简化和阐明事物的自然进程。我们希望，人们从今以后要有意识地、更直接地、更有成效地努力把他们可以说是不自觉地、慢腾腾地、犹豫不决地、收效甚微地一直进行到现在的事情做好。

在公社解散时，我们看到实业阶级在赎买自己的自由之后，达到了为自身创设政治权力的目的。这项权力，就是只有经过它们同意才能征收新税。它们渐渐强大和富裕起来，同时也变得更加重要了。它们的社会地位在一切方面都得到改善，但是，可以称作封建阶级和神学阶级的那些阶级，却不断地丧失威望和实权。由此我断言，实业阶级必将继续获得成功，最后终将控制整个社会。

事情的发展就是这样，我们的前途就是这样，已经无力维持自己所建立的一切制度的陈旧机构必将永远瓦解，自我消灭。

有一些革命，开始时只是局部的、民族的；还有一些个别的革命，只涉及某一社会机构。这些相继发生的革命，正在促成以后的普遍革命。

在哲学方面自从阿拉伯人向欧洲输入重视观察的科学文化以来，在政治方面自从公社解散以来，人类的理性显然走向了一场普遍的革命，也就是说，朝着建立一个必将大大全面改进人类理性的现状的事物秩序的方向前进。

在我刚才所说的两个值得纪念的时代以来发生的一系列事件

中，可以指出的出类拔萃事件，有路德的革命、查理一世时英国的革命、推翻斯图亚特王朝的革命、美国革命和法国革命。同时我认为，普遍革命即将开始的时刻已经到来，这个革命将席卷一切文明民族，而不管他们居住在地球的哪一部分。

各国的政府不能再管理人民了，它们的职权将只限于不使有益的工作紊乱。它们将只拥有很少的权力和金钱，因为少量的权力和金钱就足以达到这个目的。为进行大大小小有益的工作所需要的资金，将由自愿捐献者提供，而捐献者本人将监督这些资金的使用和保管情况。

第 七 封 信

三种不同的舆论——它们的不同性质——自由党的双重任务——自由党做过的事情——要留给它做的事情。

阁下，我打算在这封信中向您介绍人类理性目前在法国的发展情况。为了达到这个目的，我要考察一下法国现存的几种主要政治观点。我认为，分成三种观点便可包括其余一切了。我现在来分别分析其中的每一种观点。我把这三种观点称之为守旧观点、倒退观点和自由观点。

被我称为守旧分子的人，就是那些不适当地自诩有理智并企图以折中为名把新旧制度捏合在一起的人。他们没有看到，把这两种对立的东西结合起来的企图是荒谬的。他们没有看到，军人操纵的一切权力和以封建原则为基础的一切论断，都是直接反对实业的发展的。实业在这里不能也不想让步,除了建立最有利于实业的政府以外,用其他办法都不能结束革命。

凡是感到地位中常、思想懒惰和贪图安逸的人,都有守旧观点。他们憎恨变革。他们是一些有病的人,甘愿处于虚弱和衰竭状态,慢慢等待死亡,而不下决心采取恢复健康的积极摄生办法。这些人的理性不能上升到足够的高度去认识建立一个果断的秩序所需的必要条件。他们准备为维持事物的现状,并使其一成不变地固定下来,而情愿付出巨大的牺牲。

尽管守旧观点是绝大多数人的观点,但它只能是,而且实际上不过是舆论中微不足道的一部分,因为其本质完全是消极的,它所能做的一切不外是妨碍其他观点发挥作用罢了。

有一种观点可能使您感到奇怪:它本来故步自封,可是又非常易变。其他观点总是朝着一个目标前进,按照既定的方针行动,而这种观点却与此不同,它是按照别人指示的思想而行动的。我敢说,它跟在其他一切观点的后面,企图拖人家的后腿。说来也巧,正是它在反对人家变革的时候,它自己也在发生变化。它总是表示,要决心维护和巩固已经成为过去的东西。在这种观点看来,变化的性质和目的,都是无关紧要的。凡是能够存在,这就够了,应该让它永远存在下去。这是对静止的一种古怪偏爱,它提醒我们经常保持警惕,唯恐工作劳而无功—— 被罚去做达纳乌斯的女儿们的工作①。

---

①　根据希腊神话,国王达纳乌斯有五十个女儿,都因杀夫之罪而被罚在地狱里向无底桶灌水。"达纳乌斯的女儿们的工作"一语,表示一种徒劳无益的工作。——译者

被我称为倒退分子的人,通过他们的演说和著作,宣称社会处于一种可怕的分裂解体状态。他们说,这种状态是最不幸的。他们证明,这种状态不能再继续任其下去。他们断言,建立他们所谓的稳固的事物秩序是至为迫切的,因为新的雅各宾党人随时可能出现并篡夺政权。[①]

随后,他们又研究了1789年以来试图建立的一切管理制度。他们说,经验已经证明,任何一种管理制度都不行,因为它们都在建立后不久便垮台了。他们由此得出结论说,最明智的解决办法是恢复过去的制度,恢复那种延续了许多世纪而在其漫长的存在期间没有发生过任何严重骚乱和全面动荡的管理形式。他们承认这种制度并非尽善尽美,但是他们又说,一方面,人类的一切机构,从本性上来说,都是不完善的;另一方面,缺点也是可以纠正的。

有一个事实,证明这种倒退观点对于舆论的形成有很大影响,证明它所起的作用比持自由观点的人所想象的要大得多。

---

① 人类的理性是非常脆弱和有限的。我们在生活中经常担心对我们危害不大的事情,而且也绝不冒犯对我们最有威胁的危险。一个小孩子被火烫伤了,母亲从此以后一看到小孩子靠近火,就为孩子担心,但在这以前,她就应该采用预防措施,因为小孩子得到的经验会成为他们最好保护者。

历史上有许多证据,证明整个民族的预见,无论在范围的广度上,还是在应验的效果上,都不如个人的预见。

今天,法国各地都组织了国民自卫军,这种民兵部队实质上是一个自由组织,主要由有财产的人组成。在他们的指挥官当中,我们可以到处看到大地主、大工厂主和大富商。现在,当各地的无产者都被解除武装的时候,怎样能怕雅各宾党人卷土重来呢?

比如《辩论日报》[①]的观点，显然倾向于倒退派，它在法国拥有最多的订阅者。夏多布里安[②]的著作也很畅销。在英国，情况也完全是这样，那里的《泰晤士报》[③]是拥有读者最多的报纸。

著名的哥伦布，曾经花了多年的时间去准备他的探险、购置船只和配备航海人员。最后他开航了。在航行的最初几天，船上一片欢腾。但是，惜别大陆和怀念大陆上的种种好处的情感，开始在某些人身上战胜他们发现新大陆的愿望。不安的情绪，随着航行的旷日持久，也就是说，随着越来越接近目的地而不断增长。最后，在将要喊出"发现了大陆"的时刻，也正是大多数人主张返航的时刻。

整个 18 世纪，都被法国哲学家用来准备一场革命。这场革命开始于 1789 年，在革命的最初活动时期，整个民族，除了极少数例外，都沉浸在欢乐之中，而且满怀着信心。

从 1793 年开始，法兰西民族开始进入解体状态。据我看来，这一状态尚未结束。在这期间，法兰西民族提供了各种美德的值得留念的范例，同时也犯了各种罪行。法兰西民族以它取得的重大胜利和遭受的惨重失败，保证了自己在历史上占据一个显著的地位。探索新的原则和新的组织基础的法国人，把一切实验都进

---

① 《辩论日报》(*Journal des Débats*)，法国的一家反动报纸，创刊于 1789 年。——译者

② 弗朗斯瓦·勒内·夏多布里安(François-René de Chateaubriand，1786—1848 年)，法国作家和国务活动家。在法国资产阶级革命时期属于保王党，曾流亡国外。复辟后历任国家要职。他在自己的政论和文艺作品中反对革命思想，拥护反动倒退的观点。从他的文学思想来说，他是法国宫廷浪漫主义的创始人。——译者

③ 《泰晤士报》(*Times*)，英国的保守派报纸，创刊于 1785 年。——译者

行到底。

许多有财产的人充满了不安的心情,他们竭力从倒退派的观点中去寻找根据,以证明如果达不到目的,就可以向后转。

现在我来研究自由观点。我把极力想使政府只拥有交给它掌握之后会对民族有好处的权力和金钱的党派,叫作自由党。

自由党开始形成于 18 世纪。为了对这个党的现有观点、对它给予舆论的影响,以及对它为使舆论完全对它有利它还要做些什么有个明确的了解,我有必要把它的发展过程简述一下。而且,我也十分愿意向您作这个简述,因为我认为这有助于清晰说明自由党人一词的意义。曾经有一大批作家对此作过解释,但都毫无结果。

正是这些自由党人,通过他们的著述揭露旧的政府组织的弊端,而为革命做了准备工作。也正是他们,在人民中间激起了跃进的高潮。人们一回想起这一高潮,既会联想到许多邪恶的东西,又会联想到许多善良的东西。又正是他们,提出了后来被制宪会议宣布为法兰西民族内外政策的基础的一般原则。

如果法兰西是一个岛国,它的革命就不会引起它曾经招致的一切不幸,而且任何人也不会谴责自由党人发动流血斗争。这种谴责是很不公正的,因为自由党讨厌使用武力,而且它因其他所有政党使用残酷的暴力而蒙受大于其他任何一个政党的牺牲。我这是说,如果法兰西是一个岛国,那它的革命就只能是一场比较活跃和比较持久的论战,它讨论与全体法国人有共同利害关系的问题,讨论最好的政府组织形式。新的机构自然会取代旧的机构,而进行这场变革也不必诉诸暴力①。

但是，法兰西绝不是一个孤立的国家，它有许多邻国，而且有些还是强邻。这些邻国仍未摆脱封建制度和迷信的羁绊。法国的僧侣阶级和贵族曾向一些强邻求援②，他们央求邻国帮助它们反对自由党人。它们要邻国相信，对法国的僧侣阶级和贵族的打击，将会变成对欧洲的全体僧侣阶级和贵族的打击。德国的军队马上采取行动，猛向法国扑来，即猛向法国的自由党人扑来。自由党人只得唤起无知的老百姓来保卫革命，激励他们拿起武器，以驱逐已经侵入法国境内的封建和迷信的军队。

自由党人不仅在法国，而且在整个欧洲，都比僧侣阶级和贵族占上风，因为为特权阶层而战的军队都被法国军队击败了③。但

---

① 法国位于大陆，在某些方面给法国人造成了很大的不便，但在其他方面，又使法国人得到了很大好处。这种地理位置给他们造成的灾难终于结束了，他们正接近力求由此获得好处的时期。

如果法兰西是个岛国，那它的革命毫无疑问会为时很短，而且不甚残酷。革命也会少流一些血，少制造一些灾难。但是，这样的革命只能是一场妥协折中的革命，只能是一场半途而废的革命，只能是一场不能使法国人以后避免发生其他革命的革命。

法国人经历了一次可怕的革命，但他们的遭遇还有甚于此。干涉他们内政的邻国对他们大肆蹂躏，但邻国干预法国内部关于政府的良好组织形式的争论，又使它们变成了当事的一方。邻国硬要把争论的结果看作自己的功劳。

② 僧侣阶级和贵族的少数派由自由党人所组成，所以他们早就不属于特权阶层。因此，我认为必须在自己的叙述中把贵族的多数派与少数派分开。多数派认为自己就构成了特权阶层的全体。

③ 许多年来，法国人一直在军事舞台上寻找荣誉，然而在获得一百来年的荣誉中间，却是继许多次胜利以后便有几次大败随之而来。

在文明发展的目前阶段，任何军事胜利都不可能长久保持下去。体力在人类社会中今后只能发生次要的作用。好在一个民族正如某一个人一样，今后只有一种获得荣誉的方法，这就是脑力劳动，也就是进行有益的著述，而创造出来的作品越有重大和普遍的利益，其荣誉也就越高。

是,既然自由党人比特权阶层占上风,那么被他们武装起来并夺取了政权的愚昧无知的无产阶级,也就要比他们占上风。自由党人很快就感到,可能有一种东西比旧制度还要坏一千倍。经验使他们懂得,由愚昧无知的阶级管理政府,是最令人讨厌的。幸亏政权没有长期掌握在这样一些人的手里。

从此以后,自由党人依次同罗伯斯庇尔①、执政内阁②和波拿巴进行斗争。自由党人相继被这些最后也相继垮台的革命政府处死。

自由党人从他们出现以后,就想把两个本质上互有联系的方案糅合在一起。但是,这两个缺一不可的方案是完全可以分开研究的。我现在就想这样做。

自由党人首先想推翻封建和神学机构,破除宗教迷信,改变特权阶层强加给被他们称为吝啬鬼的实业界人士的风尚和习惯。

他们在这方面获得了全胜,因为欧洲所有的雇佣军都无力恢复法国的旧制度,因为甚至在目前,当法国受到欧洲其他国家政府保护的时候,法国的僧侣阶级和贵族想要恢复其昔日财势的一切企图都没有得逞,因为领头发起这种复辟运动的人,除了没有弥补他们本人及其等级想要弥补的损失以外,还使他们由于自己的才干所获得的个人尊严受到损失。

据我的理解,自由党的第二个目标,是计划建立一个新制度,

---

① 罗伯斯庇尔(Maximilien Robespierre,1758—1794 年),18 世纪末法国资产阶级革命的杰出活动家,雅各宾派领袖,革命政府的首脑。——译者
② 执政内阁,指法国大革命时期由五名执政组成的内阁(1795—1799 年)。——译者

以取代旧制度，即根据时代的精神和文明建立一个符合共同利益的政府组织。

在这第二项任务上，自由党人完全没有取得第一项任务所取得的那样成就。他们在某些方面做了很多工作，而在其他方面则做得很少，几乎什么也没有做。

从法国的政论家自革命开始以来发表的大量著作中，可以看到许多有助于组织新的政治制度的原则和观点，然而关于这种制度的总观念尚未形成。

自由党尤其应当做的，是迅速改换论战的战场，迫使敌人进入自由党的阵地，而不叫他们留在他们的原地；要在自己的战壕里等待他们，而不要总在敌人的战壕里追击他们。

西塞罗说过，他不能设想两个占卜者能够面面相觑而不笑。这句话出自他这样人之口，证明古代各族人民的宗教机构，在他那个时候就已经完全腐朽了。但是这些机构，尽管非常腐朽，还是继续存在了许多年，一直延续到基督教的奠基者们把信仰——神和爱一切人的教理放到首位之后，致力于发展和建立这一可以说是新的宗教学说，而不再理睬那种在有教养的人看来已趋灭亡，而在实际上仍然占有统治地位的学说为止。

西塞罗对宗教观念所说的这番话，长期以来就被人们用来谈论我们的政治机构，而这些机构现在还依然存在。它们将一直存在到一个关于社会组织的新观念，即一个以其清新明确而使一切正直的人感到震惊的新观念产生出来的时候为止；一直存在到人们抛弃旧观点、而开始根据这个新观念直接建立政治制度的时候为止。

第 八 封 信

研究政治上的一项一般原则

　　阁下，可见问题在于寻找一个新的政治组织体系。

　　这项工作现在达到了什么程度呢？

　　如果这项工作只限于收集大量材料就感到满足的话，那就可以说即将大功合成。有些观点早已定下来了，而且数量很多，它们之间甚至有某种联系。但是，最重要的条件是否已经具备了呢？有没有一个基本原则呢？一个公认的、被已发现的真理指引人们去遵守的而且能够产生真理本身的原则，正是我们所缺少的，也正是我们应当研究的。

　　在献身这项工作的一切人当中，我认为著述政治经济学的学者作了最有益的工作。而萨伊①的《政治经济学教程》，我觉得是一部含有最多数量的积极而又彼此协调的观点的著作。

　　在我看来，这位确实值得十分推崇的作者，仍是属于最接近于目的地而又始终未能到达的人。

　　下面所引的，就是这本书的序言的头两页。这两页包括了作者的全部创见。这是他的最一般的观点，如果容许我说，我也说这

　　① 　让·巴蒂斯特·萨伊(Jean-Baptiste Say，1767—1832 年)，法国资产阶级经济学家，庸俗政治经济学的代表人物。他保护贸易自由和实业自由，认为资产阶级的社会经济关系是阶级利益的调和。他的主要著作《政治经济学教程》(1803 年)偏重理论问题，很少谈到实际问题。——译者

是该书的全部哲学。

"只有当人们精确地规定了科学的研究范围和这种研究所能达到的目的的时候，科学才能取得真正的进步。否则，就会一鳞半爪地抓到少数一些真理，而不能认识到它们之间的联系，并且会造成大量的错误，而不能发现错在什么地方。

"长期以来，人们就把所谓的政治学，即把关于社会组织的科学，同讲授财富如何形成、分配和消费的政治经济学混为一谈。然而，财富实质上是不依政治组织为转移的。不管采取什么政府组织形式，只要管理得好，国家就可以繁荣。我们看到一些民族在专制君主的统治下富强起来，但也曾看到一些民族却在人民会议制度下衰落下去。即使政治自由很有利于财富的增值，那也是间接的，如同它很有利教育的发展一样。

"当把构成良好政府的原则，同公有财富或私有财富的积累所依据的原则混淆起来一并研究时，就会使一些观点混乱而得不到澄清，这是不足为奇的。对把自己著作的第一章定名为《论人类的政府》的斯图亚特①，就可以进行这样的谴责；对经济学家派的几乎所有著作和卢梭②为《大百科全书》写的文章，也可以进行这样的谴责。

"我认为，从亚当·斯密③开始，人们就一直把研究财富的科

---

① 詹姆斯·斯图亚特(James Steuart，1712—1780 年)，英国资产阶级经济学家，重商主义的最后代表人物之一，货币数量论的反对者。——译者

② 让-雅克·卢梭(Jean-Jacques Rousseau，1712—1778 年)，法国杰出的启蒙运动者，民主主义者，小资产阶级思想家，自然神论哲学家。——译者

③ 亚当·斯密(Adam Smith，1723—1790 年)，英国经济学家，资产阶级古典政治经济学的最大代表人物之一。——译者

学命名为政治经济学，只把阐述政府和人民之间以及政府彼此之间存在的关系的科学叫作政治学，并总是把这两种学说区分开来。"

　　我们在这里可以清楚地看到，萨伊先生把政治学和政治经济学当作两门彼此不同和互相分离的科学。另一方面，凡是读过他的著作或是听过他公开讲课的人，都知道他对自己所讲的科学极为重视，并听到他屡次宣称：只有这门科学才使道德和政治得到了两者应有的可靠而正确的东西。

　　这种自相矛盾的说法，证明作者好像模模糊糊地、并非情愿地意识到政治经济学是政治的真正和唯一的基础，但是他没有十分明确地看到这一点，因为他在其著作的个别部分虽然确实提到过这一点，但在他的一般议论中却又否认这一点。

　　不管怎样，他的工作仍然有很大的贡献。他的这部著作包含着政治经济学至今所发现的并已证明的一切东西。就目前而言，它仍是这门科学在欧洲的顶峰（Nec plus ultra）①。

　　我认为，非常明显地存在于这部著作中的一些最一般的、因而也是最重要的真理如下：

　　一、生产有益的物品，是政治社会能为自己规定的唯一合理和正确的目的，所以尊重生产和生产者的原则，要比尊重占有和占有

────────────

　　①　在亚当·斯密以前，政治经济学还处于幼稚阶段，被人们讥笑为政府的助手，同政治学混为一谈。当它由于真理的威力和常识的权威而壮大起来以后，就获得了更加完整和更加确切的性质，从而宣布自己同政治学分开而独立。

　　还需要更大胆一些，还需要更多一点哲学。这样，政治经济学很快就会占据自己真正的地位。最初，它依靠政治学；将来，政治学要依靠它，或者与其这样说，还不如说将来只有它才是全部政治。这个时刻的到来已经为期不远了。

者的原则有益得多。

二、政府干预实业时，总是要损害实业，即使政府的努力是出于鼓励实业，也会损害实业；由此得出结论：政府只应当关心保护实业，使其不发生任何混乱和故障。

三、有益物品的生产者是社会上唯一有用的人，所以只有他们才应该协助调整社会的发展进程；实际上只有他们才纳税，所以只有他们才有表决权。

四、人们永远不能在用自己的力量使一部分人去反对另一部分人时而不损害生产。因此，战争不管其目的如何，都在损害整个人类；战争甚至也损害战胜国的人民。

五、一个民族想对其他民族实行垄断的企图，是一种不良的企图，因为垄断只能靠武力才能获得，只能靠武力才能维持，而且垄断势必减少享用产品的那个民族本身的生产总量。

六、道德实际上是随着实业的完善而发展的；不论从民族与民族的关系来看，还是从个人与个人的关系来看，这种看法都是正确的。因此，应当推广的教育，应当在人们头脑中加深的并使之到处都占统治地位的思想，就是要促使每个人提高生产的积极性和尊重别人的生产。

七、全人类只有一个共同的目的和一些共同的利益，所以每个人在社会关系方面只应把自己看成是劳动者社会的一员。

阁下，我认为，凡是可以称为政治科学的考察要点的一切东西，我们已经概括在这几点里了。但是从这些要点可以得出什么样的一般观点呢？它们会把我们引向什么样的共同点呢？要知道，只有在这里我们才能找到、也必将找到一切政治的原则。

这项原则是一个人人都能认识的旨在维持生存和保持安宁的利害关系体系。只有这种体系才能使人们相互理解,感到有必要彼此配合;只有在这种体系下,人们才能共同讨论问题和共同行动;只有围绕这种体系,政治才能得以实施。在批判一切社会制度和社会问题时,应当以这种利害关系体系作为唯一的尺度。

因此,如用两三句话来概括,政治学就是关于生产的科学,也就是以建立最有利于各种生产的事物秩序为目的的科学。

原则就是出发点。既然这个出发点已被我们在上面指出,而且事实已把我们引到了这个出发点;既然我可以由此说这个出发点是实在的和非常明确的,那么政治学从今以后,就再也不该处于暧昧的猜测之中,任凭局势变化去摆布了;政治的命运也不会再同一个政权、一个政体和一种偏见的命运联系在一起了,政治的活动范围将为人人所共知,政治的活动方式将受到尊重;而关于社会的科学,今后则将获得一个原则,最终成为实证的科学①。

愿身兼政治家和哲学家的人掌握一切已经分别证明的真理,愿他们把这些真理相继运用在我们方才确定的原则上。我们首先请他们用他们已经掌握的真理来判断这一原则,然后请他们用我们向他们提出的原则来判断这些真理。我们要求他们回答:这些真理是否从原则中获得了新的力量,比如说获得了另一个生命。

---

①　在研究各种观点的时候,对用词不能大意。因此,我们认为应当在这里提醒读者注意"原则"一词,以免把它同"命令"一词混淆起来(一般有这样情况)。我们不说已经达到出发点的政治是一项命令,而只说它是一项原则。这项原则将来或许可能变成命令,但这不是哲学家的事情。原则一经发现和提出,剩下来的事情就必然自行解决。如果原则是正确的,那它自然会变成命令,而内容也会找到它的表现形式。如果原则错了,它就决定不了任何思想的方向,而形式也不会使原则产生它本身所没有的效力。

最后,我们还要他们回答:这项原则是不是迄今建立的一切原则中的最一般的和最真实的原则,从而是不是能够得到可靠而有益的结果的最有成效的原则。还有,原则不是由人创造出来的,而是由人发现和指出的。我方才提到的原则并不是我的劳动成果,这应当归功于我说过的那些作家和学者。这些人在他们的不同著作中曾间接地提到过这项原则,但他们没有深入探索和观察。我完全没有提出过这一原则,但我对它作过深入的探索和观察,并将它公布出来。

阁下,您当然会对我说:你只把工作完成了一半,你在通过观察事实得到这一原则之后,应当接着对它检验,并用证据来证明你们的叙述。我也是像您这样想的,但由于我认为我的任务的最后一部分只是讨论各种政治问题,而且我现在正研究这些问题,所以对于同目前我认为仅仅提出来就可以的这个原则的发展和运用无关的问题,我以后就什么都不谈了。

第 九 封 信

一个被自己曾经寄予厚望的人弄得濒于灭亡的政府,应当求救于它认为是十分可怕的人。

阁下,您看一下最近一次震撼法国的危机以后的政治事件的进程,毫无疑问不会不感到兴趣。

在波拿巴逃跑和国王驾返之后,王位空缺时建立的议会根本没有得到政府的承认,政府召开了另一个会议。政府运用自己的一切影响,只让曾经勤王的人进了下议院,所以绝大多数议员自然属于以往的特权阶层,而这个阶层之所以存在似乎与人们留恋昔日的王权有关[①]。

政府本以为这样组成的议院,很快就会满足自己的一切需要。但是,组成这个议院的人要捞回以往的损失,要重新发财,要争夺权势。总之一句话,他们要恢复自己原来被革命推翻了的地位。于是,出现了一种与政府利益不同的利益。这是一种私人的利益,所以最容易吸引人;它占据了首位,而勤王的忠诚这时便缺少了。

应该使他们操劳和曾经使他们操劳的事情,完全是特权阶级本身的事情,即到处去为自己寻找仅剩的一点特权,而根本不去协助政府。因此,他们这方面是不会有帮助政府解决困难的强烈愿望的。

他们未能如愿以偿的还有两件事:第一,手中要有资金;第二,要能到别处筹集资金。他们手中之所以没有资金,是因为贵族实际上没有掌握可供使用的资金。他们所处社会的生活习惯,通常使他们入不敷出,而不是有所积蓄。

他们也不可能到别处借钱,这首先是因为他们没有考虑过这个问题,他们的财政观点不会超出税收和政府措施的范围,也就是不会超出专横措施和强制措施的范围,他们不是告贷有门的人;另一方面,他们提出的要求引起了人们担忧和不敢信任,舆论也在反对他们。总之一句话,他们毫无办法。人们不会援助威胁他们的

[①]　这里指的是法国复辟初期(1815年)选出的立法机关,它的成员主要是反动的大中贵族的代表人物,即极端的保王党分子,或人们简称的"极端分子"。这个立法机关被称为"无双议院"(Chambre introuvable)。——译者

人，人们不会以什么东西授予想要侵占他们的人。

政府很快就觉悟过来了。它不久就认识到，这样一种办法，远远不能使它摆脱困境和开辟财源；恰恰相反，这只能使它失去原有的东西，把它推入新的窘境，最后使它必然彻底崩溃。

政府的处境日益危急。它进退维谷，既想解决极端的匮乏，又想保持议院，但它从议院得到的，除了新的危急和失望动因以外，其他什么都没有。

从这个议院解脱出来，便成了当时最强烈的和最迫切的需要。议院依靠耍弄狡猾的手腕勉强存在了几个月，现在一道命令又不让它开会了。

当时处于孤立地位的政府，感到自己的处境十分困难，以为最后的唯一出路就是成立一个非常会议，把它命名为预算协商委员会。政府向它提出一个需要解决的问题：拯救国家和政府。

或许是出于有意，或许是出于巧合，实业界也参加了预算的审议。实业界提出了自己的意见，经过长期讨论，这些意见被通过作为讨论的议题。

这个经过热烈讨论的方案，引起了政府的注意。政府开始不再认为无法自救了。然而，它当时已经发觉议会反对拟出的办法。于是，9 月 5 日下令解散议会和召开新的议会①。

各方面都赞同占了上风并引起政府注意的一种意见。实业界在新的信任的鼓舞下，大胆地宣布政府可以依靠它，只要政府同意

---

①　1816 年 9 月 5 日，路易十八下令解散"无双议院"。在新的选举中，代表大中资产阶级利益的、反对极端反动派的人士获胜。——译者

采取向它提出的措施,政府就能够很快摆脱危险的处境。

这项提案顺利地通过了,而实业界的诺言也像魔法一般很快兑现了。政府发行了公债,公债很快就被购买一空。

阁下,请允许我提醒您全力注意下述事实,以便评定它的价值和研究它的后果。直到现在,设计财政制度和编制预算都由政府一手包办。政府保持了它所专有的施政能力。它把国家从困难的环境中拯救出来的荣誉都据为己有,而其实是在实业界拟出计划以后,国家才自己拯救了自己。

我们看到,在空前未有的最困难环境下,被统治者绕过了统治者为自己拟定出了行动准则,并向自己的领袖们指出了他们唯一应当遵循的道路。既然如此,那种认为只有统治者才有治国之才的偏见,又该如何解释呢!

是的,人民由于感到自己受苦和被暴政压迫而激起的不满所未能办到的事情,以及最尖锐的批判和哲学家们的猛烈攻击都无法办到的事情,如今都一一实现了,并且通过可以称为初步胜利的最新成就而终于赢得了胜利。

今后,还有什么障碍可以阻止实业的壮大,即阻止自由的完全实现呢? 只要实业和自由的共同利益总是保持适度,不发生混乱和纠纷,那就不会有任何障碍了。

第 十 封 信

统治者和被统治者的关系——实业的威力,它的目的、进程和手段。

阁下,自从公社解体以来,统治者和被统治者的关系就逐渐变成了单纯的金钱关系。如果我们考察一下目前的情况,那就不难发现:一切都归结为这种关系。诚然,人们承认政府是必要的东西,即必要的服务,而且也只能这样承认。如果不是在温文尔雅的言谈中,至少也是在有关利益关系的辩论中这样承认。

在我们所谈的时代以前,人们还完全没有这种认识。当时,治理社会的原则不是社会自己规定的,而是被迫接受的。这就是专制制度和奴隶制度的时代。

最后,实业开始显示出自己的力量,自由也产生了。公社买到和争得了某些自由,也就是说,公社拿钱向自己的统治者买到了自己不再受这种或那种统治的权利。

通过这些初步的收获,实业变得更自由了,从而也更加富裕了,于是不断得到新的根据和新的手段来购买新的自由;另一方面,在本质上就不是生产者而是消费者的统治者,也由于他们的本性得到不断产生的根据来继续出卖自己的某些新的专横权力①。

事物的这种进程,在法国一直合法地延续到1789年。

这个时期,政府在财政上十分拮据,而为了摆脱这种困境,便召开了三级会议。结果,同以后发生的情况完全一样,陷入困境的政府不得不直接听从被统治者的意志,以便从他们手中得到金钱。于是发生了有利于实业的革命,或者至少是实业在努力使革命对它有利。时机大好,使得实业既有办法又有力量购买一部分专制

---

① 在革命前的最后一段时间内,还可以买到使人变成贵族的职位。因此,从事实业而发财的人,不仅可以买到优待权,而且可以买到专制权。

大权,以致使它可以取得一切可能得到的自由。然而遗憾得很,不论是所谓的公社本身,还是审议提案的实业界人士,都没有做到这一点。(当时,对学识持有一种偏见,如果我可以这样说的话。)当事人没有充分意识到保护自己利益对他们是何等重要,而认为必须去求助于更有能力的人,于是他们请来了一些律师。他们派去为自己辩护的人,不是与他们有共同利益的人,而是一些靠替别人打官司为职业的人。这些人对于现实和事实的关心,远不如对于观念和抽象的关心。因此,很快就听到了主张自由不可剥夺的声明,这当然要导致这样一些容易引起混乱的争论理由:"为什么要讨论我们所持有的东西的价格?为什么对我们自己的东西还要付款?为什么要求我们去做他们可以自己去做的事情呢?"

于是,挣脱了一切羁绊的自由感,到处泛滥,整个政府都被它淹没了。

我不想谈论在这以后发生的多少有些残忍的激烈变动,因为这是一座迷宫,而要弄清它的全部曲径,则需要很长时间。

因此,仅就革命这一事实本身而论,我认为它确立了两个重要事实:第一,被人统治是件不舒服的事,人们并不破坏他们所不反对的东西,但不管怎么说,事实上法国革命正是被统治者的共同行动;第二,如果没有一个政府,灾祸更要深重,经验也完全证明了这一点。

由革命造成的这两个事实的积极结果,不外乎是这两个事实本身的互相结合和互相印证,也就是说:

"政府是必要的东西,即必要的灾祸。"

当得知病入膏肓的时候,思想上考虑的不再是治病,而只是尽量减轻痛苦。那么,被统治者是怎样忍受这种被人称为政府的灾祸呢? 如果像我们在这封信的开头所讲的那样,统治者和被统治者的关系只是金钱关系,那么显而易见,被统治者只能认为政府是一种需要付款的服务机构,对政府的感情越浅,对它支付的钱也就越少。

从本性来说,实业也总是朝着这一目标前进的。但是,有一件事情使它感到比行政机关的挥霍更加可怕,这就是秩序的混乱。同时,它从最近的事态中看到:如果不向现存的行政机关提供维持它的经费,则这种混乱就不可避免了。于是,实业顺应了时势,把问题搁置起来,甘愿牺牲自己的一部分钱,以保证自己今后能够节约。

但是,为了信心百倍地沿着这条道路前进,为了在行动时毫不胆怯或轻率,只是盲目地力图尽量节约还是不够的。因此,必须寻找最切实可行的节约方法,必须对于应该实施的节约办法保持坚定的看法。但是,在有利于开始行动的时期到来以前,即在讨论下届预算之前,就应当讨论和阐述这个问题。

附注:随着接到美国的来信,我们将逐一复函。

再者,我们所维护的利益,关系到一切国家和一切人。我们发表这些信,是希望能与研究同样问题的一切人进行通信。

（王敏华译）

二 论蜜蜂与胡蜂的不和或生产者与不事生产的消费者的彼此地位[①]

第 二 篇[②]

第一节 总结第一篇的论述

我在第一篇已经论证,生产者一方在人数、品德、推理能力和想象能力等方面均超过他们的对方;我也已经证明,他们的政治才干同样超过他们的对方。

但我没有对这些事实进行任何深入的考察,也没有作出任何结论。当时我认为,应当先让读者来研究和思考这些事实,然后再由我作结论。

但是现在,我想先提出我的结论,因为与其等待作结论,不如先作结论供读者评价。

---

① 圣西门在 1819 年发表了一部题为《政治家或为一个文艺工作者协会而作》的文集,并在当年根据这个文集的材料写成这篇《论蜜蜂与胡蜂的不和或生产者与不事生产的消费者的彼此地位》。我们翻译所据的原文,载 1966 年法文版《圣西门全集》第 1 卷。——译者

② 指《政治家或为一个文艺工作者协会而作》。——译者

我的结论是：生产者一方掌握着几乎全部能对社会发生作用的基本的实证力量，并确实拥有主要的政治工作能力，从而能够主持制定他们所希望的和可以彻底满足他们的要求与愿望的宪法。

在深入研究以前，我认为应当答复一种反对意见。这种反对意见至今所起的作用，就像美杜莎①的眼睛对周围的一切人所起的作用一样。

肯定有人要说，议会才有权制定法律，但它的成员绝大多数是贵族，是过着贵族生活的财主，是官僚等人，总之，是一些毫不关心实业的人，他们的利益与实业的利益不同，甚至完全相反，所以他们一定要保持他们全今对生产者施行的政治大权。

试图根据民族的利益，即根据生产者的利益来制定宪法，这就是造反，要受法律的制裁，因为迄今为止，法律一直是以贵族和过着贵族生活的财主压迫生产者为目的的。

对这个反对意见，我的答复是：在任何国家，都有一种力量高于政府的力量，这就是舆论的力量。

凡是深入考察过这个问题的人，终于会相信，议会绝不会试图反对实业界的绝大多数人渴望的政治措施，即使这种措施与议会的希望有些抵触，议会也必然接受和通过。

因此，最大的困难并不在于议会的议员不好，而主要在于生产者没有政治毅力、缺乏团结和思想不明确。

---

① 美杜莎(Méduse)，希腊神话中的蛇发女怪，凡是被她看见的人都要立即变成石头，后为柏修斯所杀。转意为可怕的怪物或人。——译者

第二节　第二篇的要领

本篇的要领是说明:既然生产者的物质力量和精神力量均远远超过非生产者,那么怎么会在生产者和非生产者之间存在斗争呢? 这种斗争又怎么会是持久的呢?

现对这个离奇的现象略作说明如下:

贵族、过着贵族生活的财主、高级僧侣、大官僚、军事将领等人,都非常关心国家大事即政治。

实业经营者、实业领导人、艺术家和学者,则很不关心政治。

第一种人虽然力量微薄,但野心很大;第二种人虽拥有巨大的政治工作能力,但丝毫没有意识到自己的这种力量。

前者目标明确,思想坚定,他们的思想一直同能够维护其统治的措施联系在一起。

后者还没有拟出明确的计划方案来摆脱他人对他们的统治。

因此,贵族及其党徒,正如我方才所说,在政治上是非常积极的,并且形成了一个有组织的党;而实业家在政治方面却是消极的,而且没有自己的组织。这种情况的必然结果是:实业经营者或有用物品的生产者,虽然在物质和精神力量方面都大大超过贵族党,却一直受着贵族党的统治。事实上,也正是如此。

以上,就是我对一方是真正的巨人和另一方实际上不过是侏儒的两派之间存在斗争的这一离奇现象的说明。

第三节　略论 1789 年以后实业家的政治行为

有人不免要向我说：

"绝大部分的教会人士和贵族都已移居国外，几乎所有与旧政府有关系的官吏都已被解职，旧制度的支持者不再管理国家大事，而且二十多年来一直受到追究和压迫。因此，生产者必定掌握了政权，从而能够按照他们的意志来组织社会了。

"然而，这个期间出现的混乱局面，众目所睹的犯罪行为，最初造成的无政府状态和随后而来的专横统治——都在证明实业家是没有执政能力的，而你却认为只有他们才能管理好国家大事。"

我回答说：

从革命初年到外国人最后离去这一期间，法国一直处于战争之中，而且为了维护法国的独立而进行的战争非常艰苦，以致法国不惜牺牲一切，在战争中耗尽了生产者的所有财产。

在这种情况下，政府就必须拥有无限的权力，管理国家的大权也就必然落在军人的手中了。

结果，实业家的劳动产品，被用去向军队供应武器、给养和军装，使将军们和供应商发了大财。一句话，在这样长期的艰苦年代，国家只能有一个军人政府。

然而在所有的政府中，军人政府是最不顾生产者的要求和愿望的政府。因此，认为实业家在革命过程中已经管理了国家事务，那是不公正的，而且也不符合事实。与此相反，军人政府对实业家的专横比历届政府都更为严厉和更为肆意，实业家从未受过这样的统治,实业家的要求从未像军人政府这样不予理睬。

　　几乎在整个革命过程中统治法国的法令,都是最强硬的法令(据我们所知,军人的法令是最强硬的法令)。政府曾多次宣你,有关公共利益的法令也适用于生产者,但这样做的目的完全是为了剥夺生产者。施行最高限价法案,实行物资征用法案,烧毁英国商品,政府垄断殖民地产品的商业等,都是历届革命政府的天才们发明而由罗伯斯庇尔和波拿巴付诸实施的。

　　有人要说:军人掌握的只是行政权,而立法权仍在发挥作用,军人从未在下院占过多数。

　　对此我答复说:在革命过程中,确实有若干农场主、工厂主和商人以及许多乞术家和学者当选为下院代表,但他们始终只能构成微弱的少数,而绝对的多数总是由法学家们构成的。

　　但是,舞文弄墨的法学家的政治见解必然是反实业家的,因为他们的政治见解绝大部分不可避免地来自罗马法、我们国王的命令和封建惯例,一句话,都来自法学家所研究和想出的革命以前的旧法规。

　　结果,在革命期间,政权便落在军人和法学家的手里;这个期间制定的法令都出自新旧两种专横的原则,所以这些法令均违反实业家的利益和妨碍生产。

第四节　王朝复辟以后实业家的状况

　　本节考察王朝复辟以后生产者的政治地位。

　　国王一回来,就看到革命前实行的国家制度已经荡然无存,所以他颁布了宪法。但是内阁立即向国王提出,在当时的情况下无法实施宪法。内阁要求议会制定若干变通的法案,并且得到这些法案,于是内阁拥有了权宜处理的权力。请看,内阁是怎样实行赋予它的这种独裁权的。

当时,内阁可从四种不同的方案之中任选其一。

内阁可以采取的第一个方案

内阁可以建立最有利于生产者的秩序,即以有利于全民族的方式使用税收,节省公共开支,解雇所有的旧官吏。一句话,从寄生的消费者手中收回政治权力,把它交给生产者。

第 二 个 方 案

内阁可以通知贵族、游手好闲的财主、旧官僚的子女,今后不要指望依靠公家的钱来生活了。这一措施可使国家节省一半行政费用,即可以省去全部旧的行政费用。

第 三 个 方 案

内阁可以以补贴的名义向已经无用的军人和波拿巴建立的庞大行政机构的所有官员发放一定数量的金钱;对他们实行这一必要的措施以后,就可以宣布这些人已经结束其军人或公务员生涯,必须另找职业,自寻新的谋生手段。这项行政措施可使国家减轻一半负担。

第四个方案

最后，内阁可以采取的第四个方案是：国家继续担负革命期间交战的双方军队的费用，承认双方军人的后裔有权继续担任军官，接受在旧制度下和在波拿巴政府供职的两种行政官员的要求，准许他们官复原职，以满足他们的野心和贪欲。

内阁采用的正是这第四个方案。这就是说，有四个方案：一、内阁可以使国家完全甩掉革命前和波拿巴独裁下背上的两个沉重包袱；二、内阁可以使国家放下旧包袱而背上新包袱；三、内阁可以使国家放下新包袱而留着旧包袱；四、内阁可以让国家把两个包袱都背着。最后，内阁却偏偏选择了第四个方案。

深入考察以上的论述

如果可以耻笑政府以加重赋税的办法来压榨为清除行政管理方面的弊端和挥霍而作出了巨大牺牲的人民，那么更可以讥笑内阁从王朝复辟到巴特尔米①先生的动议掀起的最近危机期间的所作所为。

国王一回来，旧贵族、教会人士、旧制度的官宦的后裔就提出要求，主张他们有权在政府中占个职位和靠税收生活。内阁接受了他们的要求，而且在不能立即安排的情况下，就赶快把他们登记为有权当官的后补人。内阁甚至还向他们大献殷勤，给予他们以赏赐和救济，唯恐他们在世界上找到不再统治生产者的职位。

---

①　弗朗斯瓦·巴特尔米（François Barthélemy，1747—1830年），法国政治活动家，曾是执政内阁的五执政之一。——译者

新贵族、革命期间服役的军人、波拿巴的庞大行政机构的官员，也主张他们有权继续由国家供养。他们的要求也没有被拒绝。内阁只是向他们提出：他们不能独占依靠法国人民的劳动而生活和享受的权利，所有以前任过公职的人员都人人有份；同国家的其他吸血鬼和睦共处，是他们的利益所在，他们应当兄弟般地分享统治者每年向被统治者勒索的财物。

这样，内阁就原则上承认了生产者应当担负政府的两个耗费都很巨大的体系的开支。

为了供养这两窝胡蜂，内阁要求上下两院立法，规定足以使实业亏本从而瘫痪的巨额赋税，并且通过对下院施加压力而达到了目的。

内阁的这种政治措施的最突出特点，是通过内阁采取的和我方才叙述的行动计划，使统治国家的艺术在内阁手中变成了世界上最简单和最容易的事情，即变成了用蜜蜂生产的蜜的大部分去供养似乎是最忠诚和最热心为国家服务的两大窝胡蜂。事实上，王朝复辟伊始，内阁就安排了执行这一任务的高级政治职位。内阁所规定的五个高级职位，有时给极端分子三席，给波拿巴分子两席；有时则给极端分子两席，而给波拿巴分子三席。

这两个寄生党派如此互相争占上风，前后轮流了多次。

现在，我们来考察一下王朝复辟以后生产者的行为。

生产者在这个期间的行为是众所周知的，而实业家也无法掩饰自己的行为。除了极少数例外，他们没有表现出一点儿政治积极性。直到最近巴特尔米先生的动议这一事件出现后，他们才公然声明，说他们的社会存在不能再这样一直受人摆布。人们不能不承认，在这以前他们没有采取过任何措施来证明他们已经意识到自己的政治权利。他们缴纳了人家向他们征收的巨额税款,但如方才所述,这些税款几乎全被用去供养无用的统治者了,而他们却丝毫没有利用自己拥有的合法手段筑起堤坝,去防范权宜处置权这股洪水。他们认购了当时发行的全部公债,但丝毫没有向国王陈述国库收入方面的令人气愤的挥霍。他们胆小如鼠,不敢向国王陈述人们的一致想法:国家的行政开支太大,远远超过了国家的需要;应该用于各项公共事业的经费,都被用去支付高级军政官员的薪俸,而这种薪俸的金额完全可以缩减到现在的十分之一。总之,实业家犯了错误:在他们向政府提供资金的时候没有附加任何条件。

最后,从王朝复辟到最近巴特尔米先生的动议提出这一时期,实业家像妇女一样,只会哀叹,埋怨商业萧条,诉苦工厂开工不足;但他们毫未采取自己拥有的合法手段:向议会上书,要求解救他们的苦难。

如果在国王还朝以后,全法国的实业家立即向国王上书说:"陛下,我们是蜜蜂,请您甩掉胡蜂吧!"那么,应当采取的政治措施早已付诸实现了,商业将会生意兴隆起来,农产品将会大幅度增产,工厂将会干劲儿冲天,富人也会因为有事可做而不再令人讨厌,国王也会因为看到法国人民生活幸福而兴高采烈。

第五节 巴特尔米先生的动议提出以后实业家的作为

在这第五节里,我要概观一下巴特尔米先生的动议引起的可喜骤变。

选举法当初只是引起了极其一般的轰动。实业家认为它没有多大用处；无论是可以从中大捞一把的人，还是提出这个法案的内阁，都没有认为选举法有重大意义。政府认为选举法是一个应急法，企图由此筹措资金和减轻债务，而没有考虑到为此而采取的措施的后果。政府万万没有想到，这项措施将彻底消灭以强权原则为基础的旧政治体系，开创以公益原则为依据的新组织。政府也没有料到，这项措施引起人们注意以后，将立即揭穿贵族和无所事事的财主的政治无能，使实业界的业主看到自己的前途。

需要这位出身平民的巴特尔米先生，代表备受贵族和过着贵族生活的人歧视的阶级，登台发表我们下面将要引述几段的演说，以便让全国人民认清政治形势，让旧制度的拥护者知道自己的无能和对方的力量，让政府感到它的行为没有道德，让僧侣和贵族不得不承认他们在政治方面始终是违反"你们愿意人怎样待你们，你们也要怎样待人"①这一原则的，而实业家却把这条道德箴言写在他们的旗帜上了。

下面引述几段评论家们很少向人民公布的巴特尔米先生的演说：

"在任何时代，在任何国家，房屋和土地的所有者才是民族的真正力量。他们维护社会的道德和秩序；如果他们有政治权利，立法者就不会违背自然的正义，因为文明总要使实业界人士的不懈努力容易得到财产，而且这种财产也是劳动和节约的应得报酬。

---

① 见《新约全书》的《马太福音》第七章第十二节。——译者

"让没有财产（即没有营业执照）的人通过伪造或行贿手段非法进入选民团，这是对财产所有者的不折不扣的不公道，因为这侵犯了他们的权利。"

巴特尔米先生以这种方式提出问题，并对比实业界财主和贵族财主的政治权利之后，便在法国、在欧洲、在所有的文明民族中产生了意想不到的反响。在这以前，实业家在政治方面到处以贵族、法学家或军人马首是瞻。从现在起，他们不再盲目从事，认识到用同自己的利益完全相反的人做向导实在荒谬绝伦。他们开始自己考虑和自己思考问题了。于是，从法国各地发出了要求宣布基本政治原则的请愿书。

"生产者即实业界财主是民族的真正力量，他们维护社会道德和秩序；如果他们有政治权利，立法者就一定不会违背自然的正义；既然社会上的一切都是实业所为，那么一切也就应当为实业而为。"

由一位显然受到自由之神启发的人起草的，并由拉菲特①先生递交给议会的波尔多地方请愿书，产生了善良的沙朗②先生所说的"可以一下子打死世界的大棒"这样一条真理的效果。

简而言之，波尔多的商业界结束了讨论，并通过对巴特尔米先生的动议的激烈答辩，使大小贵族的要求变成了笑料和受到蔑视。

商业界说："把国民代表制建立在巨额的土地税的基础之上，

---

①　雅克·拉菲特（Jacques Laffitte，1767—1844 年），法国大银行家和政治活动家，奥尔良党人，金融资产阶级的代表，1830—1831 年曾任政府首脑。——译者

②　皮埃尔·沙朗（Pierre Charron，1541—1603 年），法国天主教神学家、怀疑论哲学家。——译者

间接剥夺商业界和实业界无可争辩的权利,牺牲使整个社会把死物,即工商业使用的土地变活的积极因素,这都等于把政治物质化,等于剥夺公民的权利,等于取消全体法国人民的代表权,而有代表权的只是土地,但这种土地是仍然打上迷信和无政府状态的烙印的封建土地。……"

我将在下一分册中录下这份难忘的请愿书上的全部签名者,因为这些深刻领会生产者的政治权利的人,应当让全世界的实业界人士都知道。

我希望他们全体作出初步的努力之后,再继续作出必要的努力,以使生产者彻底摆脱贵族和过着贵族生活的人的枷锁。

第六节 总结

能力、意志和知识是完成任何一项事业必备的三个条件。

无论是一个人的事业或是多数人的事业,无论是小团体的事业或是大团体的事业,无论是私人团体的事业或是政治团体的事业,也无论是一个国家的事业或是全人类的事业,都一概如此,毫无例外。

长期以来,生产者就拥有一切必要的能力去建立最有利于他们的社会秩序,因为实业取得长足进展以后,他们就比不事生产的消费者在物质和精神方面占据了显著的优势。

然而,直到目前为止,他们虽然在能力上占有很大的优势,但却一直充当统治者的工具,充当贵族、军人和法学家的奶牛。

生产者受在物质和精神方面都不如他们的一派人所统治,产生这一反常现象的第一个原因,是他们至今缺乏建立最有利于他们的事物秩序的意志。

其第二个原因,是他们没有知识。我还要指出,就是现在,他们仍然缺乏知识。

如果有人问我,实业界缺少的而为达到他们的目的所必需的政治知识是什么? 我将答复说,首先是要明确了解自己所要求的政治体系,其次是懂得如何联合力量去反对贵族党。

我国几乎所有商业城市的商人,特别是波尔多的商人,最近都十分积极主张有权参与制宪工作。这肯定是非常重要的第一步。但是,商人仅仅是生产者阶级的一部分,必须同农场主、艺术家和学者联合起来;联合起来的全体生产者,必须明确提出自己的要求。

我在第三篇将要论述:全体生产者阶级用什么方法才能联合起来,生产者用什么方法才能达到自己提出的政治目的。他们必须全心全意和尽其所能地去达到这一目的,因为这是制定有利于国王和全民族的宪法。

(赵鸣远译)

三 加强实业的政治力量和增加 法国的财富的制宪措施①

第一章 综述文明的现状

第一节 文明的现状

气质、教育和环境支配着人们一生的行为,以致我们很少能按照获得的知识来行动。急躁的性格、童年养成的习惯势力和周围的事物,是最经常影响我们的东西,它们不顾理智和经验的警告,也不管我们愿意与否,总是在统治我们。每个人的历史和各民族的历史,简单说来就是这样。

法国和受它感染的欧洲其余部分,在既有的一切思想可以说应该使战争成为不可能的时代,在全体的利益与共同的理智互相协调似乎是应该使博爱成为欧洲的普遍学说和国家生活的准则的时代,竟表现出最疯狂的好战性格。然而,这是我们人类在蒙昧时

---

① 圣西门的这部著作写于 1818 年 5 月或 6 月,载于他的文集《实业》第 2 卷。奥·罗德里格在 1832 年以《论财产和法制》为标题刊印过此文。我们翻译所依据的原文,载 1966 年法文版《圣西门全集》第 2 卷。——译者

代养成的古代野蛮风气。希腊人和罗乌人,本是我们文学方面的老师,不知道为什么也成了我们政治方面的老师;而知识和习俗之间、思想和行为之间的这种奇怪的矛盾,在很大的程度上也是由此而来的。

今天,我们恢复了比较健全的思想,又回到比较合理的道路,但是还应当小心谨慎,避免再犯以前那样的错误;如果再犯,可能产生比以前还悲惨的后果①。一个民族自误,或者更正确点说,它在制宪工作中自欺,那是绝不会不受惩罚的。

只要我们还陷在革命的迷宫里,或仍然受着专制的束缚,以致人人困惑和百家沉默的局面,仍然使我们什么也看不见和一点也不能稳健而大胆地行动;一句话,只要我们自己的文明还不能开花结果,那就当然地要把英国宪法作为我们羡慕和钦佩的对象。但是在目前,当革命已经销声和专制已经匿迹的时候,我们应该怎么办呢?如果我们仍然轻信地醉心于英国宪法,对它不假思索地一味崇拜,不敢越雷池一步,那我们就会给自己设置障碍。

一百多年以来,英国人为自己的自由奠定了基础,而我们的文明也在悄悄地发展,所以不能不认为:现在照抄他们,只会使我们倒退到一个世纪以前,不能很好地利用我们自己的条件,而使我们变为奴隶,因为人类的理性不会停滞不前。时间越长,积累的知识必然越多,而知识越多,则需要也就越多,从而权利也就越多。因此,我们急于把权利建立在过分狭隘的基础上时,恐怕要由此丧失一部分权利。我们所以要学习英国,是因为它走在了我们的前面。

---

① 这种错误的后患,当然不会太激烈,但必然要为期较长。

但是我们能做得比它更好，因为我们的历史比它悠久，而且我们有它的经验可资借鉴。

革命的动荡，我们长时期以来所处的困境，以及人们想要最后摆脱动荡和困境的愿望，使我们有理由庆贺宪章是幸福日子的曙光。但是，当我们像旅客到达埠头、再也不害怕海上的惊涛骇浪而拍手庆贺胜利的时候；当我们兴高采烈地欢呼革命已经永远结束的时候，我们表现出来的与其说是我们的合理信念，还不如说是我们的愿望；与其说是我们的认识，还不如说是我们的意图。难道在这种自信当中果真没有任何轻率的地方吗？难道我们已经充分考虑过这个问题吗？难道我们已经确信宪章所解决的问题是唯一需要解决的和至关重要的问题吗？看来，这些就是向一切有智慧的人提出的而他们也满有信心加以解决的问题，但关于这一点还没有人想过。

我们过于重视政府的形式，好像整个政治都集中于此，只要实行三权分立，就会万事大吉。

在欧洲，有两个国家的人民生活在个人的专制权力之下，这就是丹麦人和土耳其人。如果两者之间有什么差别需要指出的话，那就是丹麦的专制比土耳其的更强大，因为在丹麦专制是由法律规定的，即以宪法为依据的。然而，在同样的政府形式下，被统治者的处境却有很大差异！再没有比土耳其人民更不幸、更受侮辱、更受虐待的了。简而言之，再没有比他们所受的统治更不公正和所付的代价更高昂的了。同时，没有一个国家能像丹麦那样实际上允许有更广泛的自由；没有一个国家，连英国也不例外，能像丹麦那样使人民更少受到专制的痛苦和更少负担行政管理费用。这种差异由何而来呢？当然，不是来自政府的形式，因为土耳其和丹麦的政府形式是一样的。因此，暴政一定另有原因。这个原因就是：抛开其他一切差异不谈，丹麦国王是欧洲最穷的君主，而土耳其大君则是最富的君主，因为他在土耳其主宰一切，他是财富的唯一所有者。

这个例子证明，规定权利和政府形式的法律，并不像规定所有制及其实施的法律那样重要，也不起后者对人民福利所起的那样的影响①。但是，不要以为我们可以由此得出结论，认为规定三权分立的法律不是本质性的。我们绝不宣传这种异端邪说。当然，议会政府的形式比其他一切政府形式都好得多，但这仅仅是一种形式，而所有制的制宪工作才是基本。因此，这项制宪工作才是社会大厦的基石。

因此我们认为，应当解决的最重要的问题，是应当如何规定所有制，使它既兼顾自由和财富，又造福于整个社会。

然而，我们下面研究的问题，也与这个总问题有联系。

当消费者在讨论他们的消费份额的会议上占据多数时，他们就可以愿意把份额定得多高就定得多高。这就是说，他们可以不管你们的议会形式，而随意支配你们。反之，实业家们，即关心自由和国家经济的人，一旦全面控制税收表决权的时候，就将只纳他

---

① 我们并不想说，在革命时期完全没有注意所有权的问题。当然，在宣布僧侣阶级的财产收归国有的时候，曾经讨论过这项权利，因为收归国有的决议，是讨论僧侣阶级的所有权的结果。但是，在研究如何建立最有利于国家的所有制的时候，并没有对所有权进行全面的讨论。我们恳切地请求读者不要忽略：我们一贯认为混乱是最大的灾祸；不管采取什么对策，不管对策收到什么良好效果，维持秩序都要求所采取的对策不得使法律具有回溯效力，因为在这种情况下，总是弊多利少。

们同意纳的税款,从而在广泛行使他们的权利方面获得真正的自由。为了达到这一点还需要做些什么呢?需要很好地了解所有权的性质,并把这项权利建立在最有利于财富和实业自由的增长的基础之上。这就是我们要以本文所阐述的立法手续来实现的主张。现在,我们把这种手续提交舆论审查,亦即提交实业界的舆论审查。

被人们认为可以解决社会自由问题的人权宣言,实际上只是公布了宣言而已。这个问题已经解决了吗?它将来能够解决吗?不管怎样,人们可以确信,这项问题的解决,不能通过组织、建立或结合三权的方法来实现。

第二节 从对投资人的关系来看农业家和工商业家在权利上的差异

向一个商号或工厂投资的人,被称为股东,这一称呼指出了他们对经营者①所起的作用。

在任何一家工商企业里,经营者均以自己的名字为企业命名。换句话说,如果经营者愿意的话,他就可以用自己的名字作为企业的名称。一句话,经营者在法律面前是重要的人物,或者更确切地说,是法律使经营者成了重要的人物。

在农业方面,经营者只是从属性人员,一名佃农而已,他们称

————————

① 经营者的原文为 travailleur。这个法文词是工人或劳动者的意思,圣西门把直接和间接参加生产的人均称为 travailleur。——译者

土地所有者为自己的东家。

在工商业方面,经营者有权以他认为最有利于其所主持的企业的方式,运用他负责为之增值的资本。

在农业方面,经营者不过是一个丝毫也不能支配其使用的资本的承租人;他必须使自己关于改进经营的任何想法以及任何农业规划,都服从于土地所有者的想法和规划。

在农业方面,投资人的损失最多是一年的利息。而在另两个实业部门,资本家投入的全部资金随时都在周转获利[①]。

土地所有者自己种地吗!虽然都是实业家,但土地所有者作为地主要比他们作为耕种者受到更大的尊重。

商人是他为之增值的资本的所有者吗!在商业方面,他作为商人要比作为资本家获得更大的尊重。

第三节　从对投资人的关系来看两类实业家在权利上的差异的原因

经营工业和商业的实业家的权利,是由双方自由议定的合同确定下来的,这项合同被人们称为"合伙契约"。

不动产所有者是农业的主要投资人,他们的权利来自征服,也就是说,这是一种强权。

法兰克人征服了高卢人,他们宣布高卢人的土地及其一切劳动产品都归他们所有。可见,所有权的建立、范围和行使方式,在

---

① 　正是由于这个原因,工商业比农业的发展要快得无可比拟。

法国一开始就是由征服者规定的。现存的各种财产名称的最古老起源，至少是这样规定下来的。

那时确立的所有权，以后发生了很大的变化，然而法律的精神没有变化。尽管法律有过很多的变化，但都变得更有利于战胜者的代表，即更有利于战胜者的后裔或取得后裔资格的人，而更不利于战败者的后裔。战败者的后裔必然是战败者的唯一代表，因为他们没有任何权利把这个资格转让出去。这样一来，与战胜者有关系的人便成了土地所有者，而战败者的继承人则成了耕种者。

第四节　消除这种不公正的和有害的差异的措施

什么措施能使实业界大大增加政治权利呢？

这种措施就是：要使农业家获得其投资人所获得的那种好处，如同从事工商业的实业家获得其为之增值的资本的持有人所获得的好处那样。

法律要准许农业家有权抵押他们租来的土地，同时应当使土地所有权的转让费用尽量低廉和手续尽量简便。

现行的法律力图使目前的土地占有者及其后裔所掌握的土地固定不变，这是阻止法国实业繁荣的最大障碍，它使富有才能的人失去了竞争的动力，而竞争可以刺激他们努力工作。

关于这个问题，我们还要在以后的一章中加以论述。

毫无疑问，确立所有权和使它受到尊重的法令，是可以向政治社会提供的唯一基础。如果没有法律,连习惯都不承认所有权;在这种情况下,就连最不完善的政治社会也将无法存在。

可见,非常明显,在任何一个国家里,规定财产的法律和使财产受到尊重的法令都是根本法,但不能因为它们是根本法就认为它们是不能改变的。要有规定所有权的法律,而不必有用这种或那种方式规定这项法律的法律。这是因为社会的存在取决于所有权的保存,而不取决于最初制定这项权利的法律的保存。这种法律本身依附于一个更高的和更普遍的法律,即自然法则。凭借这一法则,人类理性取得了不断的进步,一切政治社会得到了改变和改进其制度的权利。这个最高法则将防止我们的子孙后代受到任何性质的法令的束缚。

这样就产生了下列问题:

什么东西可以作为财产?

个人通过什么方法可以取得这种财产?

人们取得财产以后,用什么方式来行使利用财产的权利?

这是古今各国的立法者在他们认为适宜的时候有权讨论的一些问题,因为个人的所有权只能以公益为基础,而公益要普遍有利于这一权利的行使,并可以随着时代不同而变化。

因此,如果认为把农业经营者和他们的投资人置于像工商业者和他们的投资人那样的地位的法律是有益的,即如果认为准许前者可以像后者那样处理交给他们使用的资本的法律是有益的,那就可以而且应当制定这种法律。

选举法是知识进步的结果。我们上面谈到的和拟议提出的法律,也和选举法一样,是必不可缺少的。正如我们下面将证明的那样,社会只有依靠比"宪章"①本身重要得多的法令,才能摆脱它目前所处的困境。

第五节　促使立法者颁布这项法律的措施

人们把舆论称为"世界的女王",这是完全正确的。它是当代最巨大的道德力量,只要它明确表态,人间的其他一切力量都得让步。因此,如果能够促使舆论命令立法者颁布我们刚才所说的法律,那就可以完全肯定这种法律必将被颁布出来。

可见,问题只在于把舆论引导到这一方向去。

但毫无疑问,实业界在这一方面是有很多办法的。在社会的各阶级当中,实业家之间的联系最为活跃和经常,他们通过书信或面谈进行接触。此外,这个阶级还有一个有利条件,即它能按各个企业对实业界的贡献大小和由此相互发生的不同影响,以一定的方式组织起来。最后,这个阶级正处于这样一种容易被人理解的地位:如果有一打巴黎的大企业感到我们所提出的措施对它们有用,它们的这种见解就会在很短期间内成为整个商人阶级的共同见解。事实上,首都的一家最大银行,正通过若干中间环节同行商和农村小贩发生着联系。可见,只要这个见解成了整个商人阶级的共同见解,则肯定不会遭到耕种者的反对,因为这种见解对他们的好处最为直接和明显。

---

①　我们这里所说的宪章,跟以前所说的一样,均指法国从大革命以来颁布的一切宪法和英国颁布的宪法。一般说来,这些宪法只规定了政府的形式,而没有规定所有制。

对这种得到组成实业阶级的两千万人支持的措施，法国有什么精神力量或物质力量能够阻碍人们去采纳它呢？

第二章　这项法律对于实业的政治意义

毫无疑问，规定国家预算的法律，是一切法律中最重要的法律，因为金钱在政治机体中的作用，就像血液在人体中的作用一样。身体的任何部分，一旦血液停止循环，就会衰弱和很快死亡；同样地，任何一个行政管理机关，一旦无人缴纳税款，很快就不复存在。由此可见，财政法是最普遍的法律，其他一切法律都由此产生或应当由此产生。如果不曾如此，那是因为账目不够精确，或者是因为各种开支的条款规定得不够周密。

在法国或英国是由谁来制定财政法呢？是议会吗？

不是的！这项主要职能只由三权之一的机关在排除其他两权的条件下行使，即由下议院行使。

由此可见，只有下议院真正拥有全部政治权力。如果说法国和英国的下议院至今从未行使过这项重大的权力，这仅仅是因为在法国和英国的下议院中，迄今至少仍是效忠于政府的人士占绝大多数，他们遵从来自政府的指示，按照政府的意图表决预算。因此，舆论认为下议院的这项权力大大低于政府的权力，但又大大高于议会的其他两项权力。

如果我们刚才所谈的没有人表示反对，则显然可知我们提出的办法，能使实业界得到一个完全由他们中间选出的代表组成下议院的手段，极大地提高实业界在下议院的政治作用，使它们得到最高政治权力,然后再用最适当的方式行使这项权力。应该确信无疑,实业界不会把这项权力交给宫廷行使,而目前的议员们是要这样做的,因为他们大多数是伯爵、侯爵或官员。

问题只在于审查一下这一办法是否合适和能否达到我们指定的目的。十分清楚,如果这个办法能使实业界在选举中得到大多数选票,它就会达到这个目的。

什么是有权选举议员的必要条件呢?

这个条件就是缴纳一定金额的直接税。可见,如果全部的直接税或者至少它的绝大部分都由实业家缴纳的话,那么,他们在选举中必将获得绝大多数的选票。

而在工商业方面,正是经营者从这部分国民收入预缴税款。我们提出的办法,就是使农业家与商业家享有同等地位,就是由此使他们经营的企业以他们自己的名义经营,并且由此使所有的农业直接税由他们缴纳,而不像现在这样由土地所有者缴纳。

这项办法的结果将是由实业界缴付绝大部分的直接税,因为既非土地税又非工商税的税收,只占直接税的很小一部分。

实业界由于这项办法在选举中获得多数以后,很快就会在下议院占据多数;而下议院正如我们以上所说的,拥有很大的政治力量,所以实业界不久就可以左右一切,使国家建立起实业界所希望的社会组织。这种组织将必然对实业界最为有利,换句话说,就是对实业体系最为有利。因此,随着实施我们提出的措施,实业体系就会自然而然建立起来,而寄生分子最终必将被置于经营者之下。

那时,我们就可以实现我们的一切愿望,达到我们孜孜以求的目的;而我们的"一切通过实业,一切为了实业"这个题词,将是给人们带来幸福的革命的预言，同时也是它的信号。

第三章　实际措施

第一节　总论

在我们发现的观点向法国人提出以前，宪章就已经草拟、制定和通过，并且付诸实施了，所以我们认为应当采取我们将要分别研究的三项完全不同的立法措施，以便及时而且尽快地建立起最有利于生产的事物秩序；而后，议会则应当拟出一套办法，以便修改宪章，并以有利于生产者的所有制的法律作为宪章的基础。

我们用以下三点考察，来证明上述的建议是可取的：

（一）国王已经宣布宪法是可以修改的，在他驾返法国的时候，就曾建议对宪章作一些修改；可见，他对这一问题的表态，显然是出自他的建议。

（二）在英国，很早就建立了议会制度，所以它比在法国更为人们所遵守；英国人承认，议会的权力当它的三个组成部分协调一致时是完全无限的，议会既有制宪权又有立法权。

（三）尽管已经发现改进法国宪法的措施，但宪章在规定各种制度时却未能利用这种发现，头脑清楚的人一想到这里就感到气愤。

再说，我们提出的办法只是立法性的，即我们的积极建议只限于这一方面。一想到我们即将提出的三项法案要成为伟大宪法的三个独立条款的时刻即将来临,我们便感到十分满意。这个宪法在规定所有制的时候,将使整个社会普遍受益,而不像目前的政治制度那样,仍只有利于社会成员中的一个阶级。

第二节 第一项法案

制定一项责成土地耕种者缴纳他应负担的那一部分土地税的法律。这项法律所根据的原则是:凡以自己的劳动使财产生益的人,都应当履行财产占有者对公益应尽的义务,并享有因占有财产和对其产品直接纳税而来的政治权利。

不难向所有公正不偏的人证明,只是这一项法律就可以恢复财政秩序。三言两语就足以把这项证明说得一清二楚。

人人都会看到:我们可以大大削减国家开支而不致有损于公共服务,而如果厉行切实可行的节约,财政秩序的恢复将是指日可待的。

我们不禁要问:

为什么还没有实行本来可以做到的节约呢?

这是因为下议院的绝大多数议员的收入来自他们的薪俸和奖赏,而且这种收入比他们的财产收入多得可观,所以他们希望保持赋税,甚至提高赋税,而不是减轻赋税。

我们曾尽可能精确地扼要对比本届议员的财产收入和他们每年所任职务的薪俸收入,发现后者约比前者多一倍;如果再把这些议员子女的收入也计算进去,则这些议员及其家属由国库得到的进款几乎比他们的财产收入总额多两倍。因此,他们对于防止国库收入减少的关心要比对减少税收的关心大得无法比拟,因为减少税收以后,他们的主要收入来源就枯竭了。

其次,我们要问:怎样组成下议院才能一方面使它关心维持秩序,另一方面使议员的个人利益促使他们去尽量减轻赋税呢?

我们对于这第二个问题的回答是:我们认为我们提出的法案能够非常迅速地达到这一目的,而且可以完成得尽善尽美。

因为实业家是社会中最关心维持秩序的阶级。无论是外族入侵,还是爆发战争,沦为战场的国家的佃户都要完全破产:他们的粮仓将被抢掠一空,他们的牲畜将被杀光;而土地所有者只不过在数年内得不到收入而已。在城市里,商店将遭洗劫,商人的财产将被抢光;而房产的所有者,虽会损失一些房租,但比遭到火灾的损失要少得多,即使遭到失火这种最大的不幸,屋基至少还能保留下来。人民起义和内部动乱,也会带来同样的后果。

再者,实业家是社会中唯一从各方面关心减轻赋税的阶级,它不能从增加赋税当中得到任何好处,因为实业家的业务使他们无暇去就任收入优厚的官职,国库的支出从来不会直接给他们带来好处。

因此,我们认为有足够的根据,确信采纳我们在本节开端提出的法案,必将迅速地恢复我国的财政秩序。

第三节　第二项法案

第二项法案的目的,在于创设使土地所有者能够把土地交给别人耕种的条件。

目前在英国,土地所有者同耕种经营者之间广泛签订自愿契约。现在我们来说明这种契约的几项特殊条款。

作为这种契约的客体的土地,在交付耕种者使用时,由缔约双方各自估价;而在租约期满时也要估价:如果资本增值,耕种者和土地所有者共同分享收益;如果资本亏损,耕种者则担负一半损失。

显而易见,这种契约一方面有利于土地所有者,因为它可使他们的财产增值;另一方面也对国家有利,因为它可使全国的收入增加,从而增多国家的财富。

我们提出的法案的第一款,其目的在于规定:土地所有者和佃户之间,今后缔结任何租约,只有列入上述的条款,才对缔约双方有约束力。

这项法案的第二款,应使耕种者有权要求土地所有者以土地作抵押来借款,以便对土壤进行可能的改良,并委托耕种者使用借到的资金。

法案的第三款规定:在土地所有者拒绝向与他缔约的农业家提供所要求的贷款时,应由仲裁法院调解双方的纠纷和裁定贷款是否必要;这时,土地所有者必须服从法院的判决。

我们认为有理由作出如下的结论:这项法案能使土地所有者的财产迅速增加,从而扩大全国的土地资产。

第四节　第三项法案

第三项法案以动员地产为目的。

如果不募集公债,法国就无法为使领土不被外国军队完全占领而筹措到目前所需的巨款。

动员地产是国家能使实业界得到所需的资本,以补偿其所遭到的无法计算的亏损和应付新加的负担的唯一手段。

经验证明,动员地产是一项切实可行的措施,因为这项措施已在普鲁士王国的若干邦里毫无障碍地顺利实行了。

这种措施所以没有为曾经实行这种措施的国家带来本来可以产生的一切好处,是因为它根本没有考虑农业和农民的利益,而如果把规定这项措施的法律同我们在这一法案之前提出的前两项法案结合起来(按我们的设想),则毫无疑问会产生非常有利的结果。凡惯于思考这类事情的人都不难理解,这样结合起来的措施,必将使土地收入急剧地大量增加(在一切收入中,土地收入是最重要的),使全国人数最多的阶级即耕种者的命运得到迅速而重大的改善。

第五节　本章的结论

如果议会在本届会议期间颁布我们提出的三项法案;

如果国王在颁布这三项法案后解散现在的议会;

如果国王在三个月后召开新的议会;

法国就将免遭不断威胁着它的许多灾祸;

有识之士就将迅速消除那种由于面临恶劣的前景但又找不到克服办法而产生的漠不关心的情绪;

法国人将热烈欢迎实业界,而法国的实业界即法兰西民族将以震惊全世界和它本身的速度繁荣起来,因为我们提出的三项法案,将向它提供达到它可能期望的繁荣的一切手段。

其中的第一项法案,将使法国得到必要的政治权力,以便在管理公共事务方面实行其所希望的节约,取消为维持秩序和繁荣民族而花的一切无益开支。

第二项法案和第三项法案,将为法国提供调动公民的人力和物力所需的一切资本,并把这些资本交给唯一能使这些资本生益的实业家。

第四章　我们提出的措施所带来的农业收入的增加

第一节　农业比其他一切实业部门重要

农业一个部门,比其他一切实业部门加在一起还具有大得无可比拟的重要性。如果全面对比一下(即综合地观察人类的一切劳动)农业收入和全体工商业收入,则一定发现前者至少要比后者大一百倍。

在英国,工商业的活动比其他任何国家都发达得多,而它的农业仍比实业的其余一切部门加在一起还富裕两三倍。

在法国,工商业加在一起的全部收入,还不到农业收入的七分之一,甚至不到八分之一。

由此可见,法国农业部门的每一成就,都将比其他实业部门的同样成就,多使全国的收入即财富增加七八倍。

因此,社会的注意力,亦即公众的打算和指望,应当首先集中于农业^①。

第二节　法国的农业状况

虽然法国的农业在革命以后取得了很大的进展，但是比起英国和比利时来，它仍处于幼稚阶段。阿瑟·杨格的著作证明了这一点^②。这位著名的农业专家，曾极其正确和非常详尽地证明：

（一）如果法国的土地能像英国那样精耕细作，它的农业收入就可以增加一倍。

（二）如果法国的耕种者能够得到他们所需的资本，法国的农业就可以取得更快的进展。

第三节　我们提出的办法
对农业可能产生的后果

我们刚才已经证明：第一，光是农业就占全国收入的八分之七；第二，如果农业家能够得到他们所需的资本，农业收入在不多几年之内就能增加一倍。

---

①　如果法国把以往建立和维持殖民地的经费用来发展农业，那么法国现在至少要富三倍。以前的政府在这方面犯了严重的错误；现在的政府只比以前的政府稍有改进，它在去年还拨出巨款去重新占领本地治里（1674 年法国在印度半岛东岸建立的殖民地。——译者），而不考虑如果英国人打算夺取这块土地，它是毫无办法保卫它的。只要时机有利，英国人必然会动手。

②　阿瑟·杨格（Arthur Young，1741—1820 年），英国经济学家、农业经济专家和农业技师。1787—1789 年在法国旅行，曾著书叙述法国革命前的社会经济生活。1793年，杨格号召人民反对法国革命。——译者

我们提出的办法，将使法国农业家得到三百亿资金供自己使用；它还会使法国的土地完全变成生产资本，而土地现在则几乎是呆滞资本。由此可见，依靠这个办法，法国的土地财富用不了几年就能增加一倍。

请不要担心耕种者得不到贷款。在这方面，他们会享有同工商业家一样的好处，因为法律已使他们在对待投资人方面与工商业家处于同等的地位，而且也使土地所有权的转让容易办理和用费低廉了。

第四节　土地银行

在欧洲，土地银行的作用已被普遍承认，特别是在某些国家，而首先是在已经试办这种银行的法国，尤其如此。

这种银行为什么没有办成功呢？这只是因为：在自愿转让土地所有权时，以及在依法处理欠债的土地所有者的土地时，手续烦琐，时间冗长，费用太高。但是，一旦有关土地所有制的这些立法弊端得到改革（这正是我们提出的办法的宗旨），土地银行的创办将变得轻而易举，而且一定办得成功。

因此，我们要再次指出，这个办法将使耕种者得到他们可能需要的一切资本。

第五节　私人银行

可以创办土地银行的那些理由，也会刺激私人银行以它们同工商业家来往的那样高的热情,与耕种者进行业务上的来往。

想一想这项办法会使银行的业务增加多么大吧?三百亿巨款一下子就投入了流通领域!流通领域中的业务,几乎都经过银行家之手,而它们像一块一块肥肉一样,手一碰上它们,就会留下油印。

对耕种者极为有利的这项办法,对于银行家也同样有利。因此,我们强烈地希望银行家既能注意到这项办法将给他们带来的利益,又能注意到它对社会必定产生的巨大益处,因为他们掌握着能使人们采纳这项办法的一切力量和一切必要手段。

事实上,目前的政府如果不举债,或者银行家不设法使政府得到所需的经费,政府就无法生存下去。因此,银行家可以迫使政府采纳我们提出的办法,或者采纳他们认为必要而政府不愿意实行的其他一切措施。

银行的科学或财政的科学(两者是一回事),还处在童年时期。银行家甚至还不了解:他们同人民站在一起,会比他们同国王站在一起得到更大的好处;他们也还不了解:自己支持人民迫使国王遵守民族利益,会比维护国王的利益得到更大的好处。令人遗憾的是,国王利益违背民族利益的情况,要比我们所看到的要多得多。

配第①是这门科学的真正奠基人,他关于所得税的演说成了这门科学的起点。然而,配第所论述的问题,即至今仍在讨论的唯一重大财政问题,事实上不过是政治经济学中的一个特殊问题,因

---

① 威廉·配第(William Petty,1623—1687年),英国杰出的经济学家和统计学家,英国资产阶级古典政治经济学的创始人。——译者

为它的目的只是以经过改进的提前收税的办法来延长现有政府的寿命，使它们继续存在下去。

总的问题（如果从民族利益的观点来看它的话）在于寻找一套建立一个开支最少而最有利于生产的政府的办法，而它（如果从银行家私人利益的观点来看它的话）的目的在于使业务活动尽量具有最大的重要性、积极性和可靠性，因为银行家的利润同成交和经办的业务的多少成正比。

第五章　我们提出的办法对司法管理和司法费用的效果

第一节　目前的司法管理费

法国现有八千多名法官①，他们的薪俸只占公民为审理他们之间的利益争端而支付的诉讼费用的很小一部分。

如果把律师、检察官、书记官、执达吏、律师秘书和文书的每年收入，以及那些以承办诉讼案件为职业的人的收入，连同法官的薪俸和司法部的费用加在一起，就可知道法国人为法庭审理他们的案件每年所付的费用高达数亿之多。

但是，这还不是事情的全部。司法部门的管理不善，还会造成

---

①　凡是愿意费神在《王家年鉴》中查一下各种法院的全部法官人数的人，都会承认我们说法国有八千多名法官，绝没有夸大其词。

另一种并非不小的损失。

法国现有的三四十万名法学家和他们的见习人员与勤杂人员是一批什么也不生产的人，从而成为实业界的负担，由实业界白白供应衣食住。国家不仅失去了这四十万人本来可在身心方面发挥出来的效益，而且更值得国家惋惜的是，它没有很好利用它拥有的一切资本，而是把这项资本用于非生产方面。然而，这项资本为数甚巨，在法国高达数十亿之巨。

第二节　民事法庭与商事法庭的比较

无论在法庭的组成和案件的审理方式方面，还是在组成法庭的法官的精神面貌方面，民事法庭和商事法庭之间均有本质的不同。

商事法庭对几乎所有案件的审理都以实质为主，而以形式为副。它的目的，始终在于用最迅速和最省钱的方式，使两方和解而结束纠纷。这种法庭的开支，无论是由国库负担，还是由两造负担，钱数都很少。法官不另拿报酬；他们除执行审判职务外，都有其他职业。他们有的现在从事商业活动，有的已经退出商业活动。

民事法庭法官都领取高薪，有的低一些，有的高一些。大法官是法官之长，他的薪俸高得异乎寻常。民事法庭法官审理他承办的案件时，几乎都以形式为主，而以实质为副。他们听任律师随意胡说，让他们对一切次要的问题甚至是对一些鸡毛蒜皮的事情争吵不休，愿意争吵多久就争吵多久。可以说，法官、律师和检察官他们是串通一气的，要把诉讼变成无休无止和使人倾家荡产的勾当。实际上，他们这些人，从最低的律师事务所书记到最高的大法官，难道不是一个鼻孔出气吗！

民事法庭的法官，除了进行审理和诉讼活动外，一生没有干过其他工作。他们最喜欢案件多得不能再多，因为只有这样，才可以提高和维持他们的社会地位。这种精神和意向，同商事法庭法官的精神和意向截然不同，因为后者现在都有其他职业或者过去都有其他职业，现在拥有或者曾经拥有获得人们尊敬和致富的其他手段。

应当指出一个重要情况，这就是两类法庭之间进行着一种斗争，而且十分遗憾，在这种斗争中往往是民事法庭占据上风。

商事法庭有很多诉讼案件要交给两方指定的仲裁法庭判决。这会产生什么结果呢？在每一仲裁判决宣判后，败诉的一方不管判决作得怎样正确，总要设法撤销这项判决。他可找到一大批随时准备按他的意愿进行争讼的律师，到一向喜欢取消仲裁判决并把这种判决看作侵犯自己权利的民事法庭去上诉。简而言之，几乎所有的仲裁判决，向民事法庭上诉后都被撤销了，而已经合情合理对案件的实质作出的判决又要重新审理，并且几乎总是肯定作出与原判相反的判决①。

---

① 这些见解也完全适用于刑事法庭。

刑事法庭既可以仿效民事法庭组成，也可以按商事法庭的同一精神组成。在第一种情况下，它审理案件的时间特别长，选择确定判决的理由十分烦琐，审判态度非常严格；在第一种情况下，它审理案件灵活而迅速，只以常识为指导原则。在第一种情况下，费用浩大，而在第二种情况下，则不花分文。

在革命以前，法国的刑事法庭是仿效民事法庭组成的；而在目前，它的组织已和商事法庭一样了。陪审员是仲裁人，他介于公诉人和被告之间而负责作出判决。

附注：有一问题值得注意，那就是一切从事法律工作的人都对陪审制度表示反感，他们过去竭力企图推翻这一制度，而现在又在所有刑事案件中竭力引导陪审员以他们所习惯的观察事物的错误方式来审理案件。

一旦地产变成实业财产,一切民事案件当然要由商事法庭管辖。由此不难得出结论:一切案件不再需费很多,不再审理过于不公,而会审理十分公正和费用极少。

第六章　上述论断的根据

第一节　法学家对法国的政治影响

法国政府分七个部管理政务。在这七个部中,现在有五个部里法学家泛滥。

在国务会议里,法学家占大多数。

在下议院里,法学家的意见显然稳居优势。

在选举当中,法学家的权势大得使他们不必征求政府的同意,就以政府的工作人员和代表自居,候选人全由他们来提名。但是我们应当指出,在颁布选举法以后,应当把我们下面就要谈到的商业城市看作例外,然而这个例外并无多大影响,因为仅有八分之一人口从事工商业。

农村居民常因自身的私事向法学家讨教,而法学家便利用对他们的信任来操纵居民的政治观点。居住在农村的工商业者为数很少(几乎所有的商业都在城市经营,大多数的工厂也设在城市),只有他们在思想上仍保持独立,不受法学家的影响。

如果观察一下构成所谓"上流社会"的各社会阶层,对相继引起公众注意的任何一个政治问题的见解,如果追溯到这些见解的起源或形成,就将看到这些见解几乎都出自某个律师或公证人的事务所。

可以准确地测定出法学家和其他社会集团的政治作用对比:两者是七比一。这就是说,在整个政治影响中,法学家就独占了八分之七。这有下列事实为证:

据我们估计,法国的全部财产共有四百亿,以整数表示,其中不动产约有三百五十亿,动产只有五十亿①。只有法学家能够提供关于稳获不动产的方法的良策;当财产受到侵犯时,只有他们能够指出保护财产的方法,因为确定所有权的法规复杂得惊人,要求人们受过专门的教育。

既然知道法学家独自掌握着八分之七的社会活动,那么毫无疑问,掌握着利害关系的强大杠杆的他们,自然是法国政治问题的舆论的操纵者。

他们在这方面所起的影响是一种真正的公害,因为除了我们已经证实的由此产生的种种弊端之外,还由此产生一种更为严重和流毒更广的祸害,这就是法学家总是想方设法阻止农业家发展他们的事业,同时竭尽全力使投资人享有比经营者更为有利的条件。

---

① 动产和不动产这两个用语,可能使没有研究过这个问题的人发生误解。人们自然而然认为:凡是不能移动的财物都是不动产,而能够移动的财物则是动产。但是这个说法并不一定正确。使用这种用语的目的,往往不是说明财物的性质,而只是说明财物所有权的转让方式。

附注:在德国和英国,法学家所起的作用未必像在法国这样大,但这两国讲授的法律科学却有重大作用,因为学习法律已成为一切受教育的人的学习科目。

第二节　法学家的功绩

不管会从我们方才关于法学家及其影响所造成的危害的论述中得出什么结论,我们还是应该从另一个角度来研究他们,即应该对问题进行多方面观察。因此,我们要全面地发表自己的看法,直率地指出问题的另一方面。

我们所以能够指出民事法庭制度的缺陷,所以能够看到法学家的思想缺乏自由主义精神,是由于我们拿民事法庭同商事法庭作了比较,拿法学家的政治思想同实业家的政治思想作了比较。但是,如果我们拿民事法庭和法学家的目前思想状况同法兰克征服者在高卢全面定居以后实行的审判制度比较,同这些最初的法官的道德比较,然后再同这里相继建立的封建法庭、国王法庭和领主法庭比较,那么我们可以发现,现在的民事法庭是非常自由的,现在的法学家是遵循着十分高尚的道德原则的;我们还发现,军事专制的消灭,主要应当归功于法学家集团。使公民间的纠纷不再受专横武断的法庭的审理正是他们;确立了辩护的完全自由也正是他们。当然,他们因其活动应在人类思想进步史中占有光荣的一席。

因此,我们认为审级制度起过非常有益的作用,但在目前它却是有害的:它阻碍着文明的进步,它在各个方面都可以而且应当由实业法庭来取代。实业法庭不外乎是仲裁法庭,在将来除了实业财产外不存在其他财产的时代,这种法庭将是唯一的必要的审判机关。这将是我们提议的办法的自然结果。

最后，我们认为法学家还可以为社会大大效劳，这就是他们发现我们的办法可能产生某些缺陷时，就应当明确指出。这样的指责，可以推动政论家改进我们只是初步勾出轮廓的设想。

如果现在所说的办法确实很好，并且可以提供能够取消几乎一切司法费用的手段；如果这种办法由此消灭了法学家的生活来源和他们的受到很大尊敬的职业，以致使法学家受到了很大的害处（在他们作为法学家时），那么，在他们和我们之间，即在法学家和实业家之间，自然要就这一办法对民族利益的利弊的问题进行争论。

这一争论从下述两个方面来看是有益的：第一，它会显示出政治经济学的原则比民法的原则优越，因为对于一种真理，只加以证明是不够的，还必须进行讨论，而且只有在双方的最高利益互相对立时（就像这两项原则那样），这种讨论才会是有益的；第二，它会引导出应当采取的各种防范措施，以便尽可能避免在法律和习惯发生最有益的变动时几乎经常发生的各种弊端。

英国人民一百五十多年以来，一直致力于争取自由并以稳妥的办法来巩固自由。居住在大陆上的其余各族老欧洲人，三十年以来也在进行同样的追求，但是任何一个民族都没有找到天赋的手段，即没有重建所有制。

实业家的利益，显然同军人及其代理人法学家的利益相矛盾，但实业家没有委托自由主义的政论家来保护他们的权利和反对法学家，而迄今一直是委托这些法学家来争取他们的权利。无论是一个民族，还是一个个人，确实都有如下的情况：一种观点本来很简单易行，但总是迟迟想不出来，一直令人遗憾地等到最后才被想出来。

第七章　法院历史简介

人有个特性，就是对于引起自己注意的事物，总想了解其产生的原因。因此我们相信，向没有探讨过我们的论题的读者，指出我们已经证明的民事法庭与商事法庭之间的主要差别的原因，是会受到欢迎的。

人的禀性可能变化，但它不可能完全改变，即不可能失去它的本质。各种制度也是如此，它们可以改变形式，但不能赋予它们以同其建立者规定的宗旨相反的宗旨。它们只要存在一天，就要根据它们最初得到的动力和方向，以或大或小的能力进行活动。

由此可见，追溯一个制度的起源，观察它在建立时被赋予的宗旨，就可以确定无疑地查明它的活动、发展过程和实际结果的原因。

因此，我们要追溯民事法庭和商事法庭的起源，并回顾一下这两种法庭自创始以来所发生的一些主要变化。

第一节　这些法院的起源

法兰克人征服高卢以后，高卢人所规定的一切法律都被法兰克人废除。战胜者并不仅仅占有了战败者的一切财产，而且改变了有关财产的基本法或保护法。由于他们至今仍然掌握着侵夺的财产，所以现在的司法权自然是他们建立的或传下来的，总之是曾经适合于他们而且现在仍然适合于他们的东西。

他们规定了可以赎买的一切刑事罪行的价目表。因此，一个法兰克人杀死一个法兰克人，一个法兰克人杀死一个平民，一个平民杀死一个法兰克人，一个平民杀死一个平民，都有不同的赎买价格；伤害则按其轻重程度计价。因为大部分罚金都被分占了高卢人土地的领袖们以军人受禄的名义享受，所以他们都极想由他们自己来行使审判权。

再说，在这个时期，完全不可能有民事罪行，因为当时可以说只存在一种财产，也就是土地，在土地上固定着居民和他们所能有的一切。既然这些财产都掌握在经常武装着的军人手里，所以这自然要引起战争，而不会发生诉讼。既然法兰克人取得了一切诉讼的审判权，后来又指定他们认为适当的人去代替他们执行法官的职务，所以当然可以确认民事法庭现在行使的权利的萌芽是由法兰克人培育起来的。

第二节　这种制度的第一次变革

法兰西的土地被征服后，以军人受禄的形式分配出去；而分得土地的受益人，只是在世期间才行使审判权。

封建制度确立以后，这些禄田变成世袭的田地，而且可以转归妇女占有。当时，审判权始终与土地联系在一起。

这个时期和后来的时期，有许多原因使司法管理制度大大复杂起来。

建立了教会法庭，因而产生了管辖权的问题。

各种赦免法令,增加了财产占有者的人数,同时也增加了可以作为私有财产的项目。

优士丁尼法典①的发现,使人们学到了一些法律原则;而列入大学学习科目的罗马法的采用,则奠定了当时还不大为人了解的法律科学的基础。

这些不同的原因使司法管理制度复杂化了,从而促使享有司法权的领主们去聘请法学家做顾问。他们还从这一阶级选拔法官,在他们不在的时候由这些人代理他们进行审判。

最后,这个时期还开始出现了兼理民事和刑事的法庭。

第三节　　第二次变革

征服高卢以后,国王和大领主之间就不断争权夺利,双方互有胜负。路易十一以残酷的手段保持了王权的优势。但是,这里不是研究这种手段的地方,我们只想考察一下这种手段的结果。

从路易十一到路易十四,国王的民事法庭以夺取领主的审判权和扩充国王的权力为司法机关的主要目的。它把审理私人诉讼案件看作一桩小事,认为判决这类案件是最不光彩的差事。

正是在这一时期的后期,成立了律师团体。他们最初被人称为顾问,拥有王家律师的头衔。这就是说,他们既有责任维护国王

---

① 优士丁尼(Justinien,483—565年),拜占庭皇帝。根据他的倡议,汇总当时的各种法令编成罗马法全书,即一般所说的《优士丁尼法典》。这部法典是罗马法发展的顶峰,曾对欧洲封建时期和资本主义时期的法律的发展起过重大作用。《拿破仑法典》就是按照革命后法国的特点,对它加以修改而制定的。——译者

的利益，又有负责维护私人的利益。

我们并不断言最高法院或议会法院总是判决国王胜诉。我们也愿意承认，它们做出了许多有利于民族的决定，甚至做出了某些英雄主义的行动。但是，我们坚持认为，法学家从他们一开始出现，就以维护国王掌握法兰克人从高卢人那里夺来的权利为主要职责。

第四节　第三次变革

从三级会议停止召开，而王权已经强大得无人质疑时，法庭的宗旨才略有改进。它获得了某种程度的独立，因为它开始把自己看成是有责任代表三级会议的一个常设委员会。但另一方面，这种改进又因它对待个别人的专横而被大大抵消。这种专横，是由于法庭是常设机关而自然形成的。

第五节　目前状况

我们对于目前的民事法庭已经谈了我们的看法。现在，只需补充说明一下，组成这个法庭的法官由他们的先行者承受的宗旨产生了什么后果。显而易见，这种宗旨是统治的精神，因为这种制度是法兰克人建立的，即征服者强加给高卢人的。

然而，只有文明的精神才应该指导法院。一种想要发挥政治作用的野心，即想要统治的野心支配着法院。这种统治的精神，在法学家阶层当中，当然要表现得非常强烈，因为从三级会议停止召开到革命爆发时止，我们可以看到他们不惜采取一切手段设法取得政治优势，把自己装扮成三级会议的代表，并以这个名义竭力阻碍政府开展工作。

目前，政治机构已经不允许法学家指望得到任何重要的政治地位，他们也不再能够代表人民大放厥词了，或者更正确地说，他们不能再冒用人民的名义胡说八道了，所以他们一心一意想恢复旧制度。凡是稍微留心他们对于政治观点问题的态度的人，都会相当清楚地了解这一点。不仅民事法庭的法官，就是整个法学家阶层，一般都怀有反对民族利益的情绪。

第六节　商事法庭的起源

居住在城市里的商人和手工业者买到了他们的自由，并促使公社在他们的推动之下得到全面的解放。而在这一个时期，大部分时间住在设防的城堡中的领主，则委派司法官吏保护他们在城市里的利益和承审居民的诉讼案件，即代表领主掌管他们的这一部分收入。这项收入是为领主提供某些现金收入的唯一来源，领主的其余收入都是实物。

在城市所买到的权利当中，最宝贵的权利，就是由它自己行使司法的权利。一些自治机构相继出现，它们自己治理自己。自治机构的管理人员由公民任命，并有一定的任期。他们实际上执行着仲裁人的职务，从不受其他精神支配。他们的全部职责，就是调解双方的利害冲突和寻求公正的解决。

最初不外乎是自治机构的商事法庭的起源和性质，就是如此。

应当着重指出，就司法权而言，自治机构的职权要比现在的商事法庭大得多。

第七节　司法机关的改革

实业在城市获得自由以后，以惊人的规模发展起来，而且不久就改变了社会的面貌。新出现的享乐，引起了大量的新的需求。只有居住在城市，才能更便于取得实业财富；而由于虚荣或习惯，实业财富已成为必不可少的东西。领主们离开了他们的城堡，让他们的农奴获得了自由。他们搬到城市居住，他们的城堡不久就变成了别墅，在一年中气候宜人的季节才来这里住上一段时间。

王公和领主定居在城市，削弱了自治机构的作用，侵占了自治机构的部分权利。于是，最初拥有现在民事法庭的大部分职权的自治机构的大部分司法职权，被缩小到只能审理纯属违警案件和有关实业纠纷的地步。警务工作仍归原自治机构管理，而有关实业的一切纠纷则归后来设立的商事法庭审理。

第八节　现代商事法庭的宗旨

现代商事法庭的宗旨，同组织商事法庭的自治机构的宗旨一致，这就是调停的精神。商事法庭的法官认为自己是仲裁人，负责判决与他处于平等地位的当事人之间的争讼。他们的观点的政治倾向，必然厌恶专横而主张平等，因为它要符合尊重财产的精神，而这种精神与法学家的精神是截然相反的。

第九节　本章所述的全部观点的总结

一切案件都可以而且应当以仲裁方式审理,甚至于连那些看来不宜这样处理的刑事案件都可以这样审理。

凡是执行审判员职务的人,都可以从事其他职业,因为使审判员具有仲裁人性质时,他们的职务不会占用很多时间。

但是,这种普遍受益的好处,将依存于我们提出的办法,因为那时将只有实业财产,而一切民事纠纷都将由实业法庭以仲裁方式加以审理。

第八章　实业的政治史简介

第一节　引言

每一个政治方案,每一种制度,要想完美无缺,必须满足下列两个条件:(1)要有利于社会,即要给社会带来实际效益;(2)要同社会现状协调,要适应现有的观点和事物,要经常做好准备,一句话,要正合时宜。虽然第二个条件远不如第一个条件那样为人所了解,但它同样是不可缺少的。只有具备这一条件,一种制度才能被人接受,因为只有既不高于又不低于当时社会状况,而且不是不合时宜的制度才能存在下去,或者至少能长期存在下去。历史地考察问题的好处,主要就在这里,因为只有对过去进行哲学的观察，才能对现在的动因得出正确的认识。

我们刚才提出的条件，责成提出新的政治措施的人必须证明这一措施是和社会现状协调的，或者更正确点说，证明这种措施是过去的发展和现代的要求。这样，才可以避免半途而废。因此，在作完这种一般观察之后，我们认为有必要提出几点补充理由。

我们在以上几章提出的观点，以及人们在本书的以下叙述中将要看到的同类观点，其目的都在于证明我们提出的措施一定会使国民收入大增而使支出大减。由此可以断言这种措施是有益的。

我们即将提出的观点，具有另一种性质。

提出这些观点的目的，是向实业阶级即民族指出：它逐步取得的地位，自然要促使它采取我们提出的措施；它过去取得的进步和目前的需要，都决定它要这样做；换句话说，采取这一措施，是事物的自然进程要求 19 世纪的实业界必须迈出的一步，是实业界为了治理社会还须迈出的最后一步，而治理社会是实业阶级自形成以来取得的一切进步所追求的坚定不移的目的。

第二节 实业的政治成就

为了阐明实业家的政治观念，指出企业界今天应当做些什么来改进社会，就必须研究实业界的政治地位目前处于什么状况；而只有回顾一下过去，即简单地考察一下实业界至今连续走过来的道路，才能做到这一点。

如果把实业界的历史上溯到希腊人和罗马人的时代，那么我们可以看到：在这两个民族中，实业阶级完全是军人阶级的奴隶。

北方的战士摧毁了罗马帝国，在西欧定居下来，取代了原来的统治者和征服者。在他们的统治下，实业界继续处于受奴役的地位。

乍一看来，这次革命对于实业界来说好像只是改朝换代而已，但它对实业界仍有十分重大的意义，因为这种改换带来了有利的后果。

实业阶级的奴隶地位发生了本质的变化，他们变成了封建领地的奴隶——这是一个很大的改善。此外，由于征服者都分散居住在乡村，所以居住在城市的实业家没有处于统治者的直接不断的监视之下——这对他们来说也是非常有利的。

结果，由于以上两个原因，北欧民族征服罗马帝国，使实业界的命运首次得到了显著的改进。

实业阶级的第二个进步，是它自身的解放。

如同我们刚才所说的那样，罗马帝国的崩溃，给实业界带来了使它能够获得某些发展的好处，逐步达到能够赎买自由的地步。这种赎买，是实业界至今走过来的和以后仍将走的最重要道路。对实业界来说，这是一个最重要的转折点，是它的政治生命的开始。我们现在来看一下它的政治生命的发展。

这个重要的一步，通常被人称为公社的解放。这一用词极为确切，因为公社和实业界是同一个东西：公社从它一开始出现，就完全是由居住在城市里的手工业者和商人构成的。为了使我们对今天人们所理解的公社有一个正确概念，这是一个应当注意的非常重要的情况，而绝不能忽视。

实业家赎买了自己的自由以后，他们的命运，从他们每一个人不再像赎买以前受领主的直接欺凌这一点来说，是获得了改善。

这对他们来说,当然如释重负。但是,这种赎买并没有使他们对僧侣、贵族和军人的依附关系发生重大的减弱。他们仍须把大部分劳动所得送给这些人,并且还要忍受他们无尽无休的勒索。下面,我们来说一下实业界是怎样摆脱这第二种专横的压迫的。

独占议会席位和绝不想把自己的权利分给他人的特权阶层,想出了一个主意:召集公社的代表即实业界的代表开会,在会上要求实业家呈报他们的财产清册,以便整顿税制,使税收比用勒索方法所取得的还多。这就是公社议会的真正起源。这跟法兰克人征服高卢后不久在法国建立的五月集会①形式的士兵大会,毫无共同之处②。

建立这种惯例,应当对实业阶级极为有利,因为这是实业阶级从此以后获得的政治成就中的一项主要成就。但从一开始,公社,我们再重复一遍,即实业界,就把向议会选派议员看作一种最不愉快的负担,因为这些议员在议会里没有任何权利,他们的任务只限于向议会报告他们的委托人的财产的增长情况。但是,事情并不是一成不变的,而且也不可能一成不变。尽管军人阶级和封建阶级把种种勒索和压迫强加于实业界,但实业界仍然依靠劳动、忍耐和节约而终于富裕起来。实业界的地位提高了,它获得了人们的尊重,因为它的人数增多了,因为实业家和军人之间的通婚,把

---

①　五月集会,后被查理大帝改为三月集会,每年召开一次,集合全副武装的人民进行检阅,会上公布国家准备实行的措施。这是随着王权的加强而日趋没落的人民议会制度的残余。——译者

②　当然,有人会责备我们,说我们在这个论述中,把在法国发生的事情同在英国发生的事情混淆起来。我们对此回答说,这不是一个民族的问题,而是我们正在讨论的全欧性问题。

军人阶级的很多人的利益和公社的许多成员的利益联系起来。由于这些原因和其他许多原因,特别是由于实业界使军人感到有可能从实业界取得更多的金钱而减轻自己的负担,简而言之,由于实业界具有理财能力和这种能力对军人发生了有益的作用,所以实业界才从军人那里取得了公社在议会中的发言权。

实业界跨出的这一大步值得重视,因为可以说这是人类的一个新纪元的开始。从此以后,强权者的法律不再是唯一的法律了,更确切地说,暴力和诡计不再是参与制定法律的唯一要素了。从此,公众的利益也开始被考虑了。

实业界在它取得我们方才所说的成就之后迈出的这一步,即从纯政治角度来看它至今迈出的最后一步,是在英国革命以后完成的。这是指英国在国家预算法案方面,实行了只由下议院表决,或者说实行了完全由它表决而任何其他机关均无权过问的制度。如果在那个时候,一方面,英国的公社只由实业界的成员所代表;另一方面,英国的实业界了解到,根据事物的本质,它与其他国家的实业家的利害关系,比它同英国的军人阶级和封建阶级的利害关系还要密切;那么,欧洲人的伟大革命,从这个时期起就已经完成了,而实业和和平的制度也在这个时候就已经建立起来了。

但是,就在这个时期,封建制度还有很大的力量,而实业界还不太了解自己的利益和前途,所以它听任封建精神的支配。而封建精神,实质上就是侵略精神。

事物的自然秩序,即文明的发展进程,使完成伟大的欧洲革命的光荣归于法国实业界了。法国的实业界迈出我们所说的这一步时,虽然大大晚于英国的实业界,但它走得更彻底和更坚决,因为它是在封建制度已经没有力量，而实业界能够容易看清自己的利益和遵循一条经过周密考虑得出的道路前进的时候，获得这一成就的。

我们对实业界的政治史就回顾到此为止。现在，我们来概述一下实业界从下议院取得表决税收的特权以后所获得的文治成就。

从这个时期起，实业界发生的作用是无法估计的。它囊括了一切，它掌握了一切。它改进自己的产品，以此满足人们的享受，而享受终于变成人们的需要。但最主要的成就，是政府成了实业界的纳贡者，政府完全从属于实业界了。如果政府想要进行战争，那它首先关心的不再是兵源，而是求诸实业界：首先要钱，然后要它所需的一切物资，即用得自实业界的金钱向实业界购买物资。实业界向政府供应大炮、枪支、弹药和服装，等等。实业界掌握了一切，甚至操纵着战争。

军事艺术的改进带来的可喜的必然后果，是战争越来越依赖于实业界，以致今天的真正军事力量已经落到实业界手里。构成一个国家的军事力量的东西，已经不再是军队，而是实业了。现代的军队（指的是从普通列兵到最高指挥官的全体军人），依我们看来，只起着次要的作用，他们的功能只在于使用实业的产品。除非将领昏庸无能，由实业装备起来的精锐部队，总是攻无不克，战无不胜。法国的革命充分证明，将才并不是那么难得的，也不是那么难培养的。甚至可以认为，军事才能，至少对目前构成军队主力并对战役的胜负起主要作用的部队来说，是实业理论发展的产物。

实业界也掌握了财政。在法国和英国，现在是实业界为公益的需要垫款，而税收也掌握在他们手里。从对实业界的发展和成就所做的这一简述中，可以得出以下的结论：

第一，在政治方面，最初处于奴隶地位的实业阶级逐渐上升，不断提高它的社会地位，而现在终于能够掌握一切大权了。这是因为下议院掌握了表决税收的特权，从而拥有了能够左右其他一切权力的巨大社会权力。因此，如果说政治大权暂时还没有掌握在实业界手里，那只是因为下议院还没有像本来应当的那样，由公社成员即实业界占多数。

第二，在文治方面，实际力量现在属于实业界，而封建阶级在他们的一切需要方面都依赖于实业界。

第三节　什么东西至今推迟了实业界的发展

如果说实业界的发展至今仍然很慢；如果说尽管实业界取得了许多重要的成就，但它实际上仍处于受支配的地位；如果说社会在很大程度上仍受封建阶级的统治，或者说至少仍受封建精神的统治（两者几乎是一样），那么它的原因就在于：公社至今还没有自己的原则，它是依靠一种实践本能和传统习惯而取得一些进步和成就的。

在这里，我们把实业的原则理解为实业界对其权力的行使方式的知识。这种知识不外是实业界根据自己的观点并结合自己的利益而拟定的政治计划，而实业界至今还缺乏这种知识。然而十分显然，实业界要使一切大权能够转到自己手里，这种知识却是必不可少的，而在缺乏这种原则的时候，实业界只能处于受支配的地位。

军人阶级或封建阶级有其自己的原则，因此它也能够维护其全部大权。但是，没有自己的原则的实业界，过去和现在只不过是对封建统治办法作些批判而已；这未能把主动权掌握在自己手里，也未能对此起促进作用。

实业界的一切原则，不外是一种模糊的愿望，希望有一个好的政府，即希望统治方式符合它的利益。但是十分清楚，如果对符合于实业界利益的统治方式一无所知，这种愿望除了能使实业界作些批判活动以外，其他是什么也得不到的。

公社如此长期缺乏的原则，终于被不朽的斯密确立起来，因为这些原则不外是由政治经济学这门科学得出的一般真理。

四十多年以来，一些最有才能的人一直在专心研究这些原则。他们一方面做准备工作，另一方面制造舆论，以使人们愿意接受这一重大革新。他们在制造舆论使人们愿意讨论国家大事的时候，要完全像讨论私人的事情一样，把整个国家机构看成是一个大实业企业，而这个企业的目的，是使每个社会成员按其贡献的大小，各自得到最大的富裕和福利。学识渊博的经济学家在这项工作当中所显示的远见，以及他们为我们开辟走向幸福和自由的崭新道路方面所表现的坚定精神，使人们不能不感到钦佩。

斯密研究了各种实业企业采用的方法以后，总结他的观察结果，使观察形成一个整体，并归纳了由此得出的观点，再创立一些原则，最后创立了以致富艺术为基础的科学。这正如亚里士多德研究了他以前的诗人们的作品以后，写成了他的《诗学》一样。

一个值得注意的非常有趣的事情是，斯密的著作受到了所有政府的热烈欢迎。一贯依仗刺刀的力量的统治者们，能够这样盲从不也很好吗！竭力排除暴力行为和制止政府滥用权力的人士，具有多么惊人的远见！

斯密的著作是对封建制度空前的最有力、最直接和最全面的批判。其中的每一页都在证明：公社或实业界被一个在任何方面都对他们无益的制度所折磨，至今建立的一切政府都一贯想使人民破产，因为所有的政府从来都只是消费，而增加财富的唯一手段只能是生产。

可以把他的著作看成是全面驳斥政府的所作所为的集其大成的作品。因此，总的说来，也可以认为它在证明：如果人民不想再过贫困的生活，而想享受和平和自己的劳动果实，人民就必须改变他们政府的原则和本质。

这部著作同时还在证明：一个国家要想富强，就应当像工厂主、商人和一切经营某种实业的人那样行事。因此，这部著作也在证明：一个希望成为自由和富强的国家的预算，应当仿效一个实业公司的独立预算，按照后者采用的同样原则来编制；国家可能为自己规定的唯一的合理目的，就是用尽可能少的管理费用生产尽可能多的产品。

萨伊先生修改了斯密的观点，他用更有条理性的方法把观点加以分类；他更超过这门科学的创始人，赋予自己的作品以学说的性质。他在斯密提出的见解之外，又补充了新的见解，把自己的著作命名为《政治经济学教程》。

萨伊先生对现代政府的批判更为明确，他对军事管理原则和实业管理原则的比较更加直截了当。

斯密十分谦逊地向社会介绍了他所创立的科学，他把这门科学作为增加财富的手段来向各国政府推荐，他宣称这门科学只是一门从属于政治的、次要的辅助性科学。

　　萨伊先生在哲学方面比斯密前进了一步。他在自己著作的卷首指出：政治经济学与政治学截然不同，而且也不从属于政治。他说：这门科学有其自己独特的基础，这个基础完全不同于以组织国家为目的的科学所依据的基础。

　　一些最专横的政府又来盲从了！它们急忙下令翻译萨伊先生的著作，规定设置政治经济学的有关课程，也就是设立可以证明下述问题的课程：封建政府和军人政府（欧洲各国人民的政府，在不同程度上都是如此）是落后于文明的现状、使人民破产、在任何方面都无益于人民的政府；根据这种政府的观点和利益编制的国家预算，是极不合理的；国家预算应当仿效经营工业企业的公司的预算来编制；国家的组成不是以掠夺为目的就是以生产为目的，也就是说，国家不是具有军事性质就是具有实业性质，如果它不公然宣称其中之一为其目的，那它就是一个不伦不类的社会①。

―――――――――――

　　①　本段的这个卓越而有益的观点，都是孔德先生的。他第一个指出：一个国家如不公然宣称自己具有军事性质（即掠夺性质）或实业性质（即和平性质），它就要处于虚伪的政治状态。在这种状态下，它的力量大部分要相互抵消。孔德先生在他的名著中指出：罗马人是完全为了战争而组织起来的，他们的全部制度都以使他们拥有尽量大的军事力量为目的。孔德使我们看到，罗马人是怎样按照他们所处时代的精神和开化程度而行动的。他还证明了现代各族人民落后于本世纪的开化水平，而且彼此的行动又互相抵触，在把主要职位和最高管理权都交给军人的同时，却又有希望通过商业致富的强烈要求和希望促进实业繁荣的明显意图。

　　我们所以十分愿意利用这个机会公正地评价孔德先生的才能，是因为这位值得尊敬的政论家不久以前曾遭到了一些严重的不幸＊。

　　＊　奥古斯特·孔德（Auguste Comte，1798—1857年），法国资产阶级哲学家和社会学家，实证主义的创始人。在同圣西门接近以前，有过一段苦难的经历。1816年，由于积极参加学生运动，被工业大学开除，送回故乡交警察监督。重返巴黎后，生活十分困难，依靠充当家庭教师勉强过活。后来，到一个银行当职员，但不久因不合理想而辞职。——译者

在应使实业界得到作为行动规范的原则的工作方面，只需再做一件事情即可达到目的，这就是要在实业界之间广为传播政治经济学知识。人们难以想象，但又完全是事实，像政治经济学这门对实业界如此有益和必要的科学，即实业界自己的这门科学，竟是当今所有的科学中最未被广泛传播的一门科学。

第四节　实业界现在应当
采取的步骤

根据上述可知，实业界现在握有真正的力量，而且还有了以前所没有过的原则，或者说至少可以十分容易掌握原则了，因为原则已经存在。

既然实业界现已在政治生活中占有我们所说的那种重要地位，那么，领导社会的大权为什么还没有落到他们的手里呢？实业体系为什么还没有建立起来呢？封建体系和军人体系为什么还照旧保留呢？这首先是因为实业原则还没有相当普遍地被人们所了解，因而未能获得可以使他们产生信心和力量的威信。其次是因为一看就可以知道，实力和原则还不足以使实业界成为社会的首脑，它还必须有一种手段，而且是合法的手段来使权力转到自己手里。由于不知道这种手段，所以实业界以前企图掌权的时候，只使用而且只能使用起义的办法。而在一切手段中，起义是最不能令人满意的手段。此外，这种手段与实业界的利益是水火不相容的，因为凡是使用武力，对实业界来说都是一种灾难。这就是说，人民骚动时，首当其冲的正是实业界，因为在一切财产之中实业财产最容易遭到破坏。

因此，在斯密解决了指导实业进程的固有原则的制定问题以后，为了实业发展的利益，势必要加以解决的问题，就是要找到一种合法的手段，把政治大权过渡到实业界手中。

寻找起义这种手段，既不需要大量的脑力，又用不着很多的力量。可是要想找到一种合法的手段，问题就困难得多了。我们决心解决的正是这个问题，并且深信这是实业界至今未能找到的唯一解决办法，是在决定建立实业体系的道路上还没有迈出的唯一步骤。建立实业体系是文明民族六百多年来全力以求的目的，是经过这样长期准备的伟大的欧洲革命的完成。

我们坚信已经找到了这种解决办法，并且认为我们提出的措施正好可以达到预期的目的，因为这种措施的必然结果，将是经过一段时间后，下议院会完全由公社的成员即实业界的代表组成，或者至少绝大多数由这些人组成；另一方面，由于下议院拥有表决国家预算的特权，所以它握有政治大权。由此可见，我们提出的措施，一定能使政治大权转移到实业界手中，而这种转移将完全合法地进行，完全符合现在的宪法，并且不会引起任何突然的变动，因为这种措施，按其本性来说，只有逐步实施才会有效。

根据这些论点，我们完全相信：采取这种措施是实业界现在应当迈出的一步；因此，按照已为一切历史观察所证实的一般规律，迟早要采取这种措施，任何东西也不能长期阻止文明的进步。

第九章　比较法学家和实业家
在法国革命期间的行为

第一节　法学家的行为

在前两章里,我们已使读者略知法院的历史和实业的历史。现在我们认为,如果最后不比较一下法学家和实业家在法国革命期间的行为,就没有完成两者之间的全面对比。

那么,法学家的行为是怎样的呢? 首先,吉伦特派①推翻了旧政府,他们建立了共和国,可是他们也阻碍了君主政体的改制。这个被人称为吉伦特派的政党,以古阿迪、维尔尼奥和让索纳②为首脑,他们三个人都是法学家,又都是律师。

旧政府被推翻以后,罗伯斯庇尔掌握了大权。而罗伯斯庇尔是怎样一个人物呢? 他也是一个法学家,他的主要助手们也都是法学家。我们可以看到,在公安委员会和社会治安委员会里都挤满了法学家。在革命的最狂暴和最令人痛苦的时代统治着法国

---

① 吉伦特派是 18 世纪法国资产阶级革命时期的右派,因其成员大多数出身于吉伦特省而得名;曾一度掌握政权,后来成为革命的障碍,被雅各宾派所驱逐。——译者

② 玛尔格丽特·艾利·古阿迪(Marguerité Elie Guadet,1758—1798 年),雅各宾党人专政时期逃亡国外。

比埃尔·维克图尼安·维尔尼奥(Pierre Victurnien Vergniaud,1753—1793 年),雅各宾党人专政时被处死刑。

阿尔芒·让索纳(Armand Gensonné,1758—1793 年),波尔多省的律师,1793 年 6 月 2 日被处死刑。——译者

的,自始至终都是这些法学家。

控制着各省、县、市(所说的自治机构)的议会的也是他们,这些议会全部由他们领导。

当时,他们不仅夺取了立法权、行政权和执行权,而且还左右着人民的动向。他们为雅各宾派提供领导人,他们建立了哥德利埃俱乐部①。最后,他们,而且几乎全是他们,组成了这一不幸时期的各种人民团体的领导机构。

因此,在完全了解恐怖制度是由掌握了一切的法学家所发明,并且是在被他们摧毁的旧秩序的废墟上建立起来的之后,我们还必须把他们都看成是教唆者和操纵者,甚至在一定程度上,把他们都看成是代表他们的这个阴险发明的特点的无数暴行的执行者。

他们一直守着法学家的法阀精神,即统治精神不放,并在我们这个时代的一切重大政治危机中毫不改变这种态度。他们要不惜一切代价地取得权力,并且为了千方百计掌握政权,这些现代的普洛透斯②还善于随机应变,采取不同的方式。现在,我们来观察一下他们所走过的道路。

冒出了一个波拿巴,他还掌握了最高权力。法学家又结成了法阀。可以说法阀们昨天还在宣传狂热的共和主义,不久以前还想用大字在所有的墙壁和公共建筑上特书下述这句令人难忘的话:"团结,共和国不可分,自由,平等,博爱;否则毋宁死!"而现在

---

① 哥德利埃俱乐部,因设在哥德利埃修道院而得名。正式名称为《人权之友社》。——译者

② 普洛透斯,希腊神话中居住在深海的妖怪,能随意改变自己的形体,甚至可以突然消失,无影无踪。——译者

却成了第一批屈膝于偶像的人物。在这第一批人物当中，为侍奉和巩固新强权表现出最大热心和迫不及待情绪的，正是这些法学家。康巴塞烈斯①规定了军人在民事方面担当副职的专横制度。在这个时期，审判中和法庭上的一切发言，都得证明专制制度最符合我们的立法精神。在这方面，再也没有比一个文人团体在拿破仑垮台时出版的一本名为《一个伟人的悼词》的小册子更可笑的了。这本书充斥着一批朝秦暮楚之徒的口诵笔写的谄媚言辞和似是而非的错误赞语。这些人为了谋求个人利益，从来都是毫不犹豫地采取一切手段的。但他们的每一句话都附有作者的名字，所以不难认定这本书的大部分文章，还是出自法学家的手笔。

但是，经过军事对抗之后，波拿巴被推翻了，旧政府又恢复了，法阀们也改变了腔调，而且在效忠新政权和限制人民自由方面并不因此而降低热情；他们对于宪章的解释方式仍然是反自由的。

革命使人们得到了解法阀所遵循的精神的机会。这种精神就是贪得无厌的权力欲，而且这种欲望达到了这样的地步：即使他们不能成为权力无边的主宰者，那也心甘情愿和全力以赴地在受人支配的状态下掌权。如果我们想到罗马皇帝，即古往今来的最大独裁者是法学家所研究的科学和他们负责推行的法律原则的创始人，那么，就不会对法学家这样贪求权力感到惊讶了。

---

①　让·雅克·康巴塞烈斯(Jean-Jacques Cambacérès，1753—1824 年)，法国法学家和政治活动家，为人毫无节操。曾任国民公会和公安委员会的委员；热月 9 日以后，任国民公会主席和五百人会议委员；在督政府时期，任司法部长；雾月 18 日以后，任第二执政；帝制恢复后，任皇帝的总理大臣；1814 年，又变成拥护波旁王朝的正统派；在"百日"期间，再任司法部长；在波旁王朝第二次复辟时期，曾一度下野，但不久又重新上台。康巴塞烈斯对制定《拿破仑法典》起过重大作用。——译者

第二节　实业家的行为

实业家在革命期间没有起过任何积极作用。他们什么也不管理，他们没有执掌过任何国家事务，他们没有作过任何掌权的尝试，他们没有犯下这个令人一想起来就不寒而栗的时代的专横暴行。恰恰相反，他们受到这种暴行的痛苦最深。实业家在这段期间，先后两次失去了他们的资本：第一次，"粮食最高限价法案"①夺走了他们的资本；第二次，在波拿巴统治时期，烧毁英国商品的法案，再次使实业界丧失老本。

在旧政府崩溃的时候，实业家没有试图去掌握政权，而且也曾避免成为相继而来的政权的工具。

实业界的政治精神在于联合。自它形成为团体以来，即自公社解散以后，它就显示出了这种精神；后来在整个革命时期，以至最后到今天，它还表现着这种精神。这种精神的目的在于：（1）避免发生任何政治动荡，从而使已经建立起来的任何政府形式保持不变；（2）限制政权的活动范围，并尽可能缩小这个范围；（3）减少政府的开支和税收的一切不当使用。

由于实施选举法，现在已有一些重要实业家进入下议院。仔细研究一下他们发表的意见，就可以看出：他们的一贯目的就是尽可能达到安宁、自由和节约，并且尽可能使三者协调和结合起来。

---

①　1793 年由山岳派提出并经国民公会批准的"粮食最高限价法案"，对粮食规定了固定价格。后来，这项措施也被用于其他食品。这项法案严重地打击了商人和投机分子。热月 9 日后被废除。——译者

第三节　这种比较的结果

这种比较显然可以得出如下结论：

第一，提高实业家的政治作用，对于统治者和被统治者都是有利的，因为实业家一方面总是支持现有的政府，另一方面又始终不渝地致力于限制权力和减少赋税。

第二，削弱法学家的政治影响，对于统治者和被统治者也是有利的，因为这个团体一方面野心勃勃，好闹革命，经常准备推翻政府或夺取政权；另一方面，在不能夺取政权或不得不放弃这一企图时，他们又经常准备为那些觊觎政权的人服务，以反对人民的利益；最后，无论在前一种情况下，或在后一种情况下，他们都竭力减少民族的自由，并使压在民族身上的负担加重。

第十章　本文的结论

在社会的一切阶级中，我们只希望看到实业阶级不断增加其权力欲望和政治勇气，我们只认为实业界拥有这种欲望是有益的，而且也不可缺少这种勇气，因为实业家的私人利益，按照事物的常理，完全同公共利益一致。由于认识到这一真理，我们坚决拥护实业家的事业，并且把他们的事业看成是文明的实际中心和发源地。

我们以上对实业家应当坚持的行为所说的一切，可以按一般常识归纳为几句话。

不要跟那些在利益上同你们根本敌对的人混在一起和往来。

要同与你们有共同利益的人联合起来,要用你们现有的一切手段来增加他们的人数。那么,让我们向你们推荐一个最简单而又最有力的办法。这项办法的成败只取决于你们自己:只要你们理解了它并且愿意去做,就可以成功。

耕种者的利益同你们的利益是一致的,他们也是实业家。你们要同他们联合起来,你们要取得他们的强大的支持。如果做到了这一点,你们的事业就会无往而不胜。

为此需要什么呢? 要有一项准许耕种者以地产作抵押借款的法律,如同银行家现在以动产作抵押向外放款一样。同时,银行家应当相信,耕种者是善于经营、遵守信用和能够及时付息的。

不种地的地主的利益同你们的利益相反,他们的利益同贵族的利益一致。不要同他们联盟,至少要同必然成为敌人的人分道扬镳。

贵族和不种地的地主掌握的权力本应完全属于你们,因为只有你们在谋取自己利益的时候必然能为公共利益服务。由于他们掌握着本应属于你们的权力,他们就千方百计回避这个问题。我们建议的办法,对他们来说将是一个致命的打击,所以他们及其忠实喉舌——一大群法学家,必然要拼命加以反对。这就要求你们设法用理智的语言来回击这些讼棍的花言巧语,用真正而勇敢的道德,即合乎常情的道德的战无不胜的反驳来回击伪善的道德。

至于我们,越是看到敌人队伍的人数增多,越应欢庆成功;他们对我们著作的疯狂诽谤,只能向你们证明我们的建议是完美的。

但是,你们不能等着挨打,而要尽快发动攻势,追击他们。他们将有他们的律师,你们可请你们的律师。他们的律师是搞法律的人,而你们的律师则是经济学家①。我们将会看到良知和胜利属于哪一方面。

　　我们不准备一再重复这一有利于开展实业界和非实业界之间的斗争的一般手段,因为我们在以前的文章中已经反复谈到这一点。我们在这里只想补充如下一点:几家重要厂商的少量捐献,就足以带头推动和开展本质上是主张自由的伟大实业事业。如果对参加这一光荣竞赛的某些作家颁发奖金,那么,一笔微不足道②的五万法郎奖金,就可以构成最伟大事业的资本,即最幸福的革命的资本。为了法国和全世界的康乐,这一革命总有一天可以完成。

(徐基恩译)

---

　　①　我们所以用经济学家一词来表示研究政治经济学的人,是因为政治经济学这个词偏离了原意。同时我们认为,政治经济学这门科学应当以经济学家的名字命名,因为经济学家是这门科学的真正奠基人。我们怀念他们做出的重大贡献;他们所犯的错误现在不会造成什么妨碍,因为这些错误已经完全消失了。

　　②　我们认为应当肯定,把一笔五万法郎的奖金称为“微不足道”的奖金是正确的。这个也许会使一些人感到惊奇的说法,在一些眼光远大的人看来却是正确的,因为他们看到讨论的结果一方面将使各项事业的投资达到三百亿,另一方面又将使实业免除目前缴纳的大部分赋税。“微不足道”一词,在那些看得更远的人看来更是正确的,因为他们预见到实业和和平的制度的全面实现,是这一讨论的理所当然的结果。

四　《三个时代》的《序论》和《结论》①

序　　论

为什么实业能够如此长期地和如此不断地从进步走向进步呢？为什么有用者阶级能够节节战胜社会上的寄生阶级呢？为什么重大的政治动荡总是以实业获得新胜利为标志呢？为什么实业从未提过自己的口号和树过自己的旗帜呢？为什么它一向不依靠道德与势力来表现和炫耀自己的活动，而总是战战兢兢、无声无息地扩展自己的活动呢？

这是因为在整个这段时间中，社会的原则和它的行动之间，社会所说的和它所做的之间，社会所尊重的和它所追求的之间，曾经存在过而且今天甚至还存在着一个真正而又独特的矛盾。

没有共同观点或一般观点的社会是绝对不曾存在过的。每个人都喜欢表示自己愿意跟他人接触，以保证彼此之间的联合。这种一般观点，不论正确与否，只要它存在，就会发生支配作用，它对

---

① 《三个时代》一文最初发表于 1817 年出版的《实业》第 2 编，作者署名为 M. ***，不是圣西门的作品。这篇文章的《序论》和《结论》则是出于圣西门的手笔，收在 1868 年版《圣西门和安凡丹全集》第 2 卷的《实业》第 2 编里。我们翻译所根据的原文，载于 1966 年法文版《圣西门全集》第 1 卷。——译者

整个民族的行动都会发生极大的影响。

　　然而，人们对于社会利益的感受，受着自身力量的制约；维持社会的实业技艺总是日趋完美，不断积累作为政治的全部威信和价值的唯一真实的基础的财富。另一方面，占据统治地位的观点，或简称为舆论，却不赞同这些有益的、不断的努力。结果，勤劳能干的人自己竟附和最敌视他们利益的偏见，不敢公开抵制从荣誉和宗教上来说应当加以非难和谴责的这种敌视。

　　事实上，人们一直认为荣誉和高贵是一回事。也就是说，在这观点占统治地位的整个时期，实业活动非但未被重视，反而遭到轻视。那时，世人所尊重的不是正在发家的人，而是生下来就富裕而且善于挥霍其遗产的人。富贵，即豪华而清高，被认为是唯一光彩的条件和唯一为人羡慕的东西；靠劳动致富的庶民，本应骄傲地显示自己的财富，但他们却不敢表现，好像这是一种耻辱。他们急忙去买一个封建的衔位，设法摆出一副大老爷的架势，精心研究遮盖的方法，以掩盖自己真正的功绩，掩盖自己获得人们尊敬的真正权利，掩盖自己的才能和贡献。

　　宗教观点的虚伪和糊涂的程度，绝不亚于人们的政治观点，因为宗教在教导人们把劳动视为一种义务的同时，又把劳动贬低为卑贱的事情和发财致富的手段。结果，对于发财致富和暂时享受的蔑视，成了与其他宗教戒律同样严格的戒律；而要想拯救自己，只能通过剥夺或节衣缩食来实现。这肯定不能鼓励人们去积极劳动，因为劳动好坏没有差别，不受褒贬。这也肯定不能建立事物固有的正常秩序，使勤劳能干的人感到自己的重要性，因为宗教说他们是败坏世俗和腐化时代的罪魁祸首，指责他们硬要在人世创造上帝不准被谪下凡的人享受的那种幸福。

因此,出现了这么多修道院,设立了这么多宗教懒汉团体。

当然,人们对目前利益的不断要求和经常感觉,不会总让大批人清闲懒散。但上述的一般观点,不论其影响大小,毕竟使实业内部活动的速度略有减缓。然而应该承认,顺从了这种影响的社会,即使它打算树起实业的旗帜,也是办不到的。

突然起来反对占据统治地位的舆论,即使是反对可悲的和荒谬的舆论,也几乎总是一种危险而又无益的轻率行为。在人们的思想习惯中,真理有一个极难克服的敌人。人们长期与某些观点相处一起,而当这些观点受到驳斥时,人们就以为自己也受到了威胁。而最容易盲从他人的人,则更是最顽固地反抗新鲜事物。

此外,只揭穿谎言是不够的,还要使人的思想有一个支点。如果你未能使人家接受真理,那是你根本没有驱走他的谬见,或者你使他陷入了失望的迷惘之中:这是革命所使然,或者不如说,这引起了革命。

长期以来,人们就感觉到了旧的一般观点的缺点;长期以来,它们的统治就已经成为桎梏;人们后悔没有抛弃这种精神上的专横,反而把它称为成见,并且由于缺乏更好的观点,至今仍在忍受着这种专横的压迫。

有些不仅明智而且更加大胆的哲学家,对这个陈旧的舆论发出了早期的、但仍然是简明而坚决的抨击。于是,一般观点的体系开始土崩瓦解,社会也开始分裂。

由于人们相互之间再也没有什么公认的东西存在,所以他们的思想便分道扬镳,而且彼此成了仇敌。这就造成一切胡作非为之间的斗争和各种胡思乱想之间的战斗。

　　由于没有共同的观点,人们便依靠一般感情行事。民族的欲念产生了,平等和黩武光荣的思想交替地熏陶着人们的思想,专横也很快找到了它的地盘。

　　专横终于被自己亲手摧毁了。在经过这么多次残暴的动乱以后又回到自己出发点的法兰西民族,自庆劫后余生而感到高兴。但是它没有受骗,知道它所抛弃的东西以后对它再也没有什么用处了,而昔日占据统治地位的一般观点再也不会重整旗鼓,恢复自己当初的权威了。社会舆论应该有一个新的基础,就如社会要有一个新的结构一样。

　　即使封建制度不再存在于政府之中,那也要当心它还存在于被统治者的头脑当中。

　　但愿抽象概念最终向实证思想让步,但愿常识公认的道德和实业的感人政治永远代替任性的道德和暴露的政治。

　　革命以前,实业没有足够的信心来发挥其应有的作用,也没有足够的信心来高举自己的旗帜走在文明的前头。革命发生了突变,时代也完全变了;人们的思想过于激动,过于轻率,因而无法趋于和平与宁静。

　　今天,再也不存在任何这样的障碍了,载入宪法的实业名正言顺地起着最强大的作用,一个有利的时机展现在它的面前。使它唯一感到担心的事情,只是害怕由于自己过于胆怯,仍然置身于他人的麾下,而不在自己的旗帜下行动。因此,希望实业只考虑自己如何存在和如何行动。宪法绝不会对实业的各种努力感到恐惧,因为除了实业以外,再没有什么事物能够比它更遵守宪法了,而宪法本身之所以是好的，则是因为它适合于实业。

结　　论

在神学和封建体系互相争夺政权的时候，实业乘机获得了较大的自由，这使人民从他们主人的纷争中得到了好处。

人们展开了争论，并且作出了论证。教育也增强了信心，促使人们开始对原先令人可怕的各种臆测提出大胆的看法。

反对和批判的精神日益增强。自由有了支持者，取得了发展和成果，直至它通过可怕的动荡而夺取了政权的最后一道防地，直至它抹去了封建制度和神权政治的最后痕迹。但是，为什么我们的革命变成了流血的、可怕的和惨无人道的革命呢？为什么这一争取自由的伟大事业只是产生了新的奴役形式呢？

这是因为实业听任自己偏离了原来的道路，忘记了自己的学说，从而长期以来采取了与自己背道而驰的策略。

我们方才讲到的这种反抗和批判的精神，又怂恿了实业界的急躁情绪，结果使实业界极其得意地沉湎于这种精神之中。凡是曾使其敌人衰弱的一切东西，只是由于它们起了这种作用，都被它看作有利于自己事业的东西。然而，这点恰恰是它的错误，因为这立刻使它看不到社会的目的。对自由事业发生指导作用的，不再是现实的和已被明确认识到的需要，而是模糊不清的和漫无边际的胡思乱想，即臆想的需要。人们把自己的愿望表达得过于急躁和狂热，而没有把它表达得合情合理和恰到好处。对自由的热爱，逐渐变成了对政权的憎恨。最后，人们再也不考虑在已经取得的土地上站稳脚跟和加强自己的力量了，而是打算蹂躏这一地盘，并使它变成一片焦土；凡是能够演变为利害冲突的斗争，都表现为毁灭性的战争。不错，这使政权衰落了，但自由并没有因此而确立起来。自由的基础被人遗忘了，而自由的基础就是实业。

对自由的需要和热爱，是随着实业并通过实业而产生起来的。自由只能随着实业而扩大，只能通过实业而加强。

如果这个实际上相当古老而思想内容又如此新颖的真理能够深入人心，以代替古代的一切骗人的空想，我们就永远也不会听到"要么平等，要么死亡"这句带点血腥味的蠢话。

如果实业界保住了自己的地位，而且这种地位还继续使它们不听任武断的、毫无原则的哲学的诱惑和吸引，还继续对实业界提供远远超过它们所希望的帮助，那么自由所取得的进步，表面上看起来似乎要缓慢些，但至少能更为可靠些，而革命也许不那么轰轰烈烈，却能更为有益，少造点孽，多积点德。

本质上是和平的、道德性的东西，只能慎重地、适量地去追求，实业界在追求自由时就应当如此行事，因为只有当自由是正确的时候，也就是说是必要的时候，它才是有益的和可能实现的。

我们在初期所看到的自由，是随着需要的产生竞相花钱购买免税权；而我们在末期所看到的自由，则是合法地扩大自己的所有权并把古老的时效权奉为神圣的权利，然后商购政治封建主和教会封建主的各种财产，收买各种特权和什一税，收买僧侣阶级和贵族的衔位和权利；最后收买全部专横的权力，直至可以收买王位继承权本身——假如感到王位继承权在限制和压抑人的话。这样，在日益缩小专制范围的同时，自由就合法地建立起来，而不致使社会发生动荡。一旦离开这个方向,自由就会丧失合理性而越出常轨,就会失去基础而成为不可能实现的东西。

这就是我国从革命暴乱开始直到今天的历史。人们既不了解自由的条件,又不认识自由本身,而是听到哪里宣布自由,就满怀希望的热忱扑向那里。这样,我们在那里只会遇到某种新的奴役组织。如果我们要自由,那就得亲手去创造,而永远不要等待。

革命给我们帮了倒忙,我们担心它还会帮倒忙,担心灾难的后果会成为我们失望的原因。指责我们的不幸,这是敌人玩弄的十分强大的武器。让我们把它砸碎,或至少使它变得毫无用处!要在我们的思想中把自由和革命分开,而将一切狂暴行为归咎于革命!要在使自由恢复其原则的同时,将荣誉、信心和力量还给自由!

为了不再受骗,我们要明确知道我们所追求的东西。如果我们依然稀里糊涂地被如此长期奴役我们的思潮所控制,并且好像在适应这一思潮,那么,我们不成为企图擒获我们的头目的俘虏,还会成为什么呢?一个民族,若想获得自由,光爱自由是不够的,它还应当掌握关于自由的科学。

关于自由的科学,也同其他一切科学一样,有它自己的研究对象和一般原理。然而,这门科学尚未被人们普遍知道,只有少数人刚刚才知道一点。直到它成为人民大众的科学的那一天,自由仍将从外部取得力量,并依靠外力而存在。这样的自由将不是依靠自己的生命而生存,它几乎等于虚设。

正是由于缺乏一般观点,才使我们遭到了失败;我们只有依靠一般观点,才能够真正得到新生;旧的观点早已陈腐,不能重新焕发青春,我们要有新的观点。

这项任务本来是属于 18 世纪的哲学家的,可是他们根本没有完成。在他们之后,又有许多思想家追随他们爬行,依靠自己老师们的观点吃饭,不敢逾越雷池一步。

我们感到必须使政论作家们从这种昏睡状态中醒悟过来,尤其必须唤醒他们转移注意力,此外还必须向哲学提出新世纪,即实业世纪为它所规定的新任务。

（王敏华译）

五 致工人先生们的一封信^①

先生们！

我为自己的著作提出的主要任务,在于尽可能改善你们的处境。我现在没有任何官职,也没有任何权力。因此,我只能有一种办法来为你们造福,这就是向你们提出一些善意的忠告。我敦请你们向农业界、工业界和商业界的主要领袖们提出如下的建议:

致农业界、工业界和商业界的主要领袖先生们

你们富,我们穷;你们劳心,我们劳力。你们和我们之间存在的这两个主要差别,使我们成为而且也应当成为你们的下属。

先生们！因为你们是我们的领袖,所以我们应当将我们准备呈禀国君的请愿书递交给你们,把我们即将进行的事情告诉你们,顺请你们把我们向你们诉说的一切转呈陛下。亨利四世曾经希望,政府应当竭力使我们每周都能吃到炖鸡。以这位明君的后裔而自豪的当今波旁王朝,一定能够实现这

① 《致工人先生们的一封信》和后面的《无产阶级》两篇文章,最初于1821年以题名为《论实业体系第二部分摘要》(手稿的档案编号为B.N.R2652)的小册子形式由波尔特曼书店出版,后来收在E.丹徒编辑的《圣西门佚文集》里。译文所据的原文,载1966年法文版《圣西门全集》第6卷。——译者

位国王的愿望。

先生们！

我们的淳朴良知，足以使我们看出：法兰西民族的国事被管理得很糟，他们的资源被利用得很坏，他们的活动被领导得很差。或者更正确点说，我们看到法兰西民族被错误的领导弄得瘫痪了。

我们的淳朴良知，还足以使我们看到国家将会容易富强起来，变成一个比以前幸福得多和强大得多的国家。这个良知也足以使我们找到应当用来达到这一伟大目标的手段。

先生们！

我们可以在十年之内将法国国土的价值增加一倍。为此，要开垦荒地，排干沼泽地带，开辟新的道路，改善现有的道路，架设便利交通的桥梁，开凿可供航运和灌溉的运河。

为实现全面改造法国国土的美好计划，并不缺乏资金。如果国家（只增加税收即可，而税收的增加乃是财富增长的必然结果）尽量让企业家在经营企业时获得利润，则资本将会源源而来。

也不缺乏人手。因为没有采取我们提出的措施，而这个措施又是唯一能够使人人从事生产的办法，所以有大量的农村劳力经常没有工作。现在，农业的日常工作，只在收获季节才把人手全部用上。收获季节一旦结束，只要有八分之一的农村人口参加劳动，就能做完翻地、选种、耙地、脱谷和饲养家畜等农活。因此，在加工业生产不用农村劳力的地区，便有大部分农业劳动力在一年的大部分时间内没有工作。我们可以准确无误地算出,有六百万农村劳力在农闲期间没有工作。[①]

　　先生们!请你们费心,注意我们方才所说的一切;请你们深思,考虑我们方才委托你们转呈的建议。这样,你们就不难发现:只要政府公开宣布,尽量让承揽以增值法国国土为目的的工程的企业家从包工中获得额外收益,这种企业就会急速建立起来,并热心营业和迅速成长。

　　你们还会发现,采取这项措施之后,你们和我们都会得到社会可以使我们双方享有的最大好处。这项措施将会增加你们的财富,使我们得到工作的机会和由此而来的舒适生活。

　　你们当中和我们当中从事农业的人,将会直接享用这项工作带来的好处。尽管这方面的好处对于从事工业和商业的人是间接的,但他们也不会受到亏待。因为农业方面的人手全年都将有工作可做,所以每月可由此多收入一亿两千万到一亿五千万法郎,从而每年的购买力可增加十五亿到十八亿法郎。工业和商业活动的这样大量增长,即使在英国至今也是没有见过的。

　　公共事务的现行管理机构,首先有如下的严重缺陷:行政管理官员及其下属的人数过多,他们使行政管理机构的费用达到巨大的数额,给全国人民带来了极其沉重的负担,但对他们并没有什么益处。

　　行政管理机构的这种缺陷,从另一方面来看更为严重。

---

①　我们并不是说六百万人在农闲期间无所事事,而是说有六百万人可在这个期间抽调出来,去做我们提议的工作,而不妨害农业生产。

这就是：行政管理官员出身的阶级无力管理好社会，他们出身的社会阶级的利益在许多方面都与我们生产阶级的利益相反。唯有我们出身的这个阶级的活动，完全是以提高民族的实力、康乐和幸福为目的的。

行政管理官员的成分不良造成的恶果，比起下级职员过多和尸位于最高官职的各行政管理部门的头目的薪俸过高引起的恶果大得无可比拟。

目前的行政管理费用，每年可以节省两亿法郎以上。我们可以准确无误地计算出来，如果行政管理机构由有能力的人组成，即由最热心于各种实业活动的人组成，则在整个国土和动产的管理方面，法国的这项经费节约每年将高达三十亿法郎。

一句话，目前的行政管理机构主要由贵族、法学家和军人控制。但是，这三个阶级完全坐食实业的产品。他们不仅没有能力领导生产者的活动，而且在许多方面串通一气，共同反对实业获得成功，因为实业获得成功之后，必将提高生产者的作用，而降低贵族、法学家和军人的作用。

先生们！我们出身的阶级直接遭受目前的不良行政管理所造成的恶果。大部分税款由我们这个阶级缴纳，但我们并没有得到好处。我们为无法挣钱谋生而痛苦。因此，我们自然要开动脑筋，设法解除我们所受的灾难。

先生们！这些恶果给我们工人带来的害处，要比给你们富人和能人带来的害处更直接和更严重，因为我们当中的绝大多数人，要在衣食住方面由此遭到很大的困难。因此，我们要主动设法解除我们的苦难,而只要公共事务得到适当的管理,我们的苦难显然就会立即解除。

现在,我们向你们提出如下的建议:

你们是我们的领袖;由于文明的进步,你们必将成为民族中的最重要、最有用和最有才能的人物。我们敦请你们恳求国王委托你们领导公共事务;我们敦请你们向陛下表示:你们有信心使法国每年受益三十亿法郎以上;你们有信心使我们每周吃到炖鸡;最后,你们还有信心铲除现有的一切乱党,以建立持久的安宁。要知道,只要容忍乱党继续挥霍国库的资金,想把国库的每分钱都弄到自己的腰包,乱党就会(人为地)继续存在下去。

先生们! 我们委托你们代表我们提出这项请求。这项请求也是两千五百万法国人的请求。而且,这项请求符合一切正义原则,以改善民族的绝大多数人的命运为直接目的,所以我们应当祈望陛下重视这项请求。

工人先生们!

现在不利于改善你们的命运的唯一的一个比较重大的阻碍,是实业界的领袖们不相信自己能够管理公共事务。我要不断向他们赠阅我的著作,以使他们消除疑虑,改正他们对自己常犯的某些错误的看法。这些错误,无论是对他们,还是对你们,都是非常有害的。此致

工人先生们。

你们的最顺从仆人

昂利·圣西门鞠躬

黎塞留路 34 号

再启：

凡欲阅读这本小册子的实业家,可来我处索取,我将向他们和他们的朋友赠阅。

六　无产阶级[1]

（初稿）

　　构成这个阶级的人们,感到自己的命运没有随着实证思想促成的进步而得到理所当然的相应的改善,而对于他们的权利实际上只是笼统地有所认识。如果有人问他们,他们也说不清用什么方法能够减轻他们处境的苦难,但他们又确实有一个极其正确的认识,以为议会可使他们获得从未有过的无限幸福的物质生活和政治生活。

　　他们有两种彼此极不相同的不满。他们感到的第一个不满,是方才我说过的直接不满。他们感到的第二个不满,是我即将解释的间接不满。

　　有一种团结感或结伙感,使他们如愿以偿地把实业阶级的全体成员彼此联系起来,以致裴兰、特尔瑙或格罗斯·达维依埃先生的工厂的低级工人都自认他们是这些工厂主的伙伴,就像杜伦尼和孔代[2]的部队的士兵自称他们是这两位将军的兄弟一样。因

<hr>

　　① 　这是圣西门的一部未完成的作品,大约写于 1821 年,同《致工人先生们的一封信》一起,以题名为《论实业体系第二部分摘要》的小册子形式发表。译文所据的原文,载 1966 年法文版《圣西门全集》第 6 卷。——译者

　　② 　昂利·德·拉·多韦尔尼·杜伦尼(Turenne,Henri de la d'Auvergne,1611—1675年)子爵,近代法国著名的将领和战略家,曾参加过三十年战争。

　　　　路易二世·德·波旁·孔代(Louis Ⅱ de Bourbon-Condé,1621—1686 年),第四代孔代亲王,法国著名的将领,参加过三十年战争。——译者

此,实业阶级首领们的地位已比以前大有改善,他们比大革命以前更受人们尊重了。他们的财产,即他们的动产,已因实施选举法而使其中的某些人升为贵族;而实业阶级中的尚无任何成就的成员,看到他们的领袖变成伯爵或男爵,从而进入了封建阶级,就必然愤愤不平。在法国大革命以前,构成实业阶级的基本群众的非熟练工人,尚有办法维持自己的生计,因为他们那时同银行家、商人和工厂主有共同的利益。而在今天,这些非熟练工人已被实业阶级中的一切有实力的人士所抛弃,所以他们必然愤恨目前的政治形势。

总之,我们认为非熟练工人在许多方面都表示愤恨,而目前他们最愤恨的是:他们没有工作,他们坐待饿死。

有没有办法平息构成法国人民的基本群众的非熟练工人的愤恨情绪呢?有没有办法满足他们的正当要求呢?有,这就是采取措施,保证他们就业,而就业措施首先要求设置一笔巨额基金。筹集所需基金的唯一办法,就是缩减政府的其他开支,而首先是缩减那些金额大的开支。比如,维持军队的开支,就无疑是一项金额大的开支。因此,解散军队,便是使人民满意、幸福和防止他们铤而走险的第一项措施。①

至今,总是用武力去镇压和防止他们破坏社会秩序。其实,只用武力措施所需的一半费用,就足以使无产者心向政府。至于因政治动乱而重新引起的内乱,政府也不难把它平息下去。请你们为使法国人民更加幸福而努力吧!请你们以最有效的办法保证法国人民休养生息而努力吧!

---

① 军事部支出的全部经费,对整个国家都是有损无益的,如把这些钱用于穷人阶级就业,同时把工作安排得合情合理,更主要的是让人们知道就业安排符合于他们的个人利益,就会使国家的收入增加。

七 以促进欧洲社会改组为目的的 哲学、科学和诗学研究①

前　　言

在我的哲学研究中,我将介绍关于新社会组织体系的思想。这个思想是教化发展的现状所要求的。

在我的诗学著作中,我将设法激发所有人的感情,特别是激发艺术家的感情,去应用我的哲学研究中提出的原则。

最后,在我的科学研究中,我将科学地,即有系统地研究新社会组织体制下的生产活动,并提出一套办法促使生产资料产生最优异和最有利的成果。

我应当从讲明我的研究程序开始。现在,我就来介绍我要研究的问题的若干基本论点。

三十多年以来,无论是在法国,还是在英国和整个欧洲,凡是养成了判断科学、道德和政治上的是非的能力的人,都一致认为当

---

① 这篇文章(手稿的档案编号为 B.N.8R7084)和后面的《致塞纳省生产者选民先生们的两封信》(手稿的档案编号为 B.N.8Lb483372)与《生产者的政治利益》(手稿的档案编号为 B.N.R2650)三篇文章,最初于 1822 年以题名为《论实业体系第三部分摘要》的小册子形式出版,但丹徒所编的佚文集未收。译文所据的原文,载 1966 年法文版《圣西门全集》第 6 卷。——译者

前的革命绝不是法国所特有的,而是西欧一切国家所共有的。

他们都认为,这个革命起因于文明的进步,从而导致了现行制度的必然变革,因为现行的制度是在人们的经验有限和他们的知识还没有以所观察的事实为依据的时代产生的。

最后,他们还一致断定,解除当前危机的唯一办法,在于建立一个以新的实证原则和已被证明的公认事实为基础的社会组织体制,而修修补补旧的原则已经不能满足社会的现实需要了。

简而言之,长期以来,学者只对道德和政治上应当如何如何表述了他们的观点,而对这方面的社会需要却还没有谈出他们的意见。因此,我即将发表的著作,便以开辟这个新领域为目的。

今天,我暂时只发表我的哲学研究。我认为,在向公众介绍我的其余两项研究之前,应使公众能对我的基本思想作出初步的判断。我准备尽早发表我的科学研究和政治研究。

然后,我将研究代议制问题,考察什么是代议制的真正特点和优缺点。我将要指出,这种制度可提供一套办法,以便由旧的社会制度和平地、不知不觉地过渡到教化和文明的现状所要求的制度。

我将证明这个制度是公共福利所不可缺少的条件,国王会运用这个制度赋予他的全部威信去不断提高那些以自己的工作对民族中的大多数人作出直接贡献的人的政治地位。我还将从另一方面证明,以避免政治动乱为最重要目的的代议制,应当使自己成为一种革命的制度。

最后,在结束我的这组研究的时候,我将介绍一些措施,以使各族人民和他们的国王免遭因目前错误地和守旧地运用代议制而带来的不幸。

如果热心于公益事业并在社会上享有声望的人士愿意同我通力协作，则这些措施一定能够获得成功。

哲学研究、科学研究和诗学研究

在这些研究里，我将向你们讲述道德、政治和社会组织，向你们概述你们目前所遭到的危机的来源和唯一起因，以及克服这一危机的方法。我由介绍若干前提性的基本观点开始。

道德的目的在于将人类组成社会，使每个人有最大可能将自己的精神力量和物质力量最有益地贡献于社会和大多数同胞。

政治只应当是道德在公共事务管理方面的应用。

因此，应当把道德视为关于社会组织的科学理论，而把政治视为这种科学的实践。

至今，人们在政治上是听任因循守旧的摆布，在道德上是依靠模仿成规，所以在建立自己的社会组织方面只能摸索着前进。

要使道德能够成为实证科学，要使政治能够以道德为指南，要使人类能够建立稳定的社会组织，即能够建立直接满足大多数人的利益的社会组织，必须具备两个基本条件。

其中的第一个条件是：人们应当控制自己的幻想，降低自己的奢望，使形而上学失去其绝大部分威信。简而言之，就是要使实证知识得到足够的发展，使理性获得足够的力量，并叫人们把这种力量更多地用于他们的科学创造和实业活动，而少用于他们的宗教信仰、祷告和其他宗教实践，以使他们的命运得到改善。

现在，这第一个条件已在西欧全部完成。

它是由各国的君主完成的。这些君主表明，他们愿意依靠自己和群臣制定的有效措施去结束现实的危机，而不指望神学权力和神职人员的力量去改进社会组织，因为通过神圣同盟的建立，他们已把教皇的作用，甚至把各派教会的作用置于从属的地位。

各国人民的这种意向，表现得尤为坚定。

假如有一些工厂主和一些传教士今天同时来到同一个地点，前者建议人们到工厂去劳动，后者号召信徒潜心于祷告和宗教实践，则身强力壮的人将会成群结队涌向前者，而后者的拥护者不会对社会创造任何价值。

至于第二个条件，其内容如下：

要使居民群众，即绝大多数工人有足够的能力在社会中自己处理本身的事情。

现在，西欧的工人，特别是法国的工人，已显然具备这种能力。

至于从事农业的工人，在出售国有土地的当时，也有若干事例证明他们有这种能力，而且这种事例后来日益增多。

成千上万的普通农民突然变成了大量土地的持有者，而且一般说来，他们在管理自己的财产方面很有才智。

在整个西欧，各行各业的工人都在自行支配自己的工资收入。他们具备了足以处理好自己的一切需要的预见能力，其中大多数人已能领导一些重要的实业活动。这就证明，在居民群众当中，已相当普遍地涌现出有能力从事最实用的有益工作的人士。

现在把这段导论总结于下：人类至今采用过的社会组织，只是也只能是暂时性的，因为大多数居民长期以来都处于无知而需要监护的状态。

　　教化的进步,使西欧居民的这种状况发生了全面变化。现在他们唯一能够接受的制度,即唯一能在西欧居民中长久存在的制度,是一种能够直接满足大多数居民的利益的制度。

　　法国人、英国人、比利时人、荷兰人、丹麦人、瑞典人、德国人、意大利人、西班牙人和葡萄牙人,不管是君主还是人民,我的这部著作就是献给你们的。

　　你们的共同利益远远超过你们之间彼此敌对的利益,我要向你们讲的只是你们的共同利益。

　　你们都深陷在危机之中。这个危机在道德和政治方面对于社会组织的基础的打击,均超过于自基督教建立以来社会组织的基础所受到的任何打击。

　　这个危机的真正原因是什么呢? 这是我要阐述的第一个问题。

　　这个危机的原因是教化的进步。西欧目前的文化水平,已使它的居民可以组织得直接有利于大多数成员。大多数人极欲改善自己命运的愿望,即这些多数人由于感到自己有力量而迫切要求改善自己命运的愿望,必然引起我们所说的危机。

　　应当考察的第二个问题是:结束这个危机的办法是什么呢?

　　唯一可行的办法,显然在于建立一个符合教化的发展状况的社会体系;只要关于符合教化的发展状况的社会制度的思想还未产生,危机也显然要极其严重地延续下去。

　　西欧人! 你们从自己的祖先继承下来的原则,已不再符合你们的教化现状和你们的需要。只要以改善人类命运为目的的社会组织体系尚未建立起来,你们在前进中就没有目标,你们就只能摸索着前进。

我即将开始这项工作,也就是说,我即将为新体系奠定基础。

下面是我向实证道德和实证政治的拥护者们提供的信条。

实证道德的创立者的信条

我认为,道德的一般目的在于:从物质上改善人类的物质生活,从精神上改进人类的智力活动。因此,为使道德变成实证道德,道德家必须对可以为人们造福的一切发表他们的意见。

我认为,可以让人们吃得好、住得好和穿得好的国家,再加上可以让人们随意四处旅行,就是一个让人们在物质方面感到十分幸福的国家。

我认为,如果在上述的这样国家里,人们的智力得到了广泛的发展,以致使他们能够欣赏艺术、知道支配自然现象的规律和掌握改造自然的方法,而且他们在精神方面受到了关怀,则他们的幸福就是最美满的。

因此我又认为,实证主义的道德家们,主要应当探索组织社会的方法,以使社会倾注最大的热心让其成员获得上述两条所明确提到的精神幸福和物质幸福。

最后我认为,道德家应当动员下述三种力量去达到这个伟大的目标。

一、鼓励从事艺术工作并谙于引导人们想象的人去激发社会成员在实证的精神方面和物质方面争取普遍的幸福;

二、促使学者致力于国民教育工作,让他们通过教学传播关于支配自然现象的规律和可以按照人们的意志改造自然的方法的知识，特别是让他们证明，可使个人获得最大幸福的办法是尽量为他人造福；

三、最后，应当使实业活动的领袖们相信，无论同学者和艺术家合作来为他们大家共同造福，还是同他们经常联合来为他们各自造福，都将对他们大有好处。

实证政治的创立者的信条

我认为，实业的财产应当是授予税收表决权的主要依据。

我认为，在所有的社会成员当中，实业财产的持有者最关心维护公共秩序、保持政治安定和管理好公有财产。

我认为，实业的所有者是唯一的已被事实和公众确认有管理能力的社会成员。

我认为，富有的实业家由于在工人的日常工作中指导工人，而成为主要是由工人构成的人民的领袖，并由此成为劳动人民的直接领袖和天然领袖。从道德、正义和良知方面来讲，只有劳动人民可以拥有政治权利。

我认为，在权利平等达到可能达到的最高水平的社会里，将会把税收表决权主要赋予实业的所有者。

这是因为当实业的所有者在表决税收方面比其他公民负起更重要的责任时，他们必然受到更高度的尊重。但是，实际的经验表明，在初期的实业企业的领袖当中，有些人往往是以普通工人的身份开始他们的活动的。可见，属于社会下等阶级的公民，也经常可以升到社会的前列，而在不是根据才能而是根据土地所有权取得表决税收的主要权利的社会制度下，他们是绝不能达到这个地位的。

我认为，政权应由两个阶级分掌：一个阶级以管理社会的精神福利为目的；另一个阶级则调整社会的物质福利。

物理科学和数学方面的学者，应同艺术家①联合起来，负责国民教育和以改进社会成员的集体智慧与个人智慧为目的的一切工作。

农场主、工厂主和商人，主要应当负责主管社会的物质福利。

世俗权力和精神权力应当彼此独立，但在财产方面例外；在这方面，精神权力应当从属于世俗权力。

法国人、英国人、比利时人、荷兰人、丹麦人、瑞典人、德国人、意大利人、西班牙人和葡萄牙人，不管是君主还是人民！

我应当向你们尽量说清我在本文中请你们注意的几个观点。为了达到这一目的，我要用简单的几句话把这几个观点概括如下。

我首先要向你们说：

根据你们的教化现状，你们可以把社会组织得直接为大多数人造福。

我接着要向你们说：

应当把精神权力交给有真才实学的学者和他们所联合的艺术家。农场主和工厂主应当联合商人主要负责领导世俗权力。

我现在向你们谈一谈执行办法：

---

① 诗歌是第一位的艺术，而一般文学应被视为诗歌的补充。

　　显而易见,第一项办法应当是使人们知道我建议建立的体系的基础。我力求在这篇文章中达到这第一个目的。

　　作为第二项办法,我致力于建立一个以传播作为新体系的基础的各项原则为宗旨的自由学会。

　　因此,我从现在声明:凡愿意接受上面宣布的信条的人,均可成为本会的会员。

　　身为艺术家的会员,应当运用他们的才智去激发全体社会成员起来改善自己的命运。

　　参加本会的学者,应当提出一套办法来直接改善西欧的伟大民族的大多数人的命运。

　　同艺术家和学者通力合作的实业界领袖,应当运用他们对社会群众的一切影响,使群众知道支持这一创举与他们的利益息息相关。

　　这一创举的本质与建立基督教的本质相同。它以改善社会的下等阶级的命运为直接目的,以便使所有的人不管他们现在处于什么等级和什么地位都能以幸福为一般宗旨。

　　实证道德和实证政治的创立人,将和初期的基督教徒一样,绝不使用暴力。他们对人只采取说服和证明的办法。

八 致塞纳省生产者选民 先生们的两封信①

第 一 封 信

先生们！

你们要下定决心，把你们的票投给生产者，即投给你们的伙伴。

你们可选出十二名代表，你们几乎全可由工厂主、商人和银行家当中选出他们。这是公开显示实业界的政治观点的第一次选举；这是你们为了自己的利益而创造的第一次选举，而你们的利益也就是民族的真正利益；最后，这也是你们在正确的领导下结束革命的第一次选举。

这一决心明确地证明，你们从来没有像现在这样清楚地认识到自己的力量、权利和才能。

这样，你们最后就将走向幸福的道路，不过你们还不懂得在这条道路上迅猛前进。请你们尽快提高信心，决意开始运用自己的力量、权利和政治才能。这就是你们能为自己的利益、民族的利益

---

① 参看上一篇文章的解题注。译文所据的原文，载 1966 年法文版《圣西门全集》第 6 卷。——译者

和国王的利益所要做的最大努力。

先生们！我来考察一下地产和动产，考察一下大土地所有者和工厂作坊所有者。我认为，这是我能提供的最便于你们提高上述信心的办法。

查理大帝曾亲自了解自己菜园的蔬菜和自己草场的干草的出售情况。一些大领主都曾种过地，他们曾是乡村工作的主要领导人。他们也饲养过家畜。他们的妻子儿女自己制造当时所能生产的布帛，自己缝制家属的衣着。在这个时期，大土地所有者同时也是动产、农场和工厂的所有者。他们既是人民日常生活的指导者，又是行政管理和公共事务的领导者。一句话，在世俗方面，他们是最有势力和最有钱的人。

公社摆脱领主的统治而解放以后，产生了一个新兴的财产所有者阶级，即动产所有者阶级。这些新兴的财产所有者，从生产当中养成了自己的专业技能。他们不遗余力地改进实业的一切部门；他们尤其致力于简化管理工作，尽量节省管理费用。但是，他们至今只限于将自己的管理才能直接用于他们自己的企业，尚未试图把这种才能应用于公共事务的治理。

先生们！我来向你们阐述一项大家都十分清楚，特别是你们更加清楚的原理：

只有从事生产活动，才能使人养成实用的管理才能。

你们只要根据这个原理去判断事物，就能知道我敦促你们相信自己在管理方面拥有政治才能的主张是非常有根据的。现在，以略微改变的形式，把我方才向你们所说的再重复一下，因为我认为这种重复是我能促使你们完全相信这一点的最有效办法。

从征服(这是大领地所有制的极不道德的野蛮行径)高卢到公社解放,大领地的所有者曾是以生产为目的的各种活动的最高领导者。这样,他们也就必然负责领导公共事务,因为他们在管理方面最有才能。

公社解放以后,大土地所有者相继放弃了生产活动,不再住在乡间;其中最有钱的人成了宫廷的官宦,二流的财主也把主要的住所设在城市里。享乐成了他们的几乎唯一的营生。他们必然丧失自己的管理才能,而他们的领地面积的不断缩小,便完全证明他们已在管理方面没有能力了。领地面积之所以缩小,是由于他们开销太大而不断举债,而为了清偿债务,就不得不变卖大部分土地。结果,产生了一个很畸形的现象:现在对公共事务的管理起着主要影响的,仍然是这帮人。

至于你们,由于你们的财产不断增加,而证明你们是有管理才能的。在今天,你们最有能力管理好国家的财产,也是同样明显的。因此,我有理由向你们说,而且有理由向你们重复:你们应当加速发挥自己的一切才能和作用,以促使国王选任你们为他的管理公有财产的主要助手的时刻早日来临。此致

敬礼!

第 二 封 信

先生们!

在当前的政治形势下,从巴黎可以看到整个法国,从法国可以看到整个欧洲。你们能对事件的进程发生的影响是无限的。只要

你们采取正确的行动计划,并坚定地把它执行下去,你们就能迅速而顺利地结束目前的社会危机,使社会恢复安宁和信心,最后建立起符合教化现状的事物秩序。你们已在这个光荣的事业上迈出了第一步,只要你们继续在这方面全力以赴,就一定会达到这一伟大的道德、哲学和政治目的。

先生们! 政治分成两个部分,即由立法系统和行政系统构成。如果你们能够清楚了解我们这个时代应当建立的这两系统的状况,则你们关于这个问题的观点就将很快变成绝大多数法国人的观点,随后变成绝大多数欧洲人的观点;舆论是群众的主宰,它将很快结束折磨了我们三十多年的动乱。

我首先向你们谈一谈行政系统,因为这个系统对你们最有直接关系,因为你们在这方面的政治才能高于公民中的其他任何阶级。

先生们! 生产者阶级最有能力管理行政,只有他们对这种工作具有真正的才能。

现在,我来研究一下怎样才能完成公有财产的现行管理体制的改革。你们最近所做的选择,证明你们已经接受多年来我一再请你们注意的这个真理。现在,你们只须习惯于运用这一原理,只须考虑采纳这一原理之后会产生什么成果。我来简单考察一下这一改革必然给社会带来的好处。

从许多方面来说,公有财产都要求出生产者进行全面管理。

我把这一点再重复一遍:首先,生产者最能管理好公有财产。

其次,生产者最关心节约。这就是说,他们希望税收能够最少,而且能够把它用得最省(他们自己的工作很忙,无暇在政府中担任高薪职务),因为无论如何他们总要承担公共的费用,而这种费用绝不能变成他们的收益。

第三,他们将在社会上占据的优势,可促进文明取得它可能达到的最大进步。由于他们所受的训练和由此养成的日常生活习惯,以及出于他们自身的利益,生产者阶级是最爱好和平的阶级。因此,裁减和完全废除常备军,将是这个阶级占据优势之后的必然结果。

取消常备军后,可大量节省公共费用的开支。

大量减少宫廷费用,将是生产者阶级获得优势之后必然产生的另一节约成果。当生产者阶级中的主要人士变成仅次于国王的最重要人物之后,国王陛下就可以大量裁减宫廷的文职官员,因为为国王私人服务的人员将不再作为官员而存在,不再是群众眼中的最有用的大人物。

比我方才所说的这些好处还大的另一个好处,是由此将会完全消除引起普遍革命的一切原因。社会的基本群众从社会组成以来就提出的而现在仍未间断追求的目的,将指日可以实现。可能存在的最充分的平等,也将由此建立起来:所有的人,不管他们的出身如何,都可以名列除了王位之外的各行各业的前茅,但他们只能通过造福于同胞的劳动来达到这一点。因此,只要作出一项纯属道德方面的规定,就可以满足人们追求平等的意向。

值得一提的另一个好处,是当实干胜过空谈以后,社会就会摆脱政治上的诡计。

至于公有财产的新管理体制,将会非常简单和非常容易地建立起来。由一些主要的生产者(人数不宜过多)组成一个隶属于国王的最高管理委员会。这个委员会要每年开会一次,会期必须严格规定,以便向政府提出上年度国家预算委托他们管理的经费的结算报告,编制下年度国家预算的草案。

现在,我来举出两项措施,以使你们可以实行管理体制的这种改革,把现在仍然保有封建性质的王权转变为实业性质的王权。

先生们,这两项措施非常简单,它们是:

一、你们要非常热烈地希望和坚定不移地要求最卓越的生产者担负起主管公有财产的职责;

二、你们要在一切场合表示你们的这种希望,让同你们有关系的一切生产者,不管他们现在是在法国还是在外国,都知道你们方面的这个政治愿望。

目前的政治局势,正像我在这封信的开头向你们所说的那样,从巴黎可以看到整个法国,从法国可以看到整个欧洲。可见,你们可以对欧洲的所有生产者产生巨大的影响,他们也会毫不迟疑地接受你们宣布的政治观点,因为这种观点也将像在你们这里那样完全符合他们的利益、他们国王的利益以及他们国家的绝大多数人的利益。

现在,如果你们下些工夫,拿这个生产者阶级的力量同其他各阶级联合起来的力量对比,仔细研究一下真才实学学者和艺术家是生产者的天然同盟的问题,你们就会知道什么东西也抵制不了你们将要表达的希望和意愿。

先生们!我指给你们的办法,一定会立见成效。这项办法不需要使用任何暴力手段,因为在人数、财力和能力相差二十倍的两部分人之间是不可能有斗争的。此致

敬礼!

九　生产者的政治利益[①]

塞纳省的一位生产者同《论实业体系》
作者的对话

生产者:请您向我们指出实施办法,这样才能保证您的创议获得成功。如果您还没有想出这种办法,如果您觉得现在还不能明确向我们指出这种办法,那么,这将有损于您作为一位社会秩序改革家而出现在公众面前和受人重视,因为对于一个新政治体系来说,具有重要意义的,是使人们清楚地了解它的实施办法。

至于您想叫我们相信自己有能力主管公有财产的问题,那您对此可以完全放心。只要您一揭发至今把持全国生产的人全是一些损公肥私的野心家,他们没有能力管理生产,而在为自己寻找安乐窝方面却大有办法,这样我们就会十分容易和迅速增强自己的信心。

因此,请您向我们说明实施办法,详细解释怎样才能使生产者阶级达到最受社会尊敬和重视的高度。

---

① 参看《以促进欧洲社会改组为目的的哲学、科学和诗学研究》的解题注。译文所据的原文,载 1966 年法文版《圣西门全集》第 6 卷。——译者

　　我认为您在两封信的末尾就这个问题向我们介绍的观点不够明确，我认为您没有充分发挥这些观点，我还认为您在这里的做法是本末倒置。您敦请塞纳省选民鼓起勇气，您要求他们鼓励法国和欧洲的全体生产者去对公有财产的管理发生主要影响。我请您在这里注意，通情达理的人士，在没有看清这个事业有获得成功的可能性以前，他们是不会为此而鼓起勇气的。

　　至于我本人，则认为：为使生产者能够显著改进他们的社会存在，还需具备一个不可缺少的先决条件，即他们要在下议院里占据多数；另外，还要有充分的时间，才能把这个条件创造出来。您还有别的办法吗？如果有，就请赶快向我们指出。

　　作者：先生，您的严密叙述，使我无懈可击。您这样严肃地对待我，使我也得到以同样的态度来对待您的权利。因此，我要严肃认真地回答我促使您提出的问题。

　　先生，如果国王愿意，他不是可以在不违背宪章的任何条款的情况下立即组成最高管理委员会吗？他可以指派一些最卓越的生产者组成这个委员会；他可以每年召集这个委员会开会一次，会议的期限必须充裕，以便使委员们能向政府汇报工作和制定下年度国家预算草案；最后，他还可以同委员们一起发布公告，或以自己的名义直接公告委员会的工作。

　　这样的规定必然会使主要的生产者立即成为国家的主要人物，从而使生产者阶级居于所有阶级的首位，不是确切无疑的吗？

　　生产者：我承认这两项规定都是正确的。

　　作者：那么，在您看来，困难主要在于：

　　促使国王委托主要的生产者管理公有财产。

看来,根据您的叙述,不能认为生产者只有一种办法可以改善他们的社会存在和使他们在下议院占据多数,而且必须好好驳斥这种见解,因为凡是从自己的立场出发去保卫生产者的政治权利的人都有这种见解。

最后,根据您的叙述,您承认我已找到办法使生产者摆脱目前的困难处境,走上改善自己地位的道路。

但是,先生,不幸的是,而且是很大的不幸,生产者还没有足够的政治毅力,他们不敢正视面临的困难。

在目前形势下,只有人格伟大的卓越生产者可以在短时期内促成将会保证国王平安和国家繁荣的转变。

生产者:小雨可息大风。请您不要这样急躁。我同意,有一条捷途可使生产者在下议院占据多数,以取得他们有权占有的社会地位。我同意,只要国王下一道命令,就可以产生这个结果。但是,请您告诉我,您认为生产者能够促使国王下这道命令吗?您要知道,国王同生产者没有任何直接联系,他既不了解生产者的才能,又不了解生产者的权利,他被宫廷官宦、大臣、政治顾问、贵族等等权贵和极欲延续目前的有利于自己控制生产者的制度的一切阶级所包围。我同意,您向我们指出的这条新道路比我们现在沿着前往目的地的道路捷径。但是,我认为这条道行不通,而您的发现也没有用处。

作者:如果主要的生产者已被委托主管公有财产,而全体生产者又能够信心百倍把他们所拥有的全部和平力量用去促使国王发布公共的利益所要求的命令,则国王的平安和国家的繁荣就会完全得到保证。最有益和最直接的生产者,即农场主、工厂主和商人,在全人口中与其余人口之比虽为一比十,但他们有学者和艺术家作为他们的天然同盟军,所以不必怀疑:他们如果联合起来向国王表示忠心,证明他们对王权的支持远远超过贵族阶级,则不难说服国王陛下,使他就这个问题发布命令。看来,困难主要在于:

找出办法使全体生产者联合起来,一致要求国王就这个问题发布命令。

生产者:我同意您说的,但您还得向我们指出,我们要用什么办法促使全体农场主、工厂主和商人联合起来向国王提出这种请求。

作者:从巴黎可以看到整个法国,从法国可以看到整个欧洲。你们不久前选出的塞纳省代表能够领导这一伟大政治运动,并有一切必要的办法使这一事业获得成功。只要他们所做的努力达到你们选举他们时所付出的努力的四分之一,他们就有资格获得人类慈善家的称号。

生产者:这样的话,您就要向当选的塞纳省代表提出……

作者:我现在就来向他们介绍他们目前应当采取的行动计划的主要条款。先生,劳您读一读下面的信。

给塞纳省代表先生们的信

先生们!

如果你们采用我向你们提出的两项办法,你们就会十分光荣地完成你们的使命。我觉得我可以把这两项办法的理由讲得十分充足,以致你们对它们的效用不会再有任何怀疑。

在旧制度下,贵族根据世袭原则享有管理公有财产的权利,但他们在管理公有财产当中自然要为自己谋利,而损害平民的利益。人民所以起来造反,首先是因为反对这种制度。

应当让法国人民首先明白,每一个法国人都有资格管理国家财产。

这实际上就是革命所奉行的第一个原则。

采纳这一原则,已给公共事务带来极大好处,使人们放弃了因循守旧的习惯,清除了影响实业发展的障碍,为国家开辟了走向繁荣的道路。

但是,三十多年来的经验证明,实行这一原则之后,还未能扫除一切弊端,甚至这个原则还带来了一种新的不良风气。

这就是出现了一些党派,它们以抢占行政管理官职而肥私为目的。这些党派虽然一再易名,并随着环境的变迁而改变其成员的成分;但从革命爆发以来,它们连一分钟也没有停止过活动,甚至活动得更加积极。我们预计它们将永远存在下去,因为它们的存在是规定全体法国人都有资格管理国库这个原则的直接结果。①

塞纳省的选民无疑是全法国的,甚至是整个欧洲的最有教养的选民团。他们已在努力革除这些弊端,并认为达到这个目的的最好办法的基本原则,是任用下述这样的人来管理公有财产:一方

---

① 由此产生的另一个弊端,是追求管理公有财产官职的人数不断增加。由于事物有趋于平均的一般倾向,这种职位的数目也就随着追求者的人数增加而增加。已经设立了许多新的职位,除了满足大量的追求者的要求以外,新设的职位别无其他目的。因此,管理费用大大增加了生产者的负担。

面,他们的个人利益与国家利益非常一致;另一方面,他们最能以实际行动证明自己有能力管理公有财产。

简而言之,先生们,塞纳省的选民在选举你们的时候已经表明他们的认为最卓越的生产者应当主管国库的观点,并要求你们在政治界大力推行这个最有影响的观点。

先生们,你们应当采取的第一个措施,是公布符合你们的选民的委托的政治信条。你们务必在政治信条中写进下述的赞词:

"主要的生产者是最能管理好公有财产的公民,他们最关心公有财产的完整和增长。因此,应当主要委托他们来负责这项工作。"

先生们,我现在向你们讲一讲你们应当采取的第二个措施。这第二个措施以保证第一个措施获得成功为目的。

先生们,请你们向生产者广泛募款,并且宣布:

一、你们要自己参加管理这项由捐款所建立的基金;

二、要用这项基金酬谢有助于形成舆论的人们的劳动,即酬谢使人们普遍认为最卓越的生产者应当主管公有财产的学者、艺术家和文学家的劳动。

请你们直接并通过你们的交往敦请法国的,甚至美国的全体生产者来资助这项事业,使其获得成功,并将全部捐款交到你们手中。

先生们,这样一来,你们就会成为欧洲解放的真正奠基人,就会像印刷工人富兰克林对美国所做的贡献那样对欧洲做出贡献。

先生们,你们不要被我的建议吓倒,你们在审议我的建议时可以看出,这些建议与宪章的任何条款、现行的任何法律、根据教化的现状所能提出的任何建议均不抵触。

　　你们也可以看出，这些建议既符合国王的利益，又符合绝大多数人民的利益。最后，你们还可以看出，这些建议将直接有助于保证社会免受一切暴力行动的破坏，因为这些建议的目的是使和平人士当权。

　　这封信到此结束。我认为不必再作更多的发挥，只是还想对诸位先生说：当编制国家预算这项重要工作交由最关心节约和社会安定的人士去办理以后，最完善的安宁秩序就将在社会上建立起来，最完美的君主立宪制度就将得到可靠的保证以反对野心家的阴谋活动，此致

　　敬礼！

昂利·圣西门上

　　再启：

　　先生们，你们这些代表的成分，最有利于指导社会政治观点方面应当发生的改进工作。

　　你们当中有九位出身于生产者阶级，其余的三名同僚：一位是原来的公有财产管理官员，一位是军人，一位是法学家。因此，生产者的观点将在你们提出的改革建议中占绝对优势，而且这项建议也不会损害至今领导革命的阶级所取得的文明成就。

　　你们这些代表的成分，还有另一个优势，即你们当中有十个人是前进的，只有两个人是倒退的，但现在处于急速转变时期的社会，犹如一辆车在大坡上往下滑，它将对试图倒退的这两个车轮发生强大的带动作用。

　　先生们，我还有一件事情要做，即想使你们当中的还没有同我

往来过的人了解我的身世。

我已经六十岁了。

从法国大革命开始以后，我从来没有离开过法国。

1789 年以后，我就没有担任过任何官职，我现在什么职位也没有，而且也不想去做官。

我决心为生产者服务，我要为改善生产者的社会存在而奋斗终生。

图书在版编目(CIP)数据

论实业体系　实业家问答/(法)圣西门著;董果良等译.—北京:商务印书馆,2022(2023.12重印)

ISBN 978-7-100-21703-3

Ⅰ.①论… Ⅱ.①圣… ②董… Ⅲ.①空想社会主义—文集　Ⅳ.①D091.6

中国版本图书馆CIP数据核字(2022)第169076号

论实业体系　实业家问答

〔法〕圣西门　著

董果良　徐仲年　徐基恩　赵鸣远　王敏华　译

　商　务　印　书　馆　出　版
(北京王府井大街36号　邮政编码100710)
　商　务　印　书　馆　发　行
北京盛通印刷股份有限公司印刷
ISBN 978-7-100-21703-3

2022年11月第1版　　　开本850×1168 1/32
2023年12月北京第2次印刷　　印张13
　　　　定价:78.00元